학교발전과 변화

이론, 연구, 실제

박병량 저

학지사

머리말

변화와 발전은 학교를 포함하여 모든 조직의 규범이다. 변화하는 환경에 적응하고, 끊임없이 제기되는 교육 문제를 해결하며, 교육 실제와 사회적 기대와의 괴리를 좁히고, 나아가서 교육발전에 대한 사회 구성원들의 열망에 부응하기 위해서 학교는 부단히 변화와 발전을 도모하여야 한다. 따라서 변화와 발전은 학교경영자에게 일상의 학교관리와는 다른 중요한 경영 영역이 되고 있다. 그러나 그동안 교육개혁의 이름으로 추진된 많은 학교개선 노력들이 교육 현장에서 실효를 거두지 못하고 일시적인 현상으로 끝나는 경우가 많았다. 이러한 결과의 주된 원인은 진정한 학교교육 변화의 어려움에 있다고 할 수 있겠으나, 학교변화와 발전에 관한 전문적 지식과 기술의 부족 또한 큰 원인이 되고 있다. 그러므로 진정한 학교교육의 발전적 변화(개혁 및 혁신)를 위해서는 학교발전과 변화에 대한 깊은 이해와 이를 실천할 수 있는 수단이 요청된다.

이 책에서는 학교발전과 변화에 관한 이론, 개념, 전략, 기법을 소개한다. 이 책을 통해서 저자는 조직발전과 변화 경영이라는 폭넓은 학문 분야를 배경으로 하여 그동안 축적된 학교발전과 변화 분야의 연구 결과와 지식을 정리하여 소개하였다. 동시에 학교발전과 변화에 관한 개념적·이론적인 쟁점과 실제 문제에 대한 저자의 견해도 피력하였다. 또한 이 책을 통해서 학교발전과 변화라는 비교적 독자적인 학문 분야의 윤곽을 그려 보려 하였다. 학교발전과 변화는 지난 수십 년간 교육개혁운동과 병행하여 급속히 성장·발전한 연구 분야다. 이 분야의 연구 범위와 내용을 미진하나마 이 책의 내용 구성에 반영하고자 하였다.

이 책은 10장으로 구성되었다. 제1장에서는 이 책의 주제가 되는 학교발전과 변화의 의미를 집중적으로 검토하였고, 제2장에서는 변화와 발전의 주체인 동시에 대상이 되는 학교와 학교교육의 성격을 분석적으로 검토하였다. 제3장에서는 학교변화에 초점을 두어 변화의 종류 및 유형, 동인, 저항 요소 그리고 변화추진자의 역할과 자질을 살펴본 후 학교개혁의 역사를 약술하였다. 제4장에서는 학교발전의 다양한 전략과 기법을 소개하였고, 제5장에서는 학교변화의 과정과 관련 요인들을 자세하게 다루었다. 제6장에서는 학교효과성 연구를, 제7장에서는 학교개선 연구를 종합·정리하였다. 제8장에서는 학교변화와 발전의 기저가 되는 교육철학과 이념을 검토하였고, 제9장에서는 학교체제와 각 하위체제의 발전단계를 설정하였다. 마지막으로 제10장에서는 1장에서 9장까지 각 장을 요약·논의하였다.

이 책이 학교발전과 변화의 이론서로서 그리고 실천을 위한 지침서로서 활용되기 바란다. 이 책이 교육정책가, 학교경영자, 장학담당자, 학교발전 추진자, 학교 컨설턴트, 학생 등 학교발전 및 개혁에 관심을 가진 모든 사람들이 학교의 발전과 변화를 이해하고 실천하는 데 도움이 되기를 바란다.

이 책이 출간되기까지 많은 사람의 도움을 받았다. 먼저 이 책뿐만 아니라 오랫동안 저자의 저술과 출간의 전 과정에 걸쳐서 항상

성심껏 도와준, 지금은 대학교수가 된 김달효 박사에게 감사한다. 타이핑과 원고 교정을 훌륭하게 해 준 석사과정의 허진영 양과 강의를 통해 원고를 읽고 값진 피드백을 제공해 준 박사과정의 이상철, 변민희, 김세희, 이동성, 강현숙 선생에게 고마움을 전한다. 아울러 학지사의 김진환 사장님의 변함없는 호의와 편집부 정영석 차장님, 그리고 직원 여러분의 노고에 감사드린다.

2006. 8.

박병량

차 례

제4장 학교발전의 전략과 기법 103

제5장 학교변화의 과정 155

제6장 학교효과성 185

제7장 학교개선 215

제1장

학교의 발전과 변화

1. 학교변화와 발전의 필요성
2. 학교발전의 개념
3. 학교변화의 개념
4. 조직발전이론

이 장의 목적은 이 책의 주제인 발전과 변화를 개념적인 수준에서 이해하는 데 있다. 먼저 학교발전의 필요성을 살펴본 후에 발전과 변화의 두 개념을 심도 있게 분석하면서 그 의미를 탐색하겠다. 그리고 발전과 변화를 설명하는 이론을 간략히 살펴보겠다.

1. 학교변화와 발전의 필요성

변화와 발전은 조직의 규범이다. 학교를 포함하여 모든 조직은 생존과 번영을 위하여 현재보다 더 나은 상태로 발전되기를 바란다. 따라서 변화와 발전은 학교 경영자에게 일상의 관리와는 다른 중요한 경영 영역이다. 조직의 변화와 발전을 촉진하는 요인들은 다양하다. 현상 유지에 대한 불만족, 보다 바람직한 상태가 되고자 하는 욕망, 환경의 변화, 새로운 비전과 전략의 등장 등은 조직의 변화를 촉진시키는 요인들이다.

교육과정, 교육행정 및 교육제도 등과 관련된 교육문제들은 학교교육의 변화를 촉진한다. 예컨대 교육내용, 교육방법, 교육효과 등 교육과정 운영에 대한 불만, 교장의 지도성, 교사의 책무성, 학교의 지배구조, 회계의 투명성 등 교육행정 · 재정에 대한 불만, 입시제도, 평준화, 사교육비 등 교육정책에 대한 불만 등은 학교교육의 변화를 유발하는 동인으로 작용한다.

또한 정치 · 경제 · 사회 · 문화 · 기술, 인구학적 · 자연적 · 물리적 환경의 변화는 학교교육의 변화를 촉진한다. 예컨대 민주화, 남북관계, 인권 신장 등 정치환경의 변화, 직업세계의 변화, 고용불안, 세계화, 개방과 자유경쟁, 지식산업 등 경제환경의 변화, 개인화, 가정의 변화, 가치관의 변화 등 사회환경의 변화, 문화가치의 증대, 다문화, 가상공간의 의사소통 등 문화환경의 변화 등은 학교교육을 변화시키는 요인들이다. 그리고 출산율 저하, 노령화와 같은 인구학적 환경 변화, 환경오염, 기후변화, 자원의 고갈과 같은 자연적 · 물리적 환경의 변화, 정보화, 유비쿼터스, 생명과학의 발달, 교통 · 통신의 발달 등 기술의 변화 등은 학교교육에 직접적으로 영향을 준다. 더불어 새로운 교육사상, 교육이론, 교육개혁 전략의 등장은 학교변화를 촉진한다.

이러한 교육의 문제, 환경의 변화, 새로운 아이디어의 출현 등은 학교교육의 변화와 발전에 대한 새로운 비전과 욕망을 불러일으킨다. 학교는 현안의 교육문제를 해결하고, 환경의 변화에 대응하며, 발전의 욕구를 충족시키면서 새로운 비전을 실현시키기 위해서 끊임없이 변화와 발전을 모색한다. 이러한 과업을 수행하기 위해서 학교경영자는 이 책이 서술하고자 하는 학교의 변화와 발전의 본질과 과정 그리고 실천적 전략과 방법을 이해하여야 한다.

2. 학교발전의 개념

1) 발전의 개념

발전 또는 발달이란 용어는 여러 분야에서 사용되고 다양한 의미를 함축하고 있기 때문에 간단히 정의하기가 어렵다(영어의 'development'는 인간이나 생물체에 사용할 때는 '발달'이라고 말하고, 정치, 경제와 같은 사회제도나 조직에 사용할 때는 통상 '발전'이라고 말한다.). 발전과 유사한 의미를 지닌 용어들은 많은데, 예를 들면 성장(growth), 진보(progress), 진화(evolution), 향상(advancement) 등이다. 이러한 단어들은 모두 긍정적이거나 높게 평가받는 특별한 방향으로의 변화를 의미한다(Fagerlind & Saha, 1983: 4).

프렌치 등(French et al., 1983)은 "발전은 행동, 과정, 결과 또는 발전된 상태이며, 이것은 어떤 것의 향상, 성장의 촉진, 가능성의 개발, 개선 또는 강화를 의미한다."라고 하고, "조직발전이란 조직의 성장을 증진하고 향상시키며 촉진하는 행위, 과정 또는 결과" (p. 6)라고 정의하였다. 오석홍(2003)은 조직개혁(발전)은 "조직을 어떤 하나의 상태에서 그보다 나은 다른 하나의 상태로 변동시키는 것" (pp. 647-648)이라고 하였다. 이들 정의에서 중요한 두 가지 요소는 첫째, 발전은 행동, 과정 또는 결과 상태일 수 있으며, 둘째, 발전은 어떤 것이 '더 좋아지는 것(bettering)'을 지칭하는 것이다. 이러한 발전 개념의 정의는 넓은 의미의 정의다. 실로 개방성과 융통성은 발전 개념이 갖는 이점이라고 할 수 있다. 하지만 학교발전의 논의를 위해서 발전의 의미를 좀 더 구체적으로 규정할 필요가 있다.

발전 또는 발달은 근본적으로 생물학적 개념으로서 '시간의 흐름에 따라 생명체의 구조와 과정에서 발생하는 비교적 영구적인 변화'를 의미한다(Harris, 1957: 3). 이러한 생물학적 발달 개념은 유기체에 적용하기가 적합하다. 그래서 사회와 조직을 유기체로 간주하고, 그들의 발전을 설명하는 데 생물학적 발달 개념을 적용하는 것은 오랜 역사를 지니고 있다. 생물학적 유추에 의한 발전 개념은 다음과 같은 기본적인 가정에 기초한다.

첫째로 발전 주체는 발전하는 내재적 잠재력을 갖고 있다는 것을 가정한다. 발전 주체가 갖고 있는 잠재력은 마치 성장하여 완전한 식물이나 동물이 되는 씨앗이나 원형 세포와 같은 것이다(Fletcher, 1976: 43). 발전이론을 검토한 패거린드와 사하(Fagerlind & Saha, 1983: 4-5)는 개인, 조직, 사회 모두 그들의 실현 수준에 의해서 평가될 수 있는 생득적인 생물학적 · 심리적 그리고 사회학적 능력을 가지고 있다는 가정에 근거하여, 이러한 능력이 발전적인 상태로 증진되고 실현되는 변화를 발전이라고 하였다. 이런 관점에서 발전은 성장을 향하는 내재적인 잠재력의 실현이라고 할 수 있다. 예컨대 학교가 모든 학생들에게 최고의 교육을 제공하는 교육기관으로 평가되는 상태로 학교의 내재적인 교육잠재력이 증진되거나 실현되었을 때 그 학교는 발전되었다고 할 수 있다.

둘째로 발전은 변화를 전제한다. 발전은 변화를 통해서, 그리고 변화의 결과로 나타나는 현상이다. 발전은 변화의 과정인 동시에 변화의 결과다(French, Bell, & Zawacki, 1983: 6). 그러나 모든 변화가 발전으로 연결되는 것은 아니다. 변화가 없이는 발전이 일어날 수 없지만, 변화가 일어났다는 사실만으로 발전되었다고 말할 수는 없다. 발전되기 위해서는 '발전적 변화'가 일어나야 한다(Green, 1989). 어떠한 변화가 발전적 변화인가에 대해서는 다음에 살펴보고자 한다.

2) 발전적 변화의 특징

발전의 의미를 좀 더 정확히 이해하기 위해서는 발전 개념의 핵심적인 요소가 되는 발전적 변화의 특징을 이해하여야 한다. 발전적 변화가 지니고 있는 특징을 그린(Green, 1989)의 설명을 바탕으로 아래에서 살펴보겠다(pp. 15-19).

시간성 모든 변화는 시간(temporality) 요소를 가정한다. 이것은 변화에는 시간이 걸린다는 것을 의미한다. 시간은 발전의 기회를 제공한다.

누적성 누적성(cumulativity)은 발전적 변화의 결과로 유기체에 어떤 새로운 특성을 추가하는 것, 즉 새로운 것을 하나 둘 획득하여 더하는 것을 의미한다. 발전적 획득은 어느 정도의 영속성(permanence)을 함축한다. 그리고 발전적 획득은 다음에 나타나는 획득을 수정하고, 그러한 과정의 누적을 통해 체제 전체의 형태를 바꾼다. 누적적 변화는 급격하게 일어날 수도 있고 점진적일 수도 있다. 그리고 어느 기간 지속되었다가 새로운 특성이 획득되면 사라질 수도 있다. 누적성은 발달적 변화의 필요조건은 되지만 충분조건은 아니다. TV를 몇 시간 보았다고 발달적 변화가 일어났다고 말할 수는 없다.

방향성 발전은 논리적 근거로 방향성(directionality)을 포함하여야 한다. 방향성은 발전이 어떤 목표로 진행되는 것을 의미한다. 예를 들면 성숙, 분화와 통합, 효율성, 구체성 등은 발전의 방향이다.

방향성은 발달적 변화가 진보적이고, 비교적 지속성이 있으며, 비가역적(非可逆的)임을 말한다(Green, 1989: 16). 진보적(progressive) 요소는 변화 주체가 어떤 측면에서 과거의 상태보다 더 좋아지거나 향상된 방식으로 변하는 것이다. 발전의 방향은 발전 주체가 결정할 사항이지만, 우리가 판단해야 할 사항은 시간상 두 시점 사이, 예를 들면 탄생과 사망 사이의 발전적 변화의 축적으로 나타나는 발전의 방향이다. 지속성(durability) 요소는 항구적일 필요는 없을지라도 비교적 오랫동안 지속되는 변화를 촉진하는 발달을 의미한다. 예를 들면 유아가 걷기 전에 배우는 기기는 진보적인 발달적 변화다. 이 경우 기기는 걷는 데 필요한 균형과 조정 감각의 획득을 촉진하는 의미에서 지속성 요소를 지니고 있다. 방향성은 발전적 변화는 쉽게 원상태로 되돌아가지 않는다는 의미에서 비가역적(irreversible)이다. 변화하였다가 원상태로 되돌아가는 것이 많은데, 이러한 것은 발달이라고 할 수 없다.

새로운 조직형태 이것은 변화의 결과로 유기체의 조직에 새로운 형태가 생기는 것을 말한다. 이 특성은 누적성과 방향성과는 다른 성질로서, 전 단계에서 나타나지 않았던 새로운 현상과 새로운 성질의 출현을 의미한다. 새로운 조직형태의 획득은 새로운 행동이나 다른 요소를 추가하는 누적성 그 이상의 의미를 갖는다. 이 특성은 조직의 배열, 구성 또는 구조에서 근본적인 변경이나 재조직을 요구한다. 간단히 말해 체제의 규칙이 변하는 것이다. 마치 애벌레가 나비로 변하는 것과 같다. 새로운 조직형태는 이런 종류의 발달적 변화를 설명하기 때문에 이 특성을 포함한 발달이론이 다른 이론에 비하여 발달을 설명하는 데 더 적합하다고 본다.

새로운 조직형태의 특성과 관련하여 몇 가지 쟁점이 있다. 하나는 발달을 단계로 개념화하여야 하는가에 대한 문제다. 학자들 간에도 발달 단계에 대한 견해가 다르다. 인간발달에서 발달 단계를 '성숙의 수준' 으로 보고 단순히 생애 사이클의 '통과지점' 으로 정의하는 학자들이 있다(예: Gesell & Ilg, 1949). 이 견해는 시간성, 누적성, 방향성을 내포하지만, 전 단계와 비교하여 후 단계가 새로운 조직 형태를 가져야 한다는 뜻을 내포하지는 않는다. 오히려 단계란 비교적 직선적인 발달적 경로에 따라 점진적으로 조금씩 진보되는 향상의 연속이라고 본다. 이와 반대되는 이론은 발달을 전 단계가 질적으로 다른 다음 단계로 근본적으로 전환되고 재조직되는 것으로 본다.

이 특성과 관련되는 또 다른 쟁점은 발달을 연속적 과정과 비연속적 과정 어느 쪽으로 해석하여야 할 것인가에 대한 문제다. 연속성과 비연속성의 논쟁에서 연속성을 주장하는 이론(예: Skinner)은 발달을 근본적으로 양적인 것이라고 주장한다. 이 관점에서 발달은 양적으로 적은 행동에서 많은 행동으로 이행하는 획일적이고 직선적인 진보로 본다. 반면, 비연속성을 주장하는 이론(예: Piaget)은 발달을 질적으로 구분되는 단계의 연속으로 본다. 다른 사람들은 연속성과 비연속성은 근본적으로 잘못된 이분법으로, 그것은 사실의 문제가 아니고 해석상의 문제일 뿐이라고 한다. 발달단계의 개념에 대해서는 제9장에서 좀 더 논의하겠다.

증대된 자기통제 능력 개체가 발달하면 수동성은 적어지고 보다 능동적으로 되면서 자기통제력이 증대한다(Harris, 1957: 5). 자기통제는 개체의 행동이 계속적으로 점검되고 조절될 수 있도록 피드백을 사용한다.

생물학자들은 자기통제를 자율규제(autoregulation), 즉 유기체가 생태계 내에서 스스로를 규제하는 능력이라고 한다. 자율규제로서 자기통제는 의식적인 통제, 의지, 그리고 사려 깊은 행동뿐만 아니라 그 이상을 의미한다. 그것은 특정한 활동의 결과를 예측하고, 기대되는 산출에 활동을 맞추며, 활동을 추진하고, 결과를 점검하며, 계획된 결과를 성취하기 위하여 활동을 계속적으로 재조정하는 기제를 의미한다. 더욱 고차원적인 자기 규제 형태는 또한 환경 변화가 발생하기 전에 그것을 예측하는 능력을 갖는다(예를 들면 기후 변화 예측). 문제의 해결책을 구안하고, 구체적인 수준에서 아이디어를 적용하기 전에 머릿속으로 실험해 보는 사고력의 증대는 자기통제를 위한 능력이 증대된 예다.

자기통제력의 증대와 더불어 환경적인 변화에서부터 독립성이 커진다. 이 두 가지 능력의 증대는 병행한다. 환경적인 변화에서의 독립성의 증대는 원근(遠近)의 생태계에서 중요한 결과를 가져올 수 있는 사건들을 예견하고, 계획하고, 예측할 수 있는 능력과 함께 나타난다. 예측을 통해서 개체들은 예견되는 위험을 피하고, 우발적인 사건에서도 이득을 취할 수 있게 된다.

이상에서 발전적 변화의 다섯 가지 특성을 살펴보았다. 이 다섯 가지 특성은 발전의 적합성 또는 정도(양적 그리고 질적)를 판단하는 기준이 될 수 있다. 다섯 가지 발전적 특성을 사회현상의 발전을 판단하는 기준으로 엄격하게 적용하기는 어려울 수도 있다. 하지만 발전의 기준으로 사용하는 특성의 수와 적용 정도를 적합하게 사용함으로써 학교를 포함하여 조직의 발전을 설명하는 유용한 기준으로 사용할 수 있을 것이다.

이 장에서 논의된 발전의 특성을 종합하여 볼 때, 학교발전은 학교의 교육잠재력이 지속성 있는 바람직한 상태로 변화하는 것이라고 말할 수 있다. 학교의 교육잠재력은 교육 성취에 공헌할 수 있는 학교의 조건들로서 구조, 과정, 교직원, 문화, 풍토, 학교 형태 등이 포함되고, 바람직한 상태는 학교가 추구하는 가치가 실현되어 학교가 향상되고 개선된 상태를 말하며, 지속성은 바람직한 상태가 일시적으로 나타났다가 사라지는 것이 아니라 비교적 오랫동안 계속되는 상태를 의미한다. 학교발전의 궁극적인 판단기준은 학생들의 교육적 성장과 발전이 되어야 할 것이다.

3. 학교변화의 개념

학교변화의 개념적 이해를 위해서 변화의 의미, 변화의 역동성, 계획적 변화와 비계획적 변화의 구분을 이해할 필요가 있다.

1) 변화의 의미

조직과 경영에서 변화라는 용어는 여러 가지 의미로 사용된다. 변화는 때로 기술, 정치, 경제, 사회환경의 외부 변화를 지칭한다. 이 경우는 흔히 환경변화라 한다. 변화는 또한 조직이 환경의 변화에 적응하는 내부 변화를 지칭한다. 학교조직의 변화는 이 내부 변화와 관련된 것이다.

변화를 의미하는 옛 프랑스어 'changer'의 본래 의미는 식물이 태양을 향해 움직이는 것같이 '구부린다', '회전한다'였다(Senge, 1999: 14). 이 어원상의 변화는 변화하는 환경에 대한 적응 또는 적응과정을 의미한다. 헤이지(Hage, 1980)는 조직변화란 "환경에서 보다 잘 생존하기 위한 형태의 변경과 변형"(p. 262)이라고 정의하였다. 헤이지의 정의를 비롯하여 많은 조직변화의 정의들은 환경의 변화에 대한 적응을 변화의 일차적 의미로 삼고 있다. 변화는 현상 또는 결과뿐만 아니라 변화시키는 행동을 의미하기도 한다. 핸슨(Hanson, 2003)은 조직변화를 "조직 내 어떤 단위의 행동, 구조, 절차 또는 산출을 변화시키는 과정"(p. 297)이라고 정의하였다. 이 정의는 의도적인 변화 노력에 초점을 두고 있다. 변화는 기본적으로 어떤 하나의 상태에서 다른 상태로 변동되는 것을 의미한다. 이런 의미에서 학교변화는 조직의 하위 체제 또는 전체 체제가 어떤 하나의 상태에서 다른 상태로 변동되는 것을 말한다. 변화는 환경과의 관계에서 수동적으로 이루어질 수도 있고 능동적으로 이루어질 수도 있다.

변화의 방향성 변화의 의미와 관련하여 방향성이 중요하다. 조직발전 문헌에서 가끔 변화와 개혁, 혁신, 발전을 같은 의미로 사용하는 경우가 있으나, 엄밀한 의미에서 이들 용어들은 구별된다. 변화라는 용어는 변화의 방향에 관계없이 가치중립적으로 사용되는 개념이다. 이 경우에 변화의 결과는 긍정적일 수도 있고 부정적일 수도 있다. 이러한 의미의 변화는 변화 현상을 객관적으로 기술하고 설명하기 위하여 사용되는 개념이다. 이에 반하여 발전, 혁신, 개혁 등은 변화의 바람직한 방향을 상정하고, 그런 방향으로의 의도적인 변화 노력을 뜻할 때 사용하는 개념이라고 할 수 있다. 즉 변화는 가치중립적인 개념이고 개혁, 혁신, 발전 등은 방향성을 내포한 변화 개념이다. 특히 발전이라는 용어는 앞에서 설명한 바와 같이 '발전적 변화'의 특징을 지닌 변화를 의미한다는 것을 여기에서 다시 한 번 강조해 두고자 한다.

2) 변화의 역동성

변화과정을 설명하는 대표적인 이론이 레빈(K. Lewin, 1951)의 힘의 장이론(force field theory)이다. 이 이론에 의하면, 사회적 또는 조직적 현상 유지(status quo)는 추진력과 억제력이라는 서로 상반되는 두 가지 힘이 균형을 이룰 때 나타나는 평형상태(equilibrium)

라고 본다. 추진력은 변화를 일으키는 힘이며, 억제력은 변화되지 않은 상태로 남아 있게 하는 힘이다. 이 두 가지 힘의 장이 균형상태를 유지할 때 변화가 없는 평형상태, 즉 현상 유지가 된다. 반면, 어느 한 쪽의 힘이 제거되거나 약해지면 평형상태가 깨어지고 변화가 일어난다. 결국 학교변화는 이 두 가지 힘의 균형상태가 깨어질 때 발생한다. 즉, 변화는 현재의 균형상태가 깨어져서 새로운 균형상태로 이동하는 것을 의미한다. 레빈의 힘의 장이론은 제4장에서 좀 더 자세히 살펴보겠다.

학교변화를 촉진하는 요인들은 많다. 앞에서 언급한 바와 같이 학교교육의 문제, 기술, 정치, 경제, 사회 등 환경의 변화, 학교개선에 대한 욕구, 새로운 비전과 전략의 출현 등 여러 가지 요인들이 학교변화를 촉진한다. 이러한 요인들에 의해서 제기되는 학교변화의 필요성은 무엇보다도 변화의 수단을 필요로 한다. 즉 '어떠한 방식 또는 방법으로 학교를 변화시킬 것인가.' 라는 질문이 학교경영자에게 핵심 과제가 된다. 따라서 학교에서 발전적 변화를 일으키고 지속시킬 수 있는 전략, 방법, 기술이 학교경영자에게 매우 긴요하다(제3장 참조).

변화에는 또한 저항이 따른다. 많은 학교개혁 관련 문헌들은 한결같이 학교변화의 어려움과 낮은 성공 확률을 지적하고 있다. 그 이유 중의 하나는 변화에 필연적으로 수반되는 저항을 극복하지 못했기 때문이다. 레빈의 장이론이 지적하듯이 변화에는 변화를 촉진하는 힘만이 작용하는 것이 아니라, 변화를 억제하고 제한하는 힘도 작용한다. 따라서 학교변화를 성공적으로 경영하기 위해서는 학교변화를 촉진하는 과정뿐만 아니라 억제하는 과정도 이해하여야 한다. 즉, 변화의 추진력과 억제력이 상호작용하는 역동성에 대한 이해가 필요하다.

3) 계획적 변화와 비계획적 변화

학교변화는 여러 가지 형태로 이루어진다. 핸슨(2003)은 변화를 계획적 변화, 자연발생적 변화, 진화적 변화의 세 가지로 구분하였다(p. 297). 계획적 변화(planned change)는 유목적적이고 의도된 변화다. 그것은 미리 설정한 목표를 계획대로 성취하는 결과가 나타날 수 있도록 사건들을 관리하는 의식적이고 사려 깊은 시도다. 계획적 변화는 행동 개입으로 발생한다. 예를 들면 학생의 학업성적을 향상시키기 위하여 새로운 수업 프로그램을 실시하는 것은 계획적 변화다. 개혁 또는 혁신 노력들은 대부분 계획적 변화다.

자연발생적 변화(spontaneous change)는 자연적인 상황과 무작위적인 발생의 결과로서 짧은 기간 동안에 나타나는 변경 또는 변동이다. 그것은 종종 혼란스러운 상황에 대한 대응적인 반응의 성격을 지닌다. 자연발생적 변화는 관습, 일상적 업무 처리, 집단 간의 이해관계 등을 통해 이루어지고, 관리층의 의도적인 개입은 없다. 예를 들면 학기가 시작되기 전에 갑자기 교사가 학교를 그만두었을 때 새로운 교사를 채용하는 경우다. 자연발생적 변화는 의도적이고 계획적인 변화가 아니라 자연스러운 상태에서 발생하는 변화다.

진화적 변화(evolutionary change)는 계획적 그리고 자연발생적인 크고 작은 모든 변경 또는 변동들이 오랜 기간 동안 누적된 결과다. 즉 진화적 변화는 변화의 역사적 결과다. 진화적 변화의 방향은 사법부의 판결, 문화적 변동, 교육위원 구성의 변화, 국가나 지방교육자치단체의 정책과 입법, 인구학적 변동 등에 큰 영향을 받는다. 이 세 가지 형태의 변화는 모두 발전에 이르는 과정이다.

이 세 가지 변화 중에서 계획적 변화가 발전을 위한 변화로 특히 주목을 받는다. 경영학에서 변화라는 말은 대부분 계획적 변화를 지칭한다. 그러나 세 가지 변화가 제1장에서 설명한 '발전적 변화'의 특징을 지니고 있다면, 어느 것도 발전을 위한 변화에서 배제되거나 소홀히 다루어질 이유가 없다. 중요한 것은 어느 변화이든 발전적 특성을 지니고 있느냐 또는 없느냐의 문제다. 즉, 어떤 종류의 변화이든 발전적 특성을 지니고 있다면 발전을 위한 변화로 간주되어야 한다.

다른 관점에서 풀란(Fullan, 1993)은 변화과정의 역동성과 전체성에 비추어 계획적 변화와 자연발생적 또는 자연적 변화로 구분할 필요가 없다고 주장한다. 풀란은 교육적 변화는 대부분 비계획적이며(p. 138), 계획적 변화와 자연발생적 변화의 구분은 의미가 없으며 교육변화의 전체성에서 변화에 관한 통찰력을 얻어야 한다고 주장한다(p. vii). 실제로 학교교육의 변화는 장기간에 걸쳐서 진행되는 점진적이고 누적적인 성격을 지니고 있다.

변화는 학교에서 중요하다. 변화가 자연발생적이든 또는 강요된 것이든 변화를 관리하는 일은 학교경영의 중요한 부분이다. 학교는 젊은이가 미래 사회에서 훌륭한 성인의 역할을 할 수 있도록 준비하는 곳이다. 이런 기능을 성공적으로 수행하기 위해서 학교체제는 환경의 변화에 민감하여야 하고, 변화하는 환경에 대응할 수 있는 변화능력을 지니고 있어야 한다.

4. 조직발전이론

지금까지 발전과 변화의 의미와 특성을 살펴보았다. 여기에서는 발전과 변화를 설명하는 이론을 오석홍(2003)의 설명에 따라 간략히 살펴보겠다(pp. 663-655).

생애주기이론

생애주기이론(life cycle theory)은 조직이 생겨나면서부터 없어질 때까지 겪는 변동을 생물체의 생애주기에 비유하여 설명하는 이론이다.

생애주기이론의 근본적인 가정은 변동을 본래적 · 내재적이라고 보는 것이다. 즉 체제에 내재된 기제(형태, 논리, 암호, 프로그램 등)가 변동과정을 규제하며, 현재의 상태 속에 이미 예정되어 있는 방향으로 체제를 움직여 나간다고 전제한다. 환경적 사건이나 과정이 체제의 변동에 영향을 미칠 수 있으나 그것은 내재적 기제에 의해 매개된다고 본다.

생애주기이론의 이론 구조는 '단일방향적 · 일원론적 변동순서'(unitary sequence)를 규정하는 것이다. 그러한 변동순서의 규정은 단계론적 · 누적적 · 접속적인 특성을 갖는다. 전 단계에서 얻은 특성은 다음 단계에서 유지된다고 보기 때문에 누적적이라 한다. 각 변동 단계는 공동의 과정 위에서 서로 결합된다고 보기 때문에 접속적이라 한다. 변동과정에 포함시키는 단계들은 논자에 따라 조금씩 서로 다르지만 탄생, 성장, 쇠퇴, 사망은 공통적인 단계다.

목적론

목적론 또는 목적원인이론(teleological theory)은 변동이 어떤 목표 또는 목표상태를 향해 진행된다고 설명하는 이론이다. 이 이론은 목표가 있고 적응성이 있는 개인들이 조직을 구성한다는 것을 전제한다. 조직을 구성하는 사람들은 개인적으로 또는 집단적으로 목표상태를 구상하고, 이를 달성하기 위한 행동을 하며, 그 진척 상황을 점검한다고 본다. 목적론은 발전을 목표 설정, 집행, 평가, 수정의 사이클이라고 본다.

목적론은 체제이론의 '이인동과성(equifinality)' 이라는 개념을 원용하여 같은 종국상태 또는 목표상태가 서로 다른 출발조건과 통로를 거쳐서도 도달될 수 있다고 설명한다. 따라서 목적론은 사태 진전의 순서나 궤도를 미리 정하지 않으며, 그 과정에는 미리 정해진 규칙이나 변동 단계의 고정된 순서가 없다고 한다. 이 점이 생애주기이론과의 차이점이다. 그 대신 목적론은 목표상태에 도달하는 데 필요한 요건이 무엇인지에 대해 관심을 갖는다.

변증법적 과정이론

변증법적 과정이론(dialectical theory)은 지배적인 위치에 서려고 서로 경쟁하는 상충적 사건 · 세력 · 가치들로 구성된 다원적 세계에 조직이 존재한다고 전제한다. 그리고 반대 세력들 사이에 형성되는 상대적인 힘의 균형과 관련하여 안정과 변동을 설명한다. 안정은 투쟁과 타협에 의해 얻어지는 것이며, 그것은 반대 세력들 사이의 현상 유지를 굳혀 준다고 한다. 변동은 반대 세력이 현상 유지에 도전할 수 있는 힘을 얻었을 때 일어나며, 변동의 과정은 정 · 반 · 합(正 · 反 · 合)의 단계를 거친다. 즉 테제(正: thesis)를 옹호하는 현상 유지에 반대 세력의 안티테제(反: antithesis)가 도전하고, 그러한 갈등을 해결하면 새로운 상태인 진테제(合: synthesis)가 나타난다는 것이다.

진화이론

진화이론(evolutionary theory)은 조직의 진화를 조직군(populations of organizations)의 구조적 양태에 발생하는 누적적·확률론적 변동이라고 본다. 조직의 변동은 생물학적 진화에서처럼 변종 또는 변이(變異), 선택, 보존의 연속적인 사이클을 통해 진행된다고 한다. 변이는 새로운 양태의 창출이며, 새로운 양태의 창출은 비의도적·우연적인 경우가 많다고 한다. 어떤 양태의 선택은 양태들 사이의 경쟁과 환경에 의한 선택으로 결정된다. 보존은 어떤 조직 양태를 유지하고 지속시키는 것이다. 이러한 변종, 선택, 보존의 진화과정에 적자생존(適者生存)의 원리가 지배한다고 본다. 조직은 내외 환경 요인들을 모두 고려하면서 분화와 통합을 통하여 진화과정에 따라 발전하고 있다고 한다.

이러한 변화이론은 변화 전략 수립의 기반이 된다. 변화이론에 따른 발전 전략은 제4장에서 검토하게 될 것이다.

제2장

학교와 학교교육

1. 학교와 학교교육
2. 학교를 보는 관점
3. 학교경영이 추구하는 가치

학교는 변화의 대상인 동시에 주체다. 학교를 이해함으로써 개인은 학교의 변화와 발전을 다룰 수 있는 도구를 갖게 된다. 이 장에서는 학교를 이해하기 위하여 학교는 어떤 곳이고, 무슨 일을 하고, 어떤 특징을 지니고 있으며, 역사적으로 어떻게 발달되어 왔는지를 개관한다. 그 다음에 학교를 보는 관점을 분류하여 학교의 집단적, 조직적, 제도적, 체제적 특성을 검토하고, 각 관점들이 학교변화와 발전에 갖는 시사점을 살펴본다. 마지막으로 학교가 지향하는 가치를 정리하겠다.

1. 학교와 학교교육

1) 학교와 학교교육의 의미

교육은 넓은 의미에서 사람을 문화적 생활로 인도하는 전 사회적 과정이라고 할 수 있다(Gutek, 1988: 4). 즉 교육은 사람이 인간으로서 삶을 영위하는 데 필요한 지식, 기술, 태도, 가치, 감성을 학습하는 사회적 과정의 전부를 의미한다. 이런 과정을 사회화, 문화화, 도야, 적응, 훈련 등으로 표현한다. 넓은 의미의 교육은 학교뿐만 아니라 가정, 직장, 동료 집단, 종교 집단, 매스미디어 등 사회 곳곳에서 이루어지고 있다. 그중에서도 가장 의도적이고 계획적으로 교육이 이루어지는 곳이 학교다.

학교는 교사와 학생이 가르치고 배우는 곳이다. 그러나 학교는 좀 더 복잡한 성격을 지니고 있다. 타일러(Tyler, 1985)는 학교를 "한 장소에서 얼굴을 맞대고 청소년을 가르치는 것과 관련된 행정적 실재물"(p. 50)이라고 정의하였다. 이 정의는 학교를 교육을 수행하는 행정 조직으로 파악하고 있다. 박철홍(2002)은 "학교는 제도화된 틀 속에서 전문적인 소양과 지식을 갖춘 교사가 일정한 연령층의 학생을 대상으로 정선된 문화유산을 교육 내용으로 구성하여 계획적으로 교육하는 기관이다."(p. 47)라고 규정하였다. 이 정의는 학교의 형식적인 특징을 기술하고 있다. 형식적인 측면에서 볼 때 학교에서 이루어지는 교육은 가정이나 사회에서 이루어지는 교육과 비교하여 교육의 내용, 방법, 대상, 기간 등 여러 측면에서 정형화되어 있는 특징을 지니고 있다. 즉 전통적인 학교교육은 (1) 학교라고 하는 독립된 공간 또는 장소에서, (2) 전문적인 직업인으로서의 교사에 의해서, (3) 교육과정으로 체계화되고 구조화된 교육 내용을 기초로, (4) 전일제로 취학하는, 말하자면 '전업'의 학생을 대상으로, 그것도 (5) 그 연령과 기간을 인생의 빠른 단계에 한정해서, (6) 일제 지도 방식으로 이루어지고 있다(김영식 외, 1996: 206-207). 이러한 교육 형태상의 특징에 따라 학교에서 이루어지는 교육을 형식 교육이라 하고, 가정이나 사회에서 이루어지는 교육을 비형식 교육이라 구분하기도 한다.

요약하면, 학교는 교육을 위하여 특별히 조직된 사회기관으로 교육을 의도적 · 계획적 · 조직적으로 수행하는 교육 조직이다. 학교교육이 의도적 · 계획적 · 조직적이라 함은 가치가 있다고 판단되는 교육의 목적, 내용, 방법을 선정하고 계획하여 일정한 형식과 절차에 따라 교육을 수행한다는 것을 의미한다.

2) 학교의 출현과 발달

학교와 같은 형식적인 교육기관이 언제 출현하였는지에 대한 정확한 기록은 없으나, 학교와 같은 교육기관의 형태는 고대 사회에서도 존재하였다고 본다. 그러나 오늘날과 같은 정형화된 학교의 형태는 서구 사회에서 공교육제도가 성립된 19세기 후반에 이르러 출현하였다. 다음에 살펴볼 형식적인 학교교육 출현의 역사는 학교교육의 성격을 이해하는 데 통찰력을 제공해 주리라 믿는다.

인류 사회에서 문자의 발명은 형식적인 학교교육의 출현을 낳게 하였다. 기원전 3000년에 문자가 있었던 메소포타미아와 이집트에서는 문자의 해독과 필기 교육을 위한 학교가 존재하였다고 보고 있다(Fagerlind & Saha, 1983: 32). 문자의 해독과 필기는 문명 유지에 중요한 기능이기 때문에 가정이나 사회의 비형식적인 교육에 맡겨 둘 수 없었으므로 이를 위한 형식적인 교육기관이 제도화되었다. 이 전통은 오늘날에도 이어져서 읽기와 쓰기, 셈하기는 학교교육의 원형이 되고 있다.

형식적인 학교교육의 출현을 국가의 정치적 필요로 설명하는 학자가 코헨(Cohen)이다. 코헨(1970)은 형식적인 학교교육은 문명 국가의 출현과 더불어 나타났다고 주장하였다. 문명화된 국가는 사회·문화적으로 통일된 국가로서 바빌론, 이집트, 그리스와 같은 고대 문명 국가들이다. 이들 문명국가들은 국가체제의 존속과 적응을 위해서 행정, 신앙, 상업, 군사 등의 국가적 과제를 수행할 엘리트를 필요로 하였으며, 그들의 교육을 위해서 형식적 학교를 필요로 하였다. 확실히 고대사회에서 학교 형태의 교육 시설은 승려나 행정관 등 문명을 유지하는 데 필요한 소수자를 위한 교육만을 하였다. 중세에서도 학교는 지배 계급의 자제를 대상으로 약간의 전문직업에 대한 준비 교육을 하는 곳이었다. 그때까지 교육 기능은 종교, 경제, 군사 등의 다른 주요한 사회 기능에 수반되는 부수적 형태로 행해지고 있었다.

한편, 넬러(Kneller, 1965)는 역사적으로 학교교육의 출현과 학교의 조직 형태는 국가의 필요라기보다 사회 조직과 사회제도의 복잡성과 관련되어 있다고 주장하였다. 그는 원시적 교육과 현대 교육의 연속성과 불연속성에 주목하여, 원시사회의 교육은 그 시대에 적합한 교육형태로 수행되었으나 사회적 복잡성이 증대됨에 따라 전통적인 교육형태에 의존할 수 없게 되었고, 변화된 사회 속에 교육 기능을 수행하는 새로운 형태의 교육기관, 즉 학교가 출현하였으며,

그 기능을 수행할 교사라는 특별한 관리가 출현하였다고 하였다 (Fagerlind & Saha, 1983: 35).

학교교육과 사회와의 상호관계는 학교교육의 태동에서부터 학교교육의 역사적 변화를 설명하는 중요한 주제가 되고 있다. 20세기 초에 사회학자 뒤르켐(Durkheim, 1977)은 프랑스 교육제도의 변천 과정을 논의하면서 코헨과 넬러와 같이 사회의 변화는 언제나 교육체제의 변화를 선도하였다고 주장하였다(Fagerlind & Saha, 1983: 35). 뒤르켐(1977)은 "교육적 변형은 그들이 설명하는 측면에서 볼 때 항상 사회적 변형의 결과이며 징후"(p. 166)라는 것을 강조하였다. 실로 학교교육의 기능과 형태는 사회변화와 밀접한 관계를 맺으면서 변모되어 왔다.

오늘날과 같은 근대 학교는 서구사회에서 공교육제도가 성립된 19세기 후반에 이르러 발전하였다. 근대 국민국가가 형성되고 산업자본주의가 발달함에 따라 국민 교육의 필요성이 사회적으로 인식되고, 이에 기초하여 공교육제도가 성립되었다. 공교육은 국민교육을 위해서 국가가 교육기관을 설치·운영하는 교육제도다. 공교육제도의 성립을 계기로 학교가 교육제도의 주요한 형태가 되고, 교육 기능을 전문적으로 담당하는 주요한 사회제도로 발전하여 오늘날 학교교육은 정치, 경제, 사회, 문화 등 사회 전반에 걸쳐서 발전의 원천이 되고 있다.

김종철(1982)은 현대사회의 교육은 사회적·공공적·조직적 활동으로 발전되었다고 하였다. 교육이 사회적인 성격을 지니고 있다는 것은 교육의 목적, 교육기관의 조직, 교육 내용, 교육 방법 등이 사회적으로 규정되며 교육활동이 이루어지는 사회와 밀접한 관련을 맺고 있다는 것을 가리킨다. 교육이 공공적인 성격을 지니고 있다는 것은 오늘날의 교육은 모든 국민이 인간다운 생활을 영위하기 위해 받아야 될 필수적인 서비스로 규정되어 국가 및 지방자치단체에서 교육기관의 설치와 운영에 관여한다는 의미다. 교육이 조직적인 성격을 지니고 있다는 것은 교육을 받는 사람의 수가 많아지고 교육 내용이 다양해짐에 따라 교육기관의 설치와 운영이 계획적이고 체계적으로 이루어진다는 것을 말한다(pp. 17-18). 이와 같이 오늘날의 학교교육의 성격은 학교의 역사적 발전과정을 통해서 형성되었다.

3) 학교교육의 성격: 목적, 기능, 과업 그리고 특성

학교는 조직의 측면에서 다른 행정기관 또는 기업들과 공통된 속성을 지니고 있다. 그러나 학교가 수행하는 임무에 의해 다른 조직과 구별되는 특성을 지닌다. 학교교육의 성격을 이해하기 위해서 학교교육의 목적, 기능, 과업 그리고 학교의 특성을 살펴보겠다.

학교교육의 목적

학교교육의 일반적 목적은 학생들이 사회에서 인간다운 삶을 영위할 수 있도록 문화를 전수하여 그들의 성장과 발달을 도모하는 데 있다. 좀 더 구체적으로 말하면 학교교육은 인간의 가변성을 믿고 개인의 성장과 발달을 최대한 신장시켜서 자아실현된 인간이 되도록 돕는 데 있다. 이러한 학교교육의 일반적인 목적을 바탕으로 하여 학교는 교육제도상 국가의 교육목표를 추구한다. 우리나라 교육의 기본 목표는 홍익인간의 이념 아래 인격의 완성, 자주적 생활능력의 함양, 민주시민으로서의 자질 함양을 통하여 인간다운 삶을 영위하고 국가와 인류에 봉사하는 인간을 길러 내는 데 있다(교육기본법 제2조). 이러한 교육 이념을 바탕으로 초 · 중등 각급 학교는 학교 수준의 교육목표를 설정한다.

미국의 저명한 교육학자인 굿라드(Goodlad, 1984)는 학교교육의 목적을 지적 목표, 직업적 목표, 사회적 목표 그리고 개인적 목표로 범주화하였다.

- 지적 목표는 학문적 지식과 기능에 초점을 둔다.
- 직업적 목표는 직업과 일을 준비시키는 것이다.
- 사회적 목표는 학생들에게 사회적, 시민적, 문화적 삶을 준비시키는 데 초점을 둔다.
- 개인적 목표는 개인의 정서적, 신체적, 예술적 발달에 초점을 둔다.

이처럼 학교의 목적은 학생 개개인이 지적 목표, 직업적 목표, 사회적 목표, 개인적 목표를 달성하여 인간다운 삶을 영위할 수 있도록 돕는 데 있다.

학교교육의 기능 및 과업

오늘날 가장 중요하고 대표적인 형태의 교육으로서 학교교육이 수행하는 기능은 다양하다. 학교교육이 수행하는 중요한 기능을 살펴보면 다음과 같다(박철홍, 2002: 47-49).

첫째, 학교교육은 문화유산을 전달함으로써 사회의 유지와 존속을 가능하게 한다. 여기서 문화는 넓은 의미로 언어, 지식, 사상, 제도, 규범, 온갖 도구, 생활방식과 사고방식 등 인류가 인류 역사를 통해서 형성한 전체를 일컫는다. 이러한 문화유산의 전달로 사회는 유지되고 존속된다.

둘째, 학교교육은 사회의 규범, 행동 양식, 가치관 등을 내면화하는 사회화 기능을 수행함으로써 사회의 통합과 통제의 기능을 수행한다.

셋째, 학교교육은 사회적 선발 및 지위 결정의 기능을 한다. 학교는 청소년들을 선발하여 장차 성인으로서 사회생활을 할 때 어떤 사회적 지위를 차지할 것인가를 결정하는 힘을 제공한다.

넷째, 학교교육은 사회변화 및 발전의 기능을 수행한다. 학교는 변화에 따른 새로운 지식과 기술을 학생들에게 전수함으로써 사회변화와 발전을 촉진시킨다.

다섯째, (학교교육의 목적에서 진술된 바와 같이) 학교교육은 자아실현의 기능을 한다. 학교교육은 개인의 성장과 발달을 최대한으로 신장시키려는 환경을 조성하려 한다. 흔히 이러한 자아실현의 기능을 수단적 기능으로 분류되는 앞의 기능들과 구별하여 학교교육의 본질적 기능으로 보고, 학교교육의 목적으로 삼는다.

학교는 학교의 목적을 달성하기 위해서 여러 가지 활동과업을 수행한다. 학교가 수행하는 과업에는 교육과정운영, 학생생활지도, 교직원연수 및 인사관리, 교내장학, 사무관리, 시설 및 교육기자재, 재무관리, 대외관계 등이 포함된다.

학교의 특성

학교는 조직의 측면에서 다른 행정기관 또는 기업들과 공통된 속성을 지니고 있다. 그러나 학교가 수행하는 임무 때문에 다른 조직과 구별되는 특성을 지니고 있다. 학교가 지니고 있는 일반적인 특성은 다음과 같다(윤정일 외, 1994; 이군현, 1996; Sergiovanni et al., 1980).

- **학교의 임무** 학교는 사회에서 대단히 중요한 역할을 담당한다. 학교는 학생들에게 사회의 전통과 가치, 지식과 기술을 전승시켜 사회체제의 구성원으로 활동할 수 있도록 준비하는 역할을 담당한다. 학교의 임무는 사람에 초점을 둔다는 점에서 다른 조직과 다르다.
- **학교의 공공성** 학교는 설립 주체(국립, 공립, 사립)에 관계없이 공공성이 높다. 학교는 공공성 때문에 환경에 의존적이고 취약하다. 학교는 국가 재정상태에 의존하고 국민 대다수의 이익을 우선시하여야 하며 대중의 감시 대상이 된다. 하지만 공립학교는 준독점적 지위를 향유하며 다른 분야에 비해서 경쟁의 압력이 약하다.
- **기술의 전문성** 학교에서 주로 사용되는 기술은 교사와 학생들 간에 이루어지는 교수-학습활동이다. 교수-학습활동은 복잡하고 전문적인 특성을 지닌다. 교수-학습과정의 복잡성과 학습자의 개별적인 특성 등에 의해 교수-학습기술이 표준화되기 어렵고, 그 효과 또한 식별하기 어렵다.
- **교원의 전문성** 학교의 주요 구성원들인 교사들은 교과목에 대한 전문적인 지식뿐만 아니라 학생 지도에 대한 전문성과 능력을 소유한다. 이에 따라 교사들은 교수-학습활동에 대한 높은 자율성을 지닌다. 또한 교사는 과업에서 얻는 내재적 보상에 더 큰 만족을 얻는다.
- **학교의 성과** 학교의 성과는 학생들의 지식, 기술 및 태도의

변화 등을 포함한다. 학교교육의 성과는 오랜 기간에 걸쳐서 발생되며, 성과를 평가하기가 쉽지 않다.

- **목표와 방법의 연관성** 학교는 교육목표와 이를 달성하는 방법(교수활동)이 밀접하게 연결되어 있으며, 교육목표 실현에 부합되는 교육 방법을 사용한다.
- **목표 달성과 구성원의 협력** 학교의 목표를 달성하기 위해서는 학습자, 교사, 학부모 등의 상호 협력이 필수적이다.
- **학교의 관료제** 학교는 다른 조직과 마찬가지로 관료제적 특성을 지니고 있다. 학교의 의사결정은 집중화되어 있고, 활동은 표준화되어 있다. 그러나 학교는 '느슨하게 구조화된', 그리고 부분들이 '느슨하게 연결된' 조직 특성을 지니고 있다. 그래서 행정적(수직적) 구조는 잘 발달되어 있으나 동료적(수평적) 구조는 약한 편이다.

학교는 사기업체에 비해서 공공기관의 특성을 더 지닌다는 점에서 일반행정의 속성을 보다 많이 공유한다. 그러나 학교는 다른 일반행정 조직과도 본질적인 면에서 차이가 있다. 학교는 산출하는 결과도 사람이며, 활동과정에서도 사람을 계발하는 것이 주된 과업이고, 주로 사용되는 기술도 사람에 의해서 이루어진다는 점에서 인간적인 조직이다. 따라서 학교경영은 인간적인 조직의 특성과 가치체제를 중심으로 이루어지게 된다.

2. 학교를 보는 관점

학교를 이해하고 분석하는 데는 다양한 관점들이 동원될 수 있다. 여기에서는 학교의 특성을 집단으로서의 학교, 조직으로서의 학교, 제도로서의 학교, 개방체제로서의 학교의 관점에서 분석하고, 이들 관점들이 변화의 주체인 동시에 대상으로서 학교를 이해하는 데 갖는 시사점을 살펴보겠다.

1) 집단으로서의 학교

학교는 가르치고 배우는 사람들이 모인 집단이다. 집단은 "상호 영향을 주고받는 방식으로 상호작용하는 두 사람 이상(Shaw, 1977: 11)"을 말한다. 집단의 주된 특성은 집단의식, 개인의 욕구 충족, 상호의존성 또는 상호작용이다. 집단의 특성을 정리하면 다음과 같다(Shaw, 1977: 6-10).

첫째, 집단은 집단 구성원의 집단의식에 의해서 확인된다. 집단 구성원은 집단이 존재하고 자신이 집단 구성원의 일원이라는 것을 인식한다. 개인의 집단의식은 집단을 확인하는 데 필요한 조건이다.

둘째, 집단은 집단 구성원 개인의 욕구를 충족시킨다. 개인들은 자신의 필요와 욕구를 충족하기 위해 집단에 소속된다. 즉, 개인의 욕구는 집단을 형성하는 데 필요한 조건이다. 이런 욕구를 만족시키지 못할 때 집단은 그 기능을 상실한다.

셋째, 집단의 목적은 집단 구성원의 욕구와 밀접히 관련되어 있다. 집단의 목적은 개인의 욕구를 기반으로 한다. 개인의 욕구 충족과 집단의 목적은 거의 같다. 따라서 개인의 욕구를 떠난 집단의 공동 목적은 확인하기 어렵다. 반면, 조직의 목적은 개인의 욕구와 비교적 무관하다는 점에서 집단의 목적과 차이가 있다.

넷째, 집단은 상호의존적인 조직이다. 집단 구성원 간의 상호의존적 관계는 집단성의 핵심이다. 상호의존은 여러 측면에서 이루어진다. 상호의존성에 의해 집단 구성원 간에 결속과 연대 그리고 동질성이 형성된다.

다섯째, 집단은 상호작용을 특징으로 한다. 상호작용은 상호의존성의 한 형태라고 할 수 있다. 상호작용이야말로 집단의 가장 핵심적인 요소다. 상호작용은 언어적, 물리적, 정서적 상호작용 등 여러 가지 형태로 이루어진다. 학교의 대표적인 상호작용은 교수-학습과정이다.

학교는 집단의 여러 특성들을 지니고 있지만, 그중에서도 상호작용, 개인의 욕구 충족, 집단적 의식은 학교를 대표하는 집단적 특성이다.

상호작용은 학교를 특징짓는 대표적인 집단적 특성이다. 학교교육은 교사와 학생 간의 상호작용으로 이루어진다. 곧 학교의 존재 이유가 되는 교육활동은 상호작용이라는 집단적 특성에 의해서 이루어진다. 말하자면 교사와 학생 간의 상호작용으로 이루어지는 교수-학습과정은 집단으로서 학교의 특징을 가장 잘 드러내는 부분이라 할 수 있다.

학교는 개인의 욕구를 충족시킨다. 사람들은 욕구, 믿음, 동기를 가지고 학교에 들어오고 다른 사람들과 형식적 · 비형식적 인간관계를 맺고 상호작용하면서 그들의 학습, 성취, 사회적 · 심리적 욕구를 충족시킨다. 이러한 욕구들을 전체 학교활동뿐만 아니라 동아리와 같은 학교 내의 작은 집단활동을 통해서 충족한다. 아동들이 학교에 가기 좋아하는 것은 이러한 이유 때문이다.

학교는 집단적 의식으로 특징지어진다. 집단적 의식은 집단의 동질성을 의미한다. 집단 동질성은 집단 구성원들이 공유하는, 또는 공동으로 지니고 있는 행동적, 정서적, 인지적 요소들로 구성된 집단 구성원들의 총체적인 심리기제다(Durkheim, 1956). 이러한 집단적 의식에 의해서 학교는 동질성을 유지하며, 그 자체의 독특한 문화를 갖는다.

이러한 집단의식은 오늘날 많이 사용하는 공동체 개념과는 연계되지만 동일한 개념은 아니다. 공동체는 자유의지에 의해 함께 연대하고, 일련의 공유된 사상과 이상으로 결속된 개인들의 집합이다(Sergiovanni, 1994, 주철안 역, 2004: 18). 공동체는 어떤 정신적 구심점을 중심으로 견고하게 결합되고 결속된 인간관계의 망이다. 공동체에서는 '나'라는 개인보다는 '우리'라는 집합이 강조된다. 결국 공동체는 의존성이 강조되는 집단이다. 공동체로서의 학교는 가치와 이념의 공유, 연대와 결속, 상호의존적인 활동, 집단의식을 특징으로 한다. 집단적 의식은 자유의지, 정신적 구심점, 의존성 측면에서 공동체 개념보다 약한, 말하자면 공동체 개념보다 개방적인 개념이라고 말할 수 있다.

학교의 집단적 특성은 학교의 변화와 발전에 중요한 역할을 한다. 먼저 학교의 집단적 특성에 문제가 발생하였을 때 변화의 필요성이 제기된다. 구성원의 상호작용, 구성원의 욕구 충족, 공동체 의식 등의 문제는 변화의 원인이 된다. 다음으로 학교의 집단적 특성은 변화과정에 영향을 미친다. 집단 상호작용, 욕구, 집단의식이 변화과정에서 긍정적으로 작용할 때 건설적인 변화를 촉진하는 요인이 되고, 부정적으로 작용할 때 건설적인 변화를 저해하는 장애요인이 된다. 또한 집단은 학교조직발전의 기본 단위가 된다. 많은 조직발전 전략, 예를 들면 조직개발(OD)이나 조직학습에서 집단을 단위로 하는 기법을 사용한다. 말하자면 집단의 특성을 이용하여 조직 구성원의 태도, 가치관, 행동양식을 변화시킴으로써 조직을 변화·발전시키고자 한다. 조직발전의 집단기법에 대해서는 제3장에서 상론한다.

2) 조직으로서의 학교

학교는 교육을 위하여 특별히 만들어진 조직이다. 에치오니(Etzioni, 1964)는 "조직은 공동의 특정한 목적을 추구하기 위하여 의식적으로 구성된 사회적 단위–사람들의 집합체–이다."(p. 3)라고 정의하였다. 셰인(Schein, 1980)은 "조직이란 노동과 기능의 분업을 통하여, 그리고 권한과 책임의 계층을 통하여 여러 사람들이 어떤 공통되고 명확한 의도와 목표를 위해 그들의 활동을 계획적으로 조정하는 것이다."(p. 15)라고 정의하였다. 조직은 여러 사람들이 공동의 목적을 추구하는 핵심적인 사회적 기제다(Scott, 1981: 25). 그리고 학교를 포함하여 모든 조직은 공동의 목적을 효율적으로 수행하기 위하여 기본적으로 관료제 구조를 지니고 있다. 따라서 공식적인 조직으로서의 학교의 특성은 (1) 공동 목적, (2) 권한과 책임의 위계, (3) 공식화, (4) 전문성을 들 수 있다.

첫째로 조직은 조직목적을 성취하기 위해서 존재한다. 조직목적은 조직이 존재하는 이유로서, 모든 조직활동은 조직목표를 지향한다. 실제로 조직목적은 조직활동을 인도한다(Hoy & Miskel, 2005: 11). 학교의 목적은 학교의 의사결정을 지배하고, 공식적 구조에 영향을 주며, 학교 관리자, 교사 그리고 학생이 수행할 과업을 상세히 해 주고, 자원 배분의 지침이 되며, 학교 설계를 결정한다. 조직으로서의 학교의 일차적 임무는 학교의 교육목적을 성취하는 것이다.

둘째로 조직은 조정과 통제를 위해서 권한과 책임의 위계체제를 갖는다. 권한의 위계는 권한이 위에서 아래로 흐르도록 명령 계통을 계층화한 것이다. 책임은 권한의 위계와 병행한다. 권한과 책임의 위계 기제를 유지함으로써 분업화된 조직활동들이 조정되고, 통솔을 위한 명령 계통이 확립된다. 논의의 여지는 남아 있지만, 권위의 위계는 조직의 다양한 업무와 기능을 수행하는 데 필요한 상급자에 대한 복종을 확실하게 하기 위한 것이다(Hoy & Miskel, 2005: 84). 권한과 책임의 위계질서가 무너지면 조직은 혼돈되고 무질서하게 된다. 학교는 상위 교육행정기관의 장에서 시작하여 교장, 교감, 부장 교사, 교사로 연결되는 권한과 책임의 위계체제로 학교의 지배질서를 유지한다.

셋째로 공식적인 조직은 공식화(formalization)로 특징지어진다. 공식화는 작업 수행을 표준화하고 규정화하는 것이다(Hoy & Miskel, 2005: 11). 베버(Weber)의 이론에서 볼 때 공식화는 문서화된 규칙, 규정, 절차 및 지시의 정도를 의미한다. 조직 행동의 지침이 되는 규칙, 직무, 역할, 작업 절차 등을 표준화하고 규정하여 문서화함으로써 조직을 합리적으로 운영할 수 있게 된다. 말하자면 공식화는 조직 행동을 예견할 수 있게 하고, 안정성을 유지하게 하며, 조직적 관계를 가시화시키고, 감정보다는 사실에 근거한 의사결정을 증진하며, 조직이 특정한 개인에게 의존하는 것을 막아 준다(Hoy & Miskel, 2005: 11-12). 이러한 공식화의 다양한 기능 때문에 모든 조직들은 공식화를 수단으로 사용한다. 학교의 조직활동은 공식화된 규칙과 절차, 예컨대 교육과정, 교육과정 지침, 직무 규정, 표준화된 수업 절차, 수업계획서, 시간표, 회의 절차 등에 의해서 수행된다.

넷째로 학교는 전문조직을 지향한다. 전문조직은 의사결정이 전문지식과 기술을 가진 직원에 위임된 구조다(Hoy & Miskel, 2005: 99). 교사는 학교의 중요한 의사결정을 할 수 있는 전문지식과 능력을 갖춘 전문인으로 간주된다. 실제로 교사들은 학교의 의사결정과정에 상당한 영향력을 행사한다. 전문형 구조는 고도의 전문화된 교직원, 직무수행의 자율성, 수직적이 아닌 수평적 관계를 특징으로 한다. 권한의 위계, 규칙 및 절차와 같은 관료적 특성은 엄격하게 적용되기보다는 교사의 기술적 능력과 전문성을 보완해 준다. 이러한 전문조직의 효과성은 결국 교사의 전문 지식과 기술, 도덕성과 책무성, 헌신과 봉사에 달려 있다(Hoy & Miskel, 2005: 101). 학교는 관료적 특성과 전문적 특성을 혼합하고 있지만, 본질적으로 전문조직을 지향한다.

이상의 조직으로서의 학교의 특성, 즉 공동목적 추구, 권한과 책임의 위계, 공식화, 전문화는 학교조직이 그 자체로서 목적을 추구하는 구조와 수단을 지닌, 말하자면 자체 메커니즘을 지니고 있는 자기 결정적인 존재임을 시사한다. 즉, 학교조직은 스스로 결정하고 행동하는 주체적 존재인 것이다. 집단으로서의 학교 개념에서 조직으로서의 학교 개념으로 전환될 때 학교의 자기 결정적 성격이 부각된다. 학교의 관료제적 특성은 학교가 변화와 개혁의 주체가 되고, 또한 발전능력을 지니고 있음을 말해 준다.

3) 제도로서의 학교

학교는 교육 기능을 수행하는 사회제도이며, 학교제도 속에 존재하는 일부분이다. 학교제도는 단위학교들이 횡적 그리고 종적으로 연결 · 결합되어 구성되고, 다시 상위 제도인 교육제도의 일부분이 되고 있다. 제도로서의 학교는 교육제도 망(網)의 일부분인 동시에 학교, 학교제도, 교육제도로 연결되는 중층적 구조 속에 존재함을 의미한다.

제도는 특정한 재생산과정을 나타내는 사회적 질서 또는 형태다(Jepperson, 1991: 145). 여기에서 질서 또는 형태는 표준화된 상호작용의 절차 또는 순서를 의미하며, 표준화된 상호작용 형태는 제도 정의의 핵심 내용이다. 스콧(Scott, 1995)은 "제도는 사회적 행동에 안정성과 의미를 부여하는 인지적, 규범적, 그리고 규제적 구조와 활동들로서 구성된다. 제도는 문화, 구조, 관습 등 여러 가지 운반체에 의해서 운반된다."(p. 33)라고 규정한다. 이 정의에 의하면, 제도는 (1) 규제적, (2) 규범적, (3) 인지적인 세 부분을 축으로 한다(Hanson, 2003: 281).

규제적(begulative) 부분은 활동을 하게 하고, 점검하고 통제하는 형식적 · 비형식적 규칙을 통해 행동을 규정함으로써 안정화 역할을 한다. 예를 들면 학교 규칙, 교육 관련 각종 법규, 사법부의 판결, 전문직의 기준 등은 교사와 행정가의 행동을 규제한다.

규범적(normative) 부분은 교육자가 정당한 방법을 통해 어떻게 가치 있는 목표를 추구하여야 하는가에 관한 가치와 규범을 강조한다. 예를 들면 운동 코치는 수단, 방법을 가리지 않는 승리보다는 훌륭한 스포츠맨 정신을 가르쳐야 한다.

인지적(cognitive) 부분은 사람들이 그들의 세상을 해석할 때 현실을 보고, 그리고 그것에 의미를 부여하는 여과장치(filter)를 형성한다. 예를 들어 "가르치는 것은 좋아하지만 학교생활은 싫다."라고 말하는 교사가 있다면, 그 교사는 학교의 근무환경에 대해서 부정적인 인지적 해석을 하고 있는 것이다.

제도의 규제적이고 규범적인 성격은 단위학교와 교육제도와의 관계 속에서 보다 분명히 드러난다.

교육제도는 학교제도를 포함하여 교사양성기관, 교사임용제도, 교육행정기관 등 교육사업과 관련된 여러 조직들로 구성된다. 말하자면 교육 관련 여러 조직들로 결합된 망이 교육제도의 영역을 이룬다. 제도의 정의상 제도 영역은 규범, 가치, 법, 규칙과 절차, 형식적·비형식적 기대, 정보의 흐름 등이 연결되어 형성된 하나의 네트워크, 즉 연결 형태 또는 구조화다. 이러한 네트워크는 제도적 환경을 구성한다. 제도 영역 내의 개별 조직들은 제도적 연결 네트워크, 즉 제도적 환경 속에서 상호작용하고, 네트워크를 형성하는 규범, 법, 기대 및 절차의 지배를 받는다(Hanson, 2003: 282). 즉 단위학교는 제도적 네트워크인 학교제도와 교육제도의 규제적이고 규범적인 영향을 받는다.

개별 조직에 대한 제도의 영향은 적응과 동화 그리고 이종동형(異種同型, isomorphism)으로 나타난다(DiMaggio & Powell, 1991). 각급 학교는 교육제도의 각종 법규와 규범 그리고 절차에 적응하여야 하고, 이 때문에 개별 조직 간에는 동화작용이 일어나며, 동화작용에 의해서 상이한 조직들이 비슷한 행동 형태를 보이는 이종동형 현상을 나타낸다. 결과적으로 제도의 규제적 · 규범적 압력은 단위 학교들에게 변화의 제약으로 작용한다.

4) 개방체제로서의 학교

개방체제이론은 학교조직을 포함하여 오늘날 모든 조직을 이해하는 접근방식으로 가장 널리 사용되고 있다. 개방체제(open system)는 항상 외부 환경과의 역동적 관계를 유지한다. 즉, 환경에서 투입되는 에너지와 자원을 받아들여서 체제 내의 요소(하위 체제)들의 상호작용을 통한 전환과정을 거쳐 산출된 것을 환경으로 내보내는 일을 한다. 환경에서 산출에 대한 평가적 정보를 받아 체제가 환경에 적응하여 생존할 수 있도록 발전시킨다. 학교는 전형적인 개방체제다. 학교는 환경에서 학생과 지원(투입)을 받아들이고 교육의 과정을 거쳐 '교육받은 학생'(산출)으로 전환시켜서 환경, 즉 다른 체제로 내보낸다.

개방체제의 특성을 요약하면 다음과 같다(Immergart & Pilecki, 1973: 39-45).

- **투입과 산출** 개방체제는 투입과 산출로 환경과 상호작용한다. 개방체제는 환경에서 투입을 받아들이고 이를 산출로 전환시켜서 환경으로 내보낸다. 개방체제는 체제의 요소들과 특질들을 역동적 상태(비율)로 유지함으로써 안정된 상태를 지속한다. 불균형은 체제가 생존과 성장을 위해서 적응하고 진화

하도록 자극한다. 학교는 문제(불균형상태)를 해결함으로써 한 단계 높은 수준의 안정된 상태에 이르게 된다.

- **자기 규제** 개방체제는 스스로 명령하고 체제에 영향을 주는 힘을 통제하는 자기 규제 메커니즘을 가지고 있다. 기온에 따른 인체의 변화(예: 땀)와 자동온도조절기는 대표적인 예다. 자기 규제력에 의해서 개방체제는 비록 적대적인 환경에 직면하더라도 역동적인 생존상태를 유지할 수 있다.
- **이인동과성(異因同果性)** 개방체제는 이인동과성(equifinality)을 나타낸다. 이것은 개방체제들이 각기 다른 조건에서 출발하거나 각기 다른 과정을 밟더라도 결국에는 동일한 결과에 도달할 수 있는 능력을 갖고 있음을 시사한다.
- **역동적 상호작용** 개방체제는 기능적 하위 체제의 역동적 상호작용에 의해서 스스로 유지된다. 체제의 효과는 체제의 목적과 관련되는 하위 체제들의 효과성에 의해 결정되므로 하위 체제의 개념은 중요하다. 아무리 많은 자원이 체제에 투입되더라도 체제 내의 하위 체제들이 제대로 기능을 수행하지 못하거나 그들의 활동이 체제의 목적 달성과의 관련성이 낮아지게 되면 체제의 효과는 약화된다.
- **피드백** 개방체제는 피드백 과정을 통해서 자신의 과거 행동에 대한 정보를 얻고, 이 정보를 평가에 이용하며, 필요하다면 미래 행동을 위해 체제 구조와 과정을 수정하는 데 사용함으로써 안정적인 상태를 유지한다.
- **점진적 분화** 모든 체제의 하위 체제는 기능적이고 위계적인 순서로 점진적으로 분화한다. 체제의 요소(하위 체제)와 그들의 기능적 관계가 보다 복잡한 단계로 분화되는 것은 개방

체제에 내재되어 있는 진화적 발달과정이다. 점진적 분화를 통해서 체제의 능력과 효과성은 증대된다.

- **점진적 장치화** 모든 개방체제는 어떤 절차 또는 과정의 순서를 고정화하여 배열한다. 이 점진적 장치화(mechanization) 과정을 통해서 체제는 행동의 질서(순서)와 규칙성을 확보한다. 개방체제는 규칙적인 절차와 실제를 적용하고 사용함으로써 일처리를 효율적으로 수행한다.
- **역소멸지향성** 역소멸지향성(negentrophy)은 소멸지향성(entrophy)의 반대되는 개념이다. 체제의 특성으로서의 소멸지향성은 체제가 해체 또는 소멸되어 가는 경향성을 말한다. 그러므로 개방체제는 생존하기 위해서 소멸지향성을 없애야 하며, 그것은 부정적 소멸지향성을 지녀야 함을 뜻한다. 역소멸지향성은 개방체제만이 지니는 특성이다.

개방체제 이론을 통해 파악할 수 있는 뚜렷한 학교 특성은 첫째, 학교는 환경의 영향을 받는다는 사실이다. 학교는 생존을 위해서 환경에서 계속적으로 에너지를 받아들여야 한다. 둘째, 학교체제의 하위 요소(체제)들은 독립적으로 존재하기보다는 상호 관련성을 맺고 있기 때문에 한 요소가 변화하면 다른 요소들도 변화한다는 것이다. 이는 학교체제의 변화 또는 효과는 단일 요인에 의해서 결정되기보다는 여러 요인들의 복합적인 관계 속에서 결정됨을 시사한다. 다시 말하면, 학교의 변화는 한 요인의 직선적인 원인-결과의 인과적 연결 고리에 의해서 결정되기보다는 상호 관련성에 의해서 결정된다는 것이다. 셋째, 학교의 자율규제능력이다. 개방체제로서의 학교는 자기 규제 절차와 메커니즘을 의도적으로 개발하고 장치화 또는 제도화함으로써 환경의 변화에 자동적으로 대응할 수 있다. 마지막으로, 동일한 결과는 여러 가지 방식으로 도달할 수 있다는 체제의 이인동과성 특성이다. 이 특성은 학교의 목표를 달성하기 위해서 하나의 방법만이 있는 것이 아니라 다양한 방법이 있을 수 있다는 것을 함의한다.

3. 학교경영이 추구하는 가치

발전 개념이 시사하듯이 학교발전에서 중요한 것은 방향성이다. 아래에서 제시되는 학교경영이 추구하는 일반적이고 포괄적인 가치들은 학교발전의 방향성을 나타내고 있다(박병량, 주철안, 2005: 23-26). 학교경영자는 학교의 필요에 따라 이들 가치 중에서 하나 또는 둘 이상을 선택 결합하여 학교발전의 방향으로 설정할 수 있을 것이다. 그러나 이러한 가치들을 통해서 학교가 추구하는 최종적인 목표는 학생들의 교육적 성취와 발전에 있다고 하겠다.

- **민주성** 민주성은 민주주의의 원칙을 추구하는 것이다. 인간존중, 자유, 평등, 참여와 합의 등은 민주주의를 특징짓는 이상과 원칙이다. 민주적인 학교경영은 학교 구성원 개개인의 인격이 존중되고, 학교운영과 관련된 각종 정보와 참여 기회가 개방되며, 자유로운 의사표현과 의사소통이 이루어지고, 다수결의 원칙이 존중되는 방식으로 교직원 및 학생의 의견이 학교운영에 반영되며, 학교운영에서 구성원의 자율성이 존중된다.

- **공평성** 공평성은 말 그대로 분배가 공평하게 이루어지는 것이다. 그것은 돈, 권한, 기회, 이득 등 사람에게 중요하게 여겨지는 것이 공정한 방법으로 공평하게 분배되는 것이다. 따라서 공평성을 지향하는 학교경영은 인적, 물적, 재화적, 기타 자원이 공평하게 배분되고 권한, 기회, 이익과 불이익, 상·벌 등이 부당한 차별을 두지 않고 모든 구성원들에게 공정하게 부여되고 배분된다.
- **효과성** 효과성은 목적 달성을 의미한다. 학교의 목적은 교육을 통하여 학생 개개인의 성장·발달을 촉진하여 그들이 자아실현된 인간이 되도록 돕는 데 있다. 따라서 효과성을 지향하는 학교는 인간 성향의 가변성을 믿고 학생 개개인의 지적, 정의적, 사회적, 도덕적 성향을 발달시켜서 자아실현된 인간에 도달할 수 있도록 노력한다. 효과적인 학교는 교수-학습활동을 통한 학생의 교육 성취에 초점을 둔다.
- **능률성** 능률성은 산출과 관련하여 투입과 과정의 최적한 상태를 의미한다. 능률성의 일차적 의미는 최소한의 자원을 투입하여 최대의 효과를 거두는 경제적 원리다. 확장된 능률성의 개념은 인적·물적 자원과 시간의 최적한 투입뿐만 아니라 구성원의 심리적 상태와 경영과정을 최적한 상태로 유지하여 산출을 극대화하는 것을 의미한다. 학교는 이러한 능률성을 추구한다.
- **발전성** 발전성이란 바람직한 방향으로의 변화를 추구하는 경향성을 말한다. 발전적인 학교는 학교의 제반 조건을 개선시켜서 보다 좋은 학교가 되도록 노력하는 학교다. 발전적인 학교는 학교발전의 비전을 가지고 학교의 상태를 지속적으로

진단 · 평가하면서 개선이 필요한 경우 학교 구성원의 참여와 협동하에 변화를 계획하고, 프로그램을 개발하며, 이를 실행하는 일련의 변화과정을 반복함으로써 계속적으로 학교발전을 도모한다. 이러한 학교는 학생의 교육적 성취, 구성원의 참여와 협동, 구성원의 능력 개발이 강조된다.

- **적응성** 적응성은 변화하는 환경에 대응하는 능력이다. 학교는 학생, 교사, 학부모 등의 인구학적 및 성향의 변화, 교육과정 및 교육 사조의 변화, 교육청 및 교육부와 같은 상위 교육행정기관의 정책 및 시책의 변화, 나아가서 정치, 경제, 사회, 문화 등 사회 전반의 변화 등 학교 내 · 외의 환경 변화를 이해하고, 이에 능동적으로 대처하여 학교를 유지 · 발전시키는 노력을 기울여야 한다.
- **규율성** 규율성은 규칙에 의해서 통제되는 것을 의미한다. 규칙에는 법과 규정 같은 형식적 규칙과 사회적 원리, 관습, 전통 및 집단 또는 조직의 규범과 같은 비형식적인 규범이 있다. 규율적인 학교경영에서는 학교와 학교 구성원의 행위가 헌법을 비롯한 각종 관련 법규에 어긋나지 않으며 사회적 원리, 문화와 전통 및 학교조직의 규범에 의해서 조정된다.
- **자율성** 자율성은 스스로 결정하고, 스스로 통제하며, 결과에 대해 스스로 책임을 지는 것이다. 자율은 타율과 반대되는 개념이다. 자율적인 학교는 독자적인 권한과 책임하에 학교의 제반 업무를 결정하고 수행한다. 또한 학교의 권한과 책임이 하위 부서에 위임 · 분산되고, 각 부서의 업무가 자율적으로 수행된다. 자율성은 자율적 능력을 전제로 한다. 학교의 자율적 능력은 학교 구성원의 참여와 협동 그리고 그들의 전문성

을 요건으로 한다.

- **전문성** 전문성은 과업의 특수성에 의해 지적 · 기술적 탁월성을 지니고 과업을 수행하는 것이다. 전문성은 지식과 기술, 윤리성과 자율성, 그리고 전문적 분업을 특징으로 한다. 전문성을 지향하는 학교경영은 업무가 기능적으로 분업화되고(예: 국어, 수학, 상담 등), 각 해당 분야에는 전문적 지식과 기술을 지닌 교직원이 배치되며, 그들은 전문인으로서의 윤리와 자율성을 지니고 의사를 결정하고 업무를 수행한다. 전문적인 학교경영에서는 계속적인 학습과 연구를 통한 자기 개발과 윤리성이 강조되고 자율성이 존중된다.
- **책무성** 책무성은 수행된 과업이 일정한 기준에 따라 평가받고 그 결과에 대하여 책임을 지는 것이다. 책무성을 추구하는 학교는 책무성을 검토하는 체제를 갖추고, 학교와 학교 구성원이 수행하는 과업의 타당성, 효과성, 능률성 등을 합의된 기준에 따라 평가하며 평가 결과에 따라 과업 담당자에게 책임과 보상이 주어지고, 평가 결과는 공개되어 학교경영의 개선 자료로 활용된다.
- **지역성** 지역성은 지역의 특수성을 살리는 것이다. 학교가 위치한 지역사회의 물리적, 사회적, 문화적 환경은 학교교육에 직·간접적으로 영향을 미친다. 따라서 학교경영은 지역사회의 제 특성—지리, 경제, 인구, 자원, 문화, 사회적 구조, 정치적 구조 등—을 학교경영에 반영하고 활용하여 교육의 효과를 높인다.

제3장

학교변화

1. 학교변화의 분류
2. 학교환경: 변화의 동인
3. 변화에 대한 저항
4. 변화추진자
5. 교육변화의 약사(略史)

학교발전의 과정에는 어떤 형태의 변화가 불가피하게 수반된다. 그러나 모든 변화가 다 학교발전으로 연결되는 것은 아니다. 학교발전을 위해서는 필연적으로 변화를 선택하여 추진하고, 효과적으로 관리하여야 한다. 이를 위하여 학교경영자는 변화의 본질뿐만 아니라 학교변화의 종류와 유형, 학교변화과정에 작용하는 요소, 그리고 변화추진자의 역할을 구체적으로 파악하여야 한다. 이 장에서는 학교변화의 종류와 형태 및 유형, 학교변화의 동인으로 작용하는 환경 요소와 저해 요인으로 작용하는 저항 원인, 변화추진자의 역할과 자질을 살펴본 후 학교교육개혁의 역사를 살펴봄으로써 학교변화를 구체화·명료화하고자 한다.

1. 학교변화의 분류

학교는 계획적이든 비계획적이든, 바람직한 방향이든 그렇지 못한 방향이든 간에 끊임없이 변화한다. 학교에 편재하는 변화는 그 양상이 복잡하고 다양하기 때문에 어떤 분류체제가 없이는 의미 있게 식별하기가 어렵다. 따라서 학교에서 일어나는 변화를 어떤 분류기준에 따라 분류해 봄으로써 학교변화를 의미 있게 구분하고 좀 더 분명하게 이해할 수 있다. 이러한 분류는 학교변화를 분석하고 진단하고 계획하는 데 도움을 준다.

1) 변화의 의도성

변화의 의도성의 정도에 따라 변화를 자연적 변화(natural change)와 계획적 변화(planned change)로 구분할 수 있다. 자연적 변화는 자연적 상태에서 자생적으로 발생하는 변화이며, 계획적 변화는 목적을 가지고 변화를 추진하는 의식적인 노력이다. 자연적 변화는 수동적, 우연적, 과정지향적, 적응적 속성을 가지고 있고, 계획적 변화는 능동적, 계획적, 목표지향적, 의도적 속성을 갖는다(최종태, 1989: 647). 코너(Connor, 2003)에 의하면, 자연적 변화는 경영적 개입이 없이 발생하는 관리되지 않은 변화이고, 계획적 변화는 경영적 개입으로 발생하는 관리된 변화다(p. 4).

변화는 또한 계획적 변화(planned change)와 비계획적 변화(unplanned change)로 구별할 수 있다(Owens, 1987). 계획적 변화는 미리 결정된 목표와 가치 틀 내에서 변화를 추진하는 의식적인 노력이며, 비계획적 변화는 학교에 강요된 변화로서 학교가 예기하지 못했던 변화다. 비계획적 변화는 일반적으로 변화하는 조직의 필요보다는 외부 기관의 필요를 충족시킨다. 예를 들면 학교의 교육 기능에 문제가 있어서라기보다는 지방교육청의 예산 때문에 벽지에 있는 소규모 학교를 통합하는 경우다. 조직의 성격 또는 전반적인 활동에 심각한 변화를 일으키지 않고 흔히 나타나는 운영상의 필요를 충족시키는 임시방편적인 변화는 일반적으로 비계획적인 변화다. 반면, 계획적 변화는 예견되고 관리된다. 계획적인 변화는 변화의 대상이 되는 조직과 직접적으로 관계되는 변화 주체가 일으킨다. 변화의 의도성 수준에 따른 핸슨(Hanson, 2003)의 계획적 변화, 자연발생적 변화, 진화적 변화의 세 가지에 대해서는 앞의 제1장에서 설명한 바와 같다.

학교변화는 계획적 변화와 자연적 변화를 모두 다 포함하지만, 학교경영은 계획적 변화에 관심을 갖는다(계획적 변화와 자연적 변화에 대한 더 자세한 설명은 제1장 3절 참조).

2) 변화의 대상

학교를 포함하여 조직변화는 변화 대상을 기준으로 구조변화, 과정변화, 과업변화, 인간변화, 문화변화로 분류할 수 있다.

구조변화 조직변화의 대상으로서 구조는 과업 수행의 형태다. 그것은 과업이 어떻게 배분되고 누가 누구에게 보고하는지, 그리고 형식적인 조정 기구와 상호작용의 형태를 규정한다. 구조는 복잡성, 집중화, 공식화의 세 가지 요소에 의해서 결정된다.

복잡성(complexity)은 분화의 정도로서 분업, 전문화, 부서 등으로 나타나는 수평적 분화와 지위, 조직 계층, 명령 계통, 통솔의 범위 등으로 나타나는 수직적 분화, 그리고 지역적 장소로 나타나는 지역적 분화로 구분된다. 집중화(centralization)는 의사결정 권한의 소재지가 한 곳에 집중되어 있는가 혹은 분산되어 있는가의 정도를 말한다. 집중화는 의사결정 권한이 상층부에 집중되어 있는 구조이며, 분권화는 의사결정 권한이 하층부로 분산되어 있는 구조다. 공식화(formalization)는 조직 행동이 규범과 절차에 의존하는 정도를 말한다. 구성원의 행동이 엄격히 규정되어 있는 조직이 있는가 하면 비교적 자유로운 조직이 있다.

이상의 세 가지 요소는 조직 구조의 형태를 결정한다. 따라서 세 가지 요소를 바꿈으로써 학교조직 구조를 변화시킬 수 있다. 학교조직 설계 또는 학교 재구조화는 학교 구조를 바꾸는 것을 말한다.

과정변화 조직의 과정이란 과업 수행을 위한 일련의 활동을 말한다. 과정은 일반적으로 어떤 일이나 현상이 진행·발전되는 경로 또는 단계적 연속을 의미하고, 그것은 계속적인 행동의 흐름으로 나타난다. 과정에는 과업 수행을 위해 사용되는 수단, 방법, 방식, 기술까지를 포괄하기 때문에 조직의 과정을 '과정·기술'이라고 지칭하기도 한다. 학교의 과정은 크게 교수-학습과정과 경영(행정)과정으로 대별될 수 있다. 교수-학습과정은 학교의 교육목표 달성과 직결되는 활동으로서 교수활동, 학습활동, 교수방법, 학습방법, 시간표, 교수계획, 교재, 학습기자재 등이 포함된다. 경영과정에는 의사결정, 의사소통, 정보관리, 자원관리, 지원활동 등이 포함된다. 이러한 과정을 변화의 대상으로 삼아 조직을 개선하려는 접근 방법을 과정적 접근 또는 과정 · 기술적 접근이라고 부른다.

과업변화 조직의 과업은 조직의 목표와 목표 달성을 위해 조직화된 활동, 즉 사업을 말한다. 학교의 목표는 학교를 유지 · 발전시키면서 학생들의 지적 · 정의적 발달을 도모하는 것이다. 이를 위하여 학교는 교수-학습과업과 경영과업을 수행한다. 교수-학습과업에는 교육과정과 각종 교육 프로그램들이 포함되고, 경영과업에는 장학, 인사, 재정, 서비스와 관련된 과업들이 포함된다. 과업을 변화의 대상으로 삼아 교육 결과의 양과 질을 향상시킬 수 있으며, 경영과업의 변화를 통해서 학교경영 조건을 개선할 수 있다.

인간변화 인간은 조직 구성원과 조직과 관련된 사람들이다. 교직원, 학생, 학부모, 교육행정가들은 학교와 관련된 사람들이다. 그들의 특성과 행동은 변화의 대상이 된다. 사람의 특성과 행동에는 그들이 지니고 있는 지식, 기술, 태도, 가치관, 동기, 감정 그리고 겉으로 드러난 가시적인 행동이 포함된다. 사람의 변화는 이러한 요소들의 변화를 의미한다. 조직의 인간변화는 가장 강력한 조직변화의 수단이다. 학교는 인간변화를 목적으로 하는 조직이기도 하다.

문화변화 변화의 대상으로서 조직의 문화는 조직 내에서 공유하는 암묵적 가정, 가치, 규범 및 정서를 말한다. 암묵적 가정은 인간 및 인간의 본성, 세계, 진리, 조직, 환경과 같은 근본적 물음에 대한 전제이며, 가치는 바람직한 것에 대한 개념이고, 규범은 기대되는 행동이며, 정서는 감정이다. 이러한 문화는 이야기, 신화, 전설, 상징(icon), 의식 등으로 표현된다. 문화는 조직을 결속시키고 정체성을 부여한다. 변화의 대상으로서의 문화는 조직의 풍토까지를 포괄하므로 '문화 · 풍토' 라고 부르기도 한다.

조직에서 변화의 대상이 되는 구조, 과정, 과업, 사람, 문화는 서로 중첩되고 연계되어 있기 때문에 하나가 변하면 다른 것도 결부되어 변화하게 된다. 센지(Senge, 1999)는 조직의 '근본적 변화(profound change)' 는 사람의 가치, 포부, 행동의 '내적' 변화와 과정, 전략, 실제, 체제의 '외적' 변화가 결합될 때 이루어진다고 하였다(p. 19). 이러한 변화 대상의 구분은 조직변화의 대상을 분명히 해 준다.

3) 변화의 복잡성

변화는 변화의 복잡성을 기준으로 분류할 수 있다. 맥닐(McNeil, 1996)은 복잡성을 기준으로 변화를 다섯 가지 유형으로 분류하였다.

- 대치(substitution): 이 변화는 한 요소를 다른 요소로 바꾸는 것이다. 예를 들면 교사가 교과서를 바꾸는 경우다. 이 변화는 가장 쉽고 단순하며 가장 보편적인 변화다.
- 첨가(alteration): 이 유형의 변화는 기존 자료와 프로그램에 중요성이 낮고 쉽게 채택될 수 있는 새로운 내용, 자료 또는 절차를 덧붙이는 것이다.
- 재조정(perturbation, 동요): 이 변화는 일단 프로그램을 해체하고, 그러나 짧은 시간 내에 곧바로 바꾼 것을 진행 중인 기존 프로그램에 통합시키는 것이다. 예를 들면 특정 과목에 영향

을 주는 수업시간을 변경하여 학교 수업시간표를 재조정하는 경우다.

- **재구조화**(restructuring): 이것은 체제 자체, 말하자면 학교 자체의 변경을 유도하는 변화다. 새로운 팀티칭의 도입은 수업체제 재구조화의 예다.
- **가치지향변화**(value orientation change): 이 변화는 참여자들의 근본적인 철학 또는 지향점이 바뀌는 것이다. 참여자의 가치지향이 변화되지 않는 한 체제의 어떤 변화도 오래 지속되기 어렵다.

4) 변화의 크기: 잠재력

조직변화는 변화의 속도와 규모에 따라 일반적으로 점진적 변화와 급진적 변화로 구분된다. 점진적 변화는 조직의 구조, 과정, 산출이 근본적인 변화 없이 점진적으로 개선되는 변화이며, 급진적 변화는 조직의 구조, 과정, 산출이 변화되어 새로운 구조, 새로운 과정, 새로운 산출이 창출되는 변화다.

나아가서 교육변화의 형태를 크기라는 개념으로 분류할 수 있다. 여기에서 변화의 크기란 변화의 가치 또는 중요성, 변화에 요구되는 자원, 변화의 파급 효과, 변화의 시급성, 변화의 현재 상태에서의 이탈 정도 등 복합적인 요소들을 포함한 변화의 잠재적인 힘의 크기다. 스터플레빔(Stufflebeam, 1971)은 변화를 결정하는 의사결정 상황을 변화의 정도와 필요한 정보 이해의 정도의 두 연속선의 결합으로 네 가지 종류의 의사결정 상황을 구별한 바 있다. 이 분류체제를 완용하여 변화의 중요성 정도와 변화에 필요한 자원의 이용 정도로 구성된 두 개의 연속선을 결합시켜 변화 형태를 (1) 대변혁, (2) 항상적 변화, (3) 점진적 변화, (4) 혁신적 변화의 네 가지로 구별한다.

먼저, 변화 분류의 기준이 되는 변화의 중요성의 정도와 변화에 필요한 자원 이용의 정도를 살펴보자.

변화의 중요성 변화의 중요성은 변화가 지닌 가치를 의미한다. 그리고 스터플레빔(1971)의 논리에 따르면, 그것은 사람들이 인식하는 변화의 중요성이다. 사람들이 인식하는 변화의 중요성은 두 가지 조건으로 결정된다. 하나는 변화 자체의 중요성으로, 변화에 포함되어 있는 변인들의 가치를 말한다. 즉 사람들이 변화를 중요하게 여기는 정도다. 다른 하나는 사람들이 변화를 중요하게 취급하는 정도다. 변화에 중요한 변인이 포함되어 있지 않으면 변화의 중요성은 낮다. 만약 중요한 변인들이 포함되어 있으나 중요하지 않게 사소하게 다루거나 취급한다면 그 변화의 중요성은 낮다. 그러나 중요한 변인들을 중요하게 다루었다면 그 변화의 중요성은 높게 된다. 여기에서 주목할 점은 변화의 중요성은 사회적 인식에 기초하여 결정된다는 사실이다.

변화의 중요성을 결정하는 데 이 두 가지 조건 구분이 중요하다는 것을 다음의 교과서 채택 사례에서 알 수 있다. 새로 개정된 역사 교과서를 채택하는 것은 교육과정 운영상 의심의 여지 없이 중요한 변화다. 그러나 이 교과서 채택의 중요성은 특정 사람들의 인식에 따라 다를 수 있다. 교과서 구입이 학교의 일상적인 업무이며 중요한 일이 아니라고 여기는 사람에게는 새 교과서 구입은 중요한 변화가 아니다. 새 역사 교과서가 통일에 관한 자료를 싣지 않았다고 가정해 보자. 통일 문제를 학생들에게 가르쳐야 할 내용으로 생각하는 사람들에게는 교과서 채택이 일상적인 일이라 하더라도 이러한 역사 교과서를 채택하는 것은 논쟁이 될 수 있는 중요한 변화인 것이다. 따라서 변화의 정도는 사람들이 변화에 포함된 중요한 변인들을 얼마만큼 중요하게 취급하는지에 달려 있게 된다.

자원 이용의 정도 자원 이용의 정도는 변화실행자가 변화의 시도에 요구되는 자원을 동원하고 활용하는 정도를 말한다. 변화의 자원에는 인적 · 물적 자원, 시간, 에너지, 정보, 지식, 노력, 권력 등이 포함된다. 자원 이용의 정도도 두 가지 측면에서 결정된다. 하나는 변화에 필요한 자원의 양이다. 예를 들어 어떤 변화에는 이론과 지식이 많이 필요하고, 어떤 변화에는 거의 필요하지 않은 경우도 있다. 다른 하나는 변화실행자의 자원 활용의 정도다. 변화에 필요한 자원을 확보하고 있다 하더라도 이를 적절하게 사용하지 못하면 효과적으로 변화를 일으킬 수 없다. 자원 활용의 정도는 변화실행자의 자원 활용능력으로 측정될 수 있다. 자원 이용의 정도는 이 두 가지 측면에서 고려되어 결정된다.

변화의 중요성과 변화에 필요한 자원 활용의 두 가지 차원의 연속성, 말하자면 중요성이 큰 변화 대 중요성이 작은 변화와, 자원 이용이 많은 변화 대 자원 이용이 적은 변화의 두 연속선을 결합하면 네 가지 종류의 교육변화 형태가 나타난다. 네 가지 교육변화 형태는 (1) 중요성이 크고, 자원 이용이 많은 변화(대변혁), (2) 중요성이 작고, 자원 이용이 많은 변화(항상적 변화), (3) 중요성이 작고, 자원 이용이 적은 변화(점진적 변화), (4) 중요성이 크고, 자원 이용이 적은 변화(혁신적 변화)다.

중요성

자원이용		낮음	높음
	많음	항상적 변화	대변혁
	적음	점진적 변화	혁신적 변화

대변혁 대변혁(metamorphic change)은 교육체제가 완전히 바뀌는 것이다. 대변혁에는 거대이론과 막대한 자원이 필요하다. 이런 대변혁은 이론적으로는 가능하지만 실제에서 발생할 가능성은 극히 낮다. 그러나 교육에 대해 비판적인 사람들은 유토피아적인 변화가 가능한 것처럼 여기고 행동한다.

항상적 변화 항상적 변화(homeostatic change)는 교육체제에서 정상적인 균형을 유지하는 현상 유지적 변화다. 이 변화는 정상(원)상태로 복귀하려는 경향성을 갖는다. 환경에서 인적 · 물적 · 재정적 자원은 계속 유입되고, 일상적 활동, 예컨대 수업, 시간표, 프로그램, 평가, 사무처리 등이 조금씩 교정, 수정, 보완, 조정되는 작은 변화를 통해서 학교는 정상적인 운영 형태를 유지한다. 그러나 항상적인 변화에서는 체제의 특질은 변화되지 않는다.

점진적 변화 점진적 변화(incremental change)는 계속적인 개선을 목적으로 하는 발전적 변화다. 이 변화는 현재 상태에 대한 체계적인 진단과 처방이 이루어지는 비교적 개혁적인 변화다. 점진적 변화과정에서는 보통 전문가의 지원을 받는다. 점진적 변화는 항상적 변화와 두 가지 측면에서 다르다. 첫째, 점진적 변화는 일련의 작은 변화를 거쳐서 새로운 균형상태에 이르는 반면에, 항상적 변화는 잘못된 것을 고치는 교정 작업을 거쳐서 원상태로 되돌아가는 변화다. 둘째, 점진적 변화에 대한 지원은 개선 프로그램의 도입에 필요한 경비, 예컨대 전문가 자문비, 회의비, 수당 등의 지급과 같이 일시적인 반면, 항상적인 변화는 표준화와 통상적인 활동 절차, 이에 소요되는 통상적인 예산 지원을 계속해서 받는다.

많은 교육개선 사업은 점진적인 변화 형태다. 점진적 변화는 기본적으로 의도적 변화다. 이런 사업들은 큰 위험부담 없이 현재의 프로그램들을 개선시키고자 한다. 이런 변화들은 시행착오적이고 교정적이며, 반복적이고 연속적인 특징을 지니고 있다(Stufflebeam & Guba, 1971: 69).

혁신적 변화 혁신적 변화(innovative change)는 의미 있는 문제를 해결하는 '새로운 해결방안'을 개발, 실험, 보급시키는 변화다. 이 변화는 기술을 급진적으로 발전시키는 기술혁신과 같은 변화이므로 그 파급 효과는 크다. 혁신적 변화에 투입된 자원은 한시적이며, 개발 초기에 집중적으로 투입된다. 이 변화가 성공하기 위해서는 창의력, 연구, 인내와 끈기 등이 필수적이다. 탐구와 조사, 개발을 필요로 하는 혁신적 변화는 항상적 또는 점진적 변화보다 장기적이고 자원이 많이 투입되며 실패의 위험부담이 크다.

5) 변화의 동기

겟젤스(Getzels, 1973)는 변화를 지향하는 세 가지 기본적인 동기가 있다고 하였다. 이 세 가지 동기에 의한 변화는 강요된 변화

(enforced change), 임시방편적 변화(expedient change), 근본적 변화(essential change)다.

강요된 변화는 사법부의 판결, 새로 제정된 법규, 외부 압력 등 외부 기관 또는 힘에 의해서 발생되는 변화다. 외부 영향이 없으면 이 변화는 일어나지 않는다. 강요된 변화의 기제는 순응하는 것이다. 임시방편적 변화는 일반적으로 상황이 심각한 문제가 되기 전에 즉각적으로 대처하는 것이다. 이 변화는 지속 기간이 짧고 반사적이다. 임시방편적 변화는 비록 조직 내부에서 추진되지만 외부 요구를 충족시키는 변화로, 유행에 따른 변화를 예로 들 수 있다. 근본적 변화는 외부의 힘보다는 내부의 힘에 의해서 추진되는 변화다. 이 변화는 자체 평가를 하고 개선을 위한 작업을 할 수 있는 체제의 능력에 의해서 추진되는 변화다. 말하자면 조직발전을 위해서 문제가 해결되어야 한다는 인식을 가지고 자발적으로 반응하는 변화다.

6) 변화의 기원

변화는 그 기원에 따라 '위에서 아래로(top-down)'의 변화와 '아래에서 위로(bottom-up)'의 변화로 구분할 수 있다.

'위에서 아래로' 변화는 외부, 특히 상부 기관에 의하여 유도되는 변화다. 정부 정책, 교육부의 교육개혁 시책, 입법부 및 사법부의 결정 등에 의해 유발되는 이 변화의 특징은 지시적 · 처방적이라는 점이다. 이 변화는 변화의 요구에 즉각적으로 대처한다는 강점이 있는 반면에, 조직 구성원의 동의와 참여가 없으면 실패하기 쉽다는 단점이 있다.

'아래에서 위로' 변화는 학교 현장의 실질적인 필요에 의해서 조직 내부에서 추진되는 변화다. 이 변화는 학교 내부 구성원들이 스스로 확인한 문제를 해결하기 위해서 추진하는 변화다. 따라서 이 변화는 구성원들이 능동적으로 변화에 참여한다는 이점이 있다. 한편, 외부의 재정적 지원이 필요할 때 재원을 확보하는 어려움이 있다는 점이 이 변화의 단점이라고 할 수 있다. 이 두 가지 변화에 대해서는 제4장 변화의 과정에서 좀 더 자세히 논의하겠다.

2. 학교환경: 변화의 동인

학교는 환경과 상호작용한다. 학교환경은 학교 밖의 모든 것을 말한다. 학교는 환경에 수동적으로 반응하거나 능동적으로 대응한다. 어느 경우이든 환경은 학교변화를 자극한다. 환경의 변화, 예컨대 가족 구조, 직업 구조, 법규, 사회적 가치관, 정치, 경제, 사회의 변화는 학교를 변화시키는 원인이 된다.

학교환경은 일반적으로 (1) 인구학적 환경, (2) 자연적·물리적 환경, (3) 정치적/법적 환경, (4) 기술적 환경, (5) 경제적 환경, (6) 사회적 환경, (7) 문화적 환경, (8) 교육적 환경으로 구분할 수 있다. 각 부문별 환경은 수많은 요소를 내포하고 있다. 학교교육에 영향을 주는 각 부문별 환경 요소들을 예시하면 다음과 같다.

인구학적 환경 인구학적 환경이란 인구학적 조건을 말한다. 인구 폭증(또는 감소), 노령화, 출산율 저하, 세대 간의 의식 차이 등은 학교에 영향을 주는 인구학적 요소들이다.

자연적 · 물리적 환경 학교에 영향을 미치는 자연적 · 물리적 환경 요소에는 기후변화, 식량 부족, 에너지 소비, 자원 고갈, 자연환경 파괴, 공해, 환경오염 등이 포함된다.

기술적 환경 기술적 환경에는 과학적 기술뿐만 아니라 관리적 기술도 포함된다. 학교에 영향을 주는 기술적 환경 요소에는 정보화, 유비쿼터스, 생산자동화, 교통수단의 발달, 생명과학의 발달, 의료 부문 발달, 인간 복제 등이 포함된다.

정치적/법적 환경 정치적/법적 환경이란 정치체제의 구조와 과정 그리고 법적 규범체제를 말한다. 학교에 영향을 주는 정치적/법적 환경 요소에는 이념, 입법, 사법부의 판결, 민주화, 지방화, 인권 신장, 시민단체, 남북관계, 국가 정체성, 냉전시대 붕괴, 국제화 등이 포함된다.

경제적 환경 경제적 환경이란 경제체제의 상태를 말한다. 학교에 영향을 미치는 경제적 환경 요소에는 국가 예산, 개방과 자유경쟁 강조, 세계화, 산업 및 직업 구조의 변화, 산업체의 요구, 지식산업, 서비스산업의 확대, 고용 불안, 실직자, 빈부격차, 물가 상승 등이 포함된다.

사회적 환경 사회적 환경이란 사회적 구조와 조건 및 사회가치를 포함한 사회적 상태를 말한다. 학교에 영향을 주는 사회적 환경 요소에는 사회적 가치, 핵가족화, 개인화, 인권 존중, 경쟁 심화, 생활 방식, 소비 형태, 도덕성, 약물 과용, 보육, 아동학대, 여론 등이 포함된다.

문화적 환경 문화적 환경이란 사회적 문화체제의 조건을 말한다. 학교에 영향을 주는 문화적 환경 요소에는 문화 가치 증

〈표 3-1〉 학교교육에 영향을 미치는 환경 요소

인구학적 환경	자연적·물리적 환경	기술적 환경	정치적/법적 환경
인구 폭증 (또는 감소) 노령화 출산율 저하 세대 간의 의식 차이	기후변화 식량 부족 에너지 소비 자원 고갈 자연환경 파괴 공해 환경오염	정보화 유비쿼터스 생산자동화 교통수단의 발달 생명과학의 발달 의료 부문 발달 인간 복제	이념 입법 사법부의 판결 민주화 지방화 인권 신장 시민단체 남북관계 국가 정체성 냉전시대 붕괴 국제화
경제적 환경	**사회적 환경**	**문화적 환경**	**교육적 환경**
국가 예산 개방과 자유경쟁 강조 세계화 산업 및 직업 구조의 변화 산업체의 요구 지식산업 서비스산업의 확대 고용 불안 실직자 빈부격차 물가 상승	사회적 가치 핵가족화 개인화 인권 존중 경쟁 심화 생활 방식 소비 형태 도덕성 약물 과용 보육 아동학대 여론	문화 가치 증대 다문화 여행 여가 시간 증대 TV 가상공간의 의사소통 문화적 동질화 또는 종속화 문화적 패권주의 문화적 민족주의 문화 충돌	교육정책 교육부 지방 교육행정기관 교육 예산 사회적 기대 학생요구의 다양화 교원노조 평생교육 방과 후 교육 해외유학 학교폭력 학교 책무성 증대 학교 감사

대, 다문화, 여행, 여가 시간 증대, TV, 가상공간의 의사소통, 문화적 동질화 또는 종속화, 문화적 패권주의, 문화적 민족주의, 문화 충돌 등이 포함된다.

교육적 환경 교육적 환경이란 교육정책, 교육행정, 교육제도 등을 포함한 교육계의 상태를 말한다. 학교에 영향을 주는 교육환경에는 교육정책, 교육부, 지방 교육행정기관, 교육 예산, 사회적 기대, 학생 요구의 다양화, 교원노조, 평생교육, 방과 후 교육, 해외유학, 학교폭력, 학교 책무성 증대, 학교 감사 등이 포함된다.

3. 변화에 대한 저항

변화와 관련된 모든 상황에는 변화를 지지하는 세력이 있는가 하면 변화를 반대하는 세력 또한 존재한다. 조직변화는 현상 유지적 상태를 인위적으로 변동시키기 때문에 거의 언제나 다소간의 저항(resistance)에 봉착하게 된다. 여기서 저항이라 함은 변화에 반대하는 적대적 태도나 행동을 말한다(오석홍, 2003: 671). 따라서 저항은 변화의 시도, 지속 또는 정착을 방해하는 요소다.

저항의 원인은 여러 가지가 있다. 에반스(Evans, 1996)는 저항의 원인으로 욕구(경제적, 사회적, 심리적) 충족의 방해, 미지(未知)에 대한 불안, 기존 지식과 기술의 무용화, 조직구조(관료제), 한정된 자원, 집단적으로 협상한 합의를 들었다. 오석홍(2003)은 저항의 원인을 포괄적이고 체계적으로 분류하였다. 그는 저항의 원인을 상황적 원인과 심리적 원인으로 대별하고, 각 범주를 세분화하였다. 저항의 상황적 원인은 저항을 야기하는 상황적 조건으로서 '조직 차원의 원인'에 해당된다. 저항의 심리적 원인은 저항을 야기할 수 있는 개인의 심리적 상태로서 '개인 차원의 원인'에 해당된다. 오석홍(2003)의 저항 원인의 분류를 살펴보면 다음과 같다(pp. 674-677).

1) 저항의 상황적 원인

저항을 야기할 수 있는 상황적(조건적) 조건에는 다음과 같은 것이 있다.

일반적 장애 조직개혁의 촉발 자체를 좌절시키거나 저항을 야기할 수 있는 일반적인 장애들(obstacles)이 있다.

1. 일반적 환경의 혼란
2. 경제적 빈곤(자원 부족)
3. 조직 자체의 무능력
4. 관료화된 조직의 경직성
5. 법령이나 조직 간의 협약과 같이 조직 행동을 공식적 · 비공식적으로 제약하는 요인
6. 기존 상태에 투입된 많은 매몰 비용(sunk cost)
7. 보수적 조직문화

변화추진자의 문제 변화추진자의 지위나 신망이 열악하다든지 그가 불신의 대상으로 되어 있다든지 하는 문제가 있을 때에 저항이 유발될 수 있다.

개혁안 자체의 문제 개혁의 목표와 내용에 저항 유발 요인이 들어 있을 수 있다. 개혁안이 개혁의 필요를 충족시킬 수 없을 때, 기존 상태 또는 다른 대안보다 못할 때, 과거에 시행을 시도하였다가 실패한 것일 때, 그리고 성과의 불확실성이 높을 것일 때 저항의 조건을 제공할 수 있다. 개혁안이 기존의 신념체계에 대립되거나 이익 상실 또는 불편 야기의 원인으로 될 때 저항이 생길 수 있다. 이익 상실 또는 불편 야기의 내용은 다양하다. 보수, 기타의 경제적 이익 상실, 지위 격하, 실직, 직무만족의 손상, 재적응·재학습의 필요 발생, 사회적 유대의 와해, 자율성 상실 등은 모두 이익 상실 내지 불편 야기의 예다.

추진 방법과 절차의 문제 변화 추진의 방법과 절차에 내포된 문제들 때문에도 저항이 야기될 수 있다. 문제의 진단과 변화 결정의 과정에 관련자들의 참여가 봉쇄되고 합의가 원활히 이루어지지 않았을 때, 개혁안 제시의 방법과 수단이 강압적일 때, 특정인의 잘못을 문책하는 형식으로 개혁안이 제시되었을 때, 의사 전달에 장애가 있어 개혁안의 내용이 관련자들에게 잘 알려지지 않았을 때, 개혁의 영향을 받는 사람들 사이에 신뢰와 협조 관계가 결여되어 있을 때, 그리고 개혁 추진의 시기가 잘못되어 있을 때와 같이 개혁 추진의 방법과 절차에 무리가 있으면 저항이 생길 수 있다.

이러한 여러 가지 '문제' 또는 '잘못'이 없더라도 개혁 그 자체가 저항의 상황적 조건으로 될 수 있다. 위에 열거한 요인들은 저항의 가능성과 그 강도를 더욱 높일 수 있는 조건이라고 이해하여야 할 것이다.

2) 저항의 심리적 원인

저항의 심리적 원인은 저항을 야기하는 상황적 조건에 대한 개인의 심리적 반응이다. 중요한 심리적 원인을 예시하면 다음과 같다.

변화 내용에 대한 이해 부족과 불신 변화의 내용을 잘 모르면 저항할 가능성이 크다. 개혁과정의 비밀주의나 의사 전달의 장애 때문에 개혁의 필요와 목적을 이해하고 수용하는 데 필요한 정보가 개혁의 영향을 받을 사람들에게 적절히 전달되지 않으면 몰이해에 의한 저항이 생길 수 있다. 전달된 정보를 잘못 이해하여 저항할 수도 있다. 개혁의 결정과정에서 소외되었다고 믿을 때, 그리고 개혁추진자들의 의도를 불신할 때에도 저항할 가능성이 크다.

새로운 상황에 대한 불안감 변화가 가져올 새로운 상황(또는 미지의 상황)에 대한 불안감이 저항의 원인으로 될 수도 있다. 기존 질서 속에서 안정감을 느끼고 있는 사람들은 개혁에 의하여 새롭게 펼쳐질 상황에 대해 불안감을 느끼게 된다. 개혁의 내용이 기존 질서에서 이탈하는 정도가 클수록 불안감은 커질 것이다.

재적응의 부담 새로운 상황에 적응해야 하는 심리적 부담, 기술변화가 야기되어 재학습의 부담 등을 인식하면 저항할 수 있다.

자존심 손상 인정감이나 자존심이 손상되었다고 생각하기 때문에 저항을 할 수도 있다. 변화추진자가 일방적으로 개혁을 추진하면서 과거의 실적을 비난하거나 특정한 개인의 잘못을 지목하여 개혁의 대상으로 삼을 때, 그리고 개혁안을 공격적이고 권위주의적인 방법으로 밀어붙일 때 인정감과 자존심의 손상이 지각될 가능성이 커질 것이다.

이익 침해의 인식 변화가 개인적 이익을 침해한다고 생각할 때 사람들은 개혁에 저항할 가능성이 크다. 여기서 이익 침해의 인식이라고 하는 것은 보수의 감소, 감원의 위협, 지위의 격하, 직무상 자기 실현의 좌절, 권력의 상실 등을 생각하는 것이 포함된다.

필요성과 성과에 대한 의문 변화의 필요와 성과에 대하여 의문을 가진 사람들은 개혁에 저항할 수 있다. 특정한 변화에 의하여 성취하려는 목표상태가 기존 상태보다 나을 것이 없다고 생각하거나 다른 개혁 대안이 더 효율적이라고 생각할 때, 그리고 개혁안의 실현이 불가능하다고 생각하거나 개혁의 이익보다 비용이 더 크다고 생각할 때 사람들은 저항의 반응을 나타낼 수 있다. 같은 내용의 개혁을 과거에 시도했다가 실패한 경험이 있는 사람은 확신을 가지고 변화에 저항할 가능성이 크다.

4. 변화추진자

변화추진자(change agent)는 체제의 변화를 추구하는 사람, 집단 또는 기관이다. 변화추진자는 조직 안에서 나올 수도 있고, 조직 밖에서 나올 수도 있다. 조직 안의 변화추진자는 보통 구성원, 중간관리자, 지도자가 되며, 조직 밖의 변화추진자는 외부 기관의 행정가나 지원자 그리고 전문상담자가 된다. 변화추진자의 역할과 자질을 살펴보겠다.

1) 변화추진자의 역할

변화추진자는 변화를 유발하고 실행하고 관리하는 사람이다. 변화추진자는 일련의 복잡한 변화과정 또는 단계에서 요구되는 여러 가지 사항들을 처리하여야 하기 때문에 그의 역할은 다양하다. 이러한 역할은 한 사람에 의해서 수행될 수도 있지만, 보통 여러 사람이 분담하여 수행한다. 실제로 변화추진자는 변화를 추진하기 위하여 변화를 유도하고 실행하는 체제를 만드는 경우가 있다. 이 경우 변화추진자는 변화에 동조하는 사람을 모으고, 인적·물적 자원을 조직하여 변화 추진체제를 구축하며, 이 체제를 통해서 변화를 추진하고 통제한다.

하벨록(Havelock, 1973)은 변화추진자로서의 교육행정가의 역할을 변화의 촉매자, 해결방안 제공자, 과정조력자, 자원연결자로 들었다(pp. 13-14).

- **촉매자**(catalyst): 변화의 필요성을 제기하고, 다른 사람들이 그것을 인식하게 하며, 변화를 격려한다.
- **해결방안 제공자**(solution giver): 일련의 해결방안을 강구하고 선택한다. 이를 위하여 위원회를 구성하기도 한다.
- **과정조력자**(process helper): 경영자나 구성원에게 변화과정을 보여 준다. 변화의 필요성을 정의하고, 진단하고, 해결과정을 제시하는 전문적 지도·조언을 한다. 변화과정에 관해 전문적 지식과 기술을 가진 변화전문가 또는 변화 컨설턴트다.
- **자원연결자**(resources linker): 인적·물적 자원을 확보하여 효과적으로 분배하고 사용한다.

변화추진자는 변화관리자이고 지도자이며 변화과정에 관한 전문가다. 여기에서는 변화추진자를 변화관리자와 변화전문상담자로 나누어 살펴보겠다(오석홍, 2003: 669-671 참조).

변화관리자 역할 호지킨슨(Hodgkinson, 1991)에 의하면, 변화추진자는 일반적으로 (1) 변화의 필요성을 인식하고, (2) 성취할 수 있는 것이 무엇인지를 머릿속에 그려 보고, (3) 목표 성취를 위하여 필요한 전략을 추구하는 지도자라고 한다.

뉴스트롬과 데이비스(Newstrom & Davis, 2002)는 변화를 추진하는 변혁적 지도자의 역할로 (1) 조직의 미래에 대한 비전의 창출과 전파, (2) 지도자의 권위에 의한 조직 구성원들의 설득과 동기 유발, 그리고 (3) 지속적인 발전을 위한 조직 구성원들의 학습 촉진(stimulating learning)을 들었다(pp. 345-346).

어윈과 랑햄(Irwin & Langham, 1966)은 유의미한 변화를 추구하는 최고 관리층이 해야 하는 일로 (1) 변화 요구 세력의 확인, (2) 개인과 조직의 변화 추구 능력 확인, (3) 변화에 유리한 분위기의 조성, (4) 변화 추구 노력에 대한 관련자들의 가담 유도, (5) 변화 추구에 필요한 조직 단위 등의 설치, (6) 행동화의 유도, (7) 변화 계획의 수립, (8) 변화의 시행, (9) 위험과 갈등의 최소화 등 아홉 가지를 들었다(pp. 82-91).

또한 변화추진자의 중요한 역할 중의 하나는 변화의 장애를 극복하는 일이다. 뤼넨베르크와 오른슈타인(Lunenberg & Ornstein, 1991)은 변화의 저항을 줄이는 여섯 가지 방법을 제시하였다(pp. 215-216).

- **참여**: 변화에 영향을 받는 사람을 변화의 계획, 설계, 실행과

정에 참여시킨다. 참여는 변화에 대해 주체성과 참여의식을 갖게 하여 불안을 감소시킨다.

- **의사소통**: 변화의 필요성, 목적, 과정, 효과를 구성원에게 알린다.
- **지원**: 상부의 지원은 참여의식을 고취시킨다.
- **보상**: 변화로 발생하는 구성원들의 이익은 저항을 줄인다.
- **계획**: 구성원의 수준에 맞게 잘 계획된 행동 계획은 불안을 감소시켜 저항을 줄인다.
- **강요**: 마지막 수단으로 강요는 변화를 일으킬 수 있으나, 또한 부정적 감정을 일으킨다.

변화전문상담자의 역할 리피트와 웨스틀리(Lippitt & Westley, 1958)는 조직발전상담자의 임무로 (1) 문제의 진단, (2) 대상 체제의 변화 추구 동기와 능력에 대한 평가, (3) 변화추진자 자신의 동기와 자원의 평가, (4) 적절한 변화목표의 선정, (5) 적절한 지원 역할의 선정, (6) 대상 체제와의 관계 설정 및 유지, (7) 변화 단계의 확인 및 유도, (8) 적절한 기술과 행동방식의 구체적인 선택 등 여덟 가지를 들었다(pp. 91-123).

커밍스와 월리(Cummings & Worley, 2001)는 조직개발 시행자의 역할(핵심능력)로 (1) 상담과정의 관리, (2) 분석과 진단, (3) 적합한 개입 방법의 설계와 선택, (4) 개혁목표축의 촉진과 과정 상담, (5) 고객(대상 조직)의 개혁능력 발전, (6) 변동 개입에 대한 평가 등 여섯 가지를 열거하였다(p. 48).

2) 변화추진자의 자질

변화추진자는 변화를 추진하는 지도자, 관리자 그리고 전문가다. 효과적인 변화추진자는 자신의 과업과 주변 상황에 대해 상세히 파악하고 있어야 한다. 변화추진자는 복잡한 조직 문제를 파악하고 분석할 수 있어야 하고, 구성원에게 미치는 문화와 풍토의 영향을 이해하여야 하며, 변화를 위한 계획을 개념화하고 실행할 수 있어야 한다. 또한 권한을 공유하고 합의적 의사결정을 할 수 있어야 하며, 투입, 산출 그리고 변화의 질을 점검하면서 체제의 개방성을 유지할 수 있고, 변화를 통해 개선을 지향하면서 체제의 긍정적인 측면을 유지할 수 있어야 한다(Razik & Swanson, 2001: 334).

라지크와 스완슨(Razik & Swanson, 2001)은 효과적인 변화추진자는 높은 지력, 강한 추진력, 인간과 목적 성취에 대한 강한 지향성, 조직변화에 대한 분명한 비전을 가지고 있어야 한다고 하였다(p. 327). 진동섭(2003)은 학교 컨설턴트의 두 가지 자격 요건으로 내용적 전문성과 방법적 전문성을 보유하고 있어야 한다고 보았다. 전자는 학교와 학교 구성원들이 가지고 있는 문제 자체에 관한 지식, 기술, 경험을 갖추고 있어야 한다는 것이고, 후자는 문제를 해결하는 과정, 절차 또는 도구에 관한 지식, 기술, 경험을 보유하고 있어야 한다는 것이다(p. 54). 모린(Morin, 1975)은 전문상담자로서 변화추진자가 지녀야 할 특성을 다음과 같이 제시하였다(p. 43).

- 변화추진자는 높은 전문성을 유지하여야 한다.
- 변화추진자는 자극하고 고무하는 동기 유발자가 되어야 한다.
- 변화추진자는 (a) 그의 관점을 바꾸는 데 개방적이며, (b) 분

별력 있고, (c) 사회적 시사점을 잘 인식하고 있어야 한다.

- 변화추진자는 다른 사람들과 함께 일할 수 있는 능력이 있어야 한다.
- 변화추진자는 지도자적인 자질과 영향력을 지니고 있어야 한다.

학교에서 변화 추진은 한 개인에게 부여된 책임이라기보다는 모든 교직원이 기여하는 기능으로 인식하고, 이에 따라 모든 교직원들은 공동의 변화추진자로서 효과적인 변화를 추진하고 관리해 나가려는 컨설턴트의 자세를 지녀야 한다.

변화추진자로서 학교발전 컨설턴트가 갖추어야 할 자세를 살펴보면 다음과 같다(Connor et al., 2003: 231-235).

첫째, 학교발전 컨설턴트는 성실(integrity)해야 한다. 즉 변화관리자들은 그들에게 부여된 의무가 무엇이며, 누구를 위하여, 왜 변화하고 관리해야 하는지에 대한 인식을 항상 상기하면서 성실한 자세로 변화의 관리에 책임을 다해야 한다. 컨설턴트는 전문성, 윤리성, 정당성을 바탕으로 그의 역할을 수행하여야 한다. 학교발전 컨설턴트는 컨설팅의 목적을 특정인의 필요와 요구에 맞추어서 변경해서는 안 되며, 불공정한 차별을 하거나 자신의 다른 이익 사업과 연계시켜서는 안 되고, 컨설팅 중에 얻은 정보를 수단으로 사용하지 말아야 한다.

둘째, 학교발전 컨설턴트는 개척자로서의 정신(pathfinding)을 지녀야 한다. 변화관리자는 평범하고 관습적으로 단순히 문제를 해결하는 것 이상을 할 수 있어야 한다. 학교발전 컨설턴트는 갑작스럽게 직면한 문제에 대응하여 계획과 전략을 변경하는 자세만으로는 충분하지 않다. 효과적인 발전 컨설턴트는 미리 변화를 예측하고 관리하여야 할 변화를 발견하고 추구해 나갈 수 있어야 하며, 때로는 새롭게 창조해 나갈 수 있는 개척자로서의 자세를 지니고 있어야 할 것이다.

셋째, 학교발전 컨설턴트는 끊임없는 배움(learning)의 자세를 유지해야 한다. 변화하는 세계에서 지속적으로 성장하고, 발전하고, 개선하기 위해서는 배움에 헌신해야 한다. 그렇지 않으면 효과적으로 변화를 예상하지 못하고, 이에 따라 변화에 대응하여 관리할 수 없게 될 것이다. 따라서 학교발전 컨설턴트는 배움의 의무를 늘 인식하고 실천할 수 있어야 하며, 아울러 조직은 모든 종류의 교육과 훈련에 후원자가 되어야 한다.

넷째, 학교발전 컨설턴트는 확실한 공약(commitment)을 지녀야 한다. 중요한 것은 무엇이며, 진정으로 성취하고자 하는 것이 무엇인지, 그리고 앞으로 어떤 가치와 목표를 추구해야 하는지에 대해 끊임없이 인식하여 변화 관리에 대한 확고한 공약을 변화관리자는 지녀야 한다. 무엇을 하려는지, 그리고 왜 해야 하는지에 대한 명확한 사고의 정립과 일에 대한 확실한 이해를 통해 변화의 관리에서 빚어질 수 있는 갈등과 모순의 압력을 지혜롭게 극복하고, 변화를 효과적으로 관리해 나갈 수 있어야 한다.

다섯째, 학교발전 컨설턴트는 경영자로서의 책임의식(stewardship)을 지녀야 한다. 책임의식을 통해 조직을 유지하고 증진시키며, 더 큰 사회의 주된 관심을 향상시켜 나가야 할 것이다. 학교 경영자는 조직의 자본과 노동이 효과적으로 활용될 수 있도록 결정하는 것으로 충분하지 않다. 학교경영자는 그들의 결정이 공동체에 중요한 영향력을 미칠 수 있다는 것을 염두에 두면서 책임의식을 가지고 신중해야 할 것이다.

이상과 같이 학교발전 컨설턴트가 지녀야 할 자세에 대해 살펴보았다. 학교발전 컨설턴트는 변화를 추진하고 경영해 나갈 때 변화에 관련되어 있는 다양한 요소(인적 요소, 비인적 요소)에 대하여 깊이 생각하고 배려하고 존중하는 기본적 자세를 가져야 하며, 어떠한 경우에도 윤리적으로 행동할 수 있는 윤리성을 갖추는 것을 기본 전제로 해야 할 것이다. 조직 차원에서는 경영자들이 변화 프로그램을 계획하고 실행할 때 윤리성을 높일 수 있도록 윤리적 행동 지침들을 민주적인 방식으로 마련해야 하며, 변화경영자들은 이러한 윤리적 지침들을 토대로 선택의 자유를 최대화시켜 나가면서 변화 전략을 적절히 선택하고 합리적으로 경영해 나가야 한다.

5. 교육변화의 약사(略史)

'학교는 옛날이나 지금이나 변한 것이 없다.' 라는 말을 많은 사람들이 흔히 한다. 그러나 긴 안목에서 보면 학교는 변화하고 발전되어 왔다. 여기에서는 우리나라 교육에 지속적으로 영향을 미쳐 왔던 미국 교육개혁의 동향과 해방 후 우리나라 교육개혁의 변천을 개관함으로써 학교교육의 변화의 역사를 개괄적으로 살펴보고자 한다.

1) 미국의 학교개혁

해방 후 국가 교육체계 수립에서부터 오늘날까지 미국 교육은 우리나라 교육에 지대한 영향을 미쳐 왔다. 따라서 미국 교육개혁의 동향을 살펴보는 것은 우리나라 학교개혁을 이해하는 데 도움이 된다. 여기에서는 1950년대 후반부터 현재에 이르기까지의 미국 학교개혁의 동향을 교육과정 개혁, 학업성취 표준, 지역사회의 참여, 학교선택, 학교단위경영제, 교사권한 부여, 교수-학습 중심 재구조화의 개혁 주제를 중심으로 정리하여 살펴본다(박병량 · 주철안, 2005: 114-121).

교육과정 개혁

1950년대 후반부터 미국 학교교육에서 의미 있는 변화는 교육과정 개혁이었다. 교육과정 개혁의 내용은 교과중심 교육과정으로의 전환, 혁신적인 교재 개발 그리고 교육공학을 이용한 새로운 교수 방법이었다. 그동안 미국 교육을 지배하였던 경험주의 교육에 대한 비판이 제기되고 소련이 우주 탐사에서 앞서 가는 것에 자극을 받아 교과교육, 특히 수학, 물리 등 자연과학 과목들이 매우 강조되었다. 이 시기에 미국의 학교교육은 경험주의 교과과정에서 교과중심 교육과정으로 바뀌는 커다란 변화를 겪었다. 교과교육이 강조됨에 따라 혁신적인 교재가 특히 수학이나 물리 같은 분야에서 개발 · 보급되었다. 이러한 교재들은 질적인 면에서 좋은 평가를 받아 세계 각국에서 사용하기도 하였다. 또한 교수방법에서도 티칭머신(teaching machine), 프로그램 학습, TV, 시청각 기자재를 활용한 새로운 교육공학적 수업 방법들이 도입되어 활용되었다(De Young & Wynn, 1964).

학습기준에 기초를 둔 체계적 교육개혁

1980년대 중반 이후 미국의 교육개혁을 추진하는 주요 접근 방법

중 하나는 학습기준에 기초를 두고 있는 정부주도적 개혁이다. 이 접근 방법은 실제로 여러 주에서 다양한 방식으로 추진되고 있지만, 주요 특성은 다음 세 가지로 요약된다(Massell, Kirst, & Hoppe, 1997).

첫째, 학생의 학업성취 표준의 제정이다. 이는 주에서 모든 공교육기관의 학생들이 알고 도달할 수 있는 교육과정의 성취 수준을 구체적으로 제시한다.

둘째, 학생의 학업성취 향상과 연계된 정책의 실시다. 학생의 학업성취 표준을 달성할 수 있도록 이에 관련된 주요 정책들인 학생평가, 학교의 책무성, 교사자격증 부여와 전문성 개발 정책을 실시한다.

셋째, 학교경영의 재구조화다. 주에서 제시한 학생들의 성취 표준을 보다 효과적으로 달성할 수 있도록 교육구 중심의 학교경영에서 단위학교 중심으로 경영을 재구조화하여 교수활동 프로그램을 운영해 나갈 수 있는 권한을 부여한다.

미국의 교육개혁은 교육의 질 향상을 목표로 학습내용에 초점을 두어 학생과 교사에게 보다 높은 수준의 학업성취와 과업 수행을 요구하였다. 이 같은 개혁 노선에 따라 주정부는 표준교육과정을 제정하고 과학, 수학과 같은 기초 과목을 필수화하였고, 수업 일수와 학습 시간을 연장하고 학력검사 실시를 의무화하였으며, 교사의 자격기준과 연수를 강화하고, 학교 성과에 따른 예산 배정 등의 시책을 실시하였다. 이런 정책들은 주정부의 주도로 이루어졌다.

이러한 교육개혁을 추진하게 된 배경에는 학교교육의 질 저하에 대한 우려가 있었다. 미국은 학생의 낮은 학력점수, 과학이나 수학과 같은 주요 과목의 학력 저하, 성인들의 높은 문맹률, 국제 비교에서 나타난 낮은 학력 수준 등 교육의 질 저하를 국가의 위기로 인식하였다. 학교교육의 질 저하를 초래한 주요 요인으로 국가적인 교육목표 부재, 교육체제의 지나친 분권화에 따른 교육과정의 통합성 및 교육정책의 체계성 결여, 교사의 전문성 부족, 단위학교의 책무성 결여 등이 지적되었다. 이에 따라 1990년대의 미국 교육개혁은 국가 교육목표의 설정, 주의 표준교육과정 제정, 학생의 학력평가, 교사자격증 부여 및 연수, 학교경영의 재구조화 등을 시행하여 체계적으로 접근하는 방식으로 이루어지고 있다(Fuhrman, 1993; Odden & Odden, 1995).

지역사회의 참여

중앙집권적 · 관료적 개혁에 대비되는 교육개혁 주장 중 하나는 학교교육에 지역사회의 참여가 강화되어야 한다는 주장이다. 이 주장은 학교가 학부모의 통제를 벗어날 정도로 지나치게 관료화, 전문화되어 있으므로 학교교육이 지역사회와 학부모의 의견이 반영되는 체제로 바뀌어야 한다는 것이다. 이 입장에서는 학교운영에 대한 지역사회 참여와 학부모 · 학생의 학교선택권을 요구한다. 예컨대 지역사회 인사와 학부모가 참여하는 학교운영기구의 설치, 학교선택의 허용, 학군제의 폐지, 정원 개방 등의 제도적 장치를 요구한다. 이러한 정책들은 분권화, 주민 자치 및 민주주의 이념을 반영하는 한편, 학교선택은 시장원리의 교육적 적용을 지지한다.

학교교육에 대한 지역사회 참여 주장은 학교와 지역사회의 관계에서 출발하는바, 학교는 지역사회에 봉사하는 조직이고, 공공조직으로서의 학교는 주민의 통치하에 있어야 한다는 생각이 배경을 이루고 있다. 또한 이는 학부모의 교육 권한의 확대를 의미하기도 한다. 제도적으로는 '학교운영위원회'의 설치 · 운영이 전형적인 예다. 그러나 학교운영위원회의 실제적 성격은 그 구성과 구성원의 의사결정 참여방식에 따라 달라진다. 말하자면 학교운영위원회를 구성하는 참여 대상과 구성 비율에 따라, 그리고 심의, 의결, 자문과 같은 참여방식 및 다루는 결정 사항에 따라 학교운영위원회는 여러 가지 형태로 운영될 수 있고, 그 성격 또한 달라진다. 교육에 대한 지역사회의 결정권 행사에서 야기될 수 있는 문제는 학교교육에 대한 정당한 결정 권한이 누구에게 있어야 하는가에 대한 문제다. 이 문제와 관련하여 학교운영위원회의 권한과 운영에 관한 지역사회, 학부모, 학교, 교사 간에 갈등이 생길 수도 있다.

학교선택

학교선택(school choice)은 1990년대 교육개혁을 주도한 정책이다. 학교선택은 기본적으로 학부모와 학생들이 그들이 원하는 교육(학교)을 선택할 수 있게 하는 정책이다. 학부모와 학생에게 학교선택권을 부여함으로써 학교 간 경쟁을 유도하고 결과적으로 학교교육의 질을 높이고자 하는 것이 이 정책의 의도다. 이러한 학교선택 정책은 시장경제원리를 신봉하는 자유주의자들의 지지를 받고 있다.

교육선택의 필요에 대한 주장을 레이위드(Raywid, 1985)는 다음의 다섯 가지로 정리하고 있다(이종재, 1998). 첫째, 개인은 그들의 교육적 필요를 충족할 수 있도록 선택권이 허용되어야 한다(국민의 교육권 보장). 둘째, 학생의 교육적 필요에 부응할 수 있는 학교를 선택함으로써 학생의 교육 성과를 더욱 높일 수 있다(교육의 다양화와 이에 의한 효율성 추구). 셋째, 학교의 독과점 현상은 학교의 비효율성과 무책임성을 조장하므로 학교선택을 허용함으로써 학교 간

경쟁을 통해 학교교육의 성과를 제공해야 한다(시장 기제에 의한 학교교육 개선론). 넷째, 교육에 대한 통치 구조의 변화를 통하여 학교교육의 효과를 높일 수 있다(통치 구조의 변화에 의한 학교교육 개선론).

학교선택 정책에서는 선택할 수 있는 여러 가지 유형의 학교체제가 존재한다. 대표적인 학교선택 형태로는 바우처 프로그램(voucher program), 학군 내 선택, 그리고 협약학교(charter school)가 있다. 바우처 프로그램은 여러 가지 형태로 운영될 수 있으나 기본적으로 학부모와 학생들이 공·사립학교를 자유롭게 선택하고 교육비는 정부가 보증한다. 학교선택에 사립학교의 포함 여부는 정부가 결정한다. 그래서 학교선택의 폭은 정부에 따라 달라질 수 있다.

학군 내 선택은 학군 내에서 학교를 자유롭게 선택할 수 있게 허용하는 제도다. 협약학교는 학교 설립을 희망하는 자가 학교운영, 특히 학생의 학업성취에 관해 계약을 맺고 정부의 지원으로 학교를 설립하고 운영하는 학교다. 이 제도는 학부모에게 협약학교의 선택을 허용함으로써 공교육체제 내에서 학교선택권을 확대한다.

학부모와 학생의 선호에 따라 학교를 선택할 수 있어야 한다는 학교선택이 주장하는 바는 다양한 교육 인구, 다원화된 사회의 다양한 교육적 욕구와 관심을 충족시켜 주기 위해 학교는 더욱 분화될 필요가 있으며, 학교의 다양화를 위해서 학교는 교육방침, 교육과정, 수업방식, 학교풍토 등 어떤 측면에서 다른 학교와 구별되는 그 학교 자체의 독특한 프로그램을 개발하고, 학부모에게 그들 학생의 필요, 적성, 능력, 선호에 따라 학교를 선택하게 하여야 한다는 것이다. 이러한 주장은 다분히 학교경영에 시장원리(다양성, 경쟁, 선택)를 적용하는 정책 주장이다.

학교선택은 학교의 다양성을 전제하는데, 이러한 전제 조건이 갖추어지지 않은 상태에서의 학교선택은 의미가 없게 되고, 오히려 학생·학부모를 오도할 수 있다는 점이 문제로 제기될 수 있다. 또 다른 문제는 학교선택 허용으로 학교 간의 격차가 심화되고, 이에 의해 지역 주민이 학교에 대하여 불만을 가질 수 있다는 점이다. 또한 교육에 시장경쟁원리를 적용할 때 교육이 경쟁 상품인가 공공 서비스인가 하는 교육에 대한 근본적 의문이 제기될 수도 있다.

학교단위경영제

학교단위경영제는 학교가 중앙집권적, 관료적 통제에서 벗어나서 지역사회의 통제와 영향을 원칙으로 하고, 단위학교의 책임하에 자율적으로 학교를 운영하는 제도다. 이러한 학교단위경영제는 교사권한의 증대와 더불어 강조되었다. 학교단위경영제는 학교에 대한 지나친 집권화와 관료적 통제가 학교의 효율성을 저하시킨다고 믿고, 분권화를 통해서 단위학교의 자율적 경영체제를 구축함으로써 학교의 효율성을 높이고자 하는 방안이다. 따라서 이 제도에서는 학교에 보다 많은 권한과 책임을 이양하고, 지역사회의 필요에 따라 학교 설립을 자유롭게 하며, 교사, 학생, 학부모가 참여하는 학교운영위원회를 구성하여 단위학교가 자율적으로 자신의 학교를 운영하게 한다.

학교단위경영제에서 학교에 위임되는 권한은 교육과정, 인사, 재정에 관한 권한이다. 그러나 이 모든 권한이 전적으로 단위학교로 이관되기는 어렵고, 지역의 형편과 특성에 따라 적정한 수준에서 권한이 위임된다. 재정의 경우 교육청이 예산을 일괄적으로 단위학교에 넘겨주면 학교는 예산을 자율적으로 운영하고, 교육청은 예산 운영의 결과에 대해 일선 학교에 책임을 물을 수 있을 것이다. 교육과정의 경우 표준 교육과정을 지키면서 다른 교육과정 운영에 재량권을 발휘할 수 있을 것이다. 인사의 경우 학교는 보다 많은 재량권을 행사할 수 있을 것이다. 학교단위경영제에서 교사, 학생, 학부모, 지역사회가 참여하는 학교운영위원회가 구성되어 학교운영의 중요 사항을 결정하게 된다.

교사권한 부여

1980년대 교육개혁의 출발은 교사에게 문제가 있다는 인식에서 출발하였다. 그러나 그러한 인식에 기초한 정책이 실효를 거두지 못하자 1990년대 초, 교육의 질을 향상시키기 위해서는 교사에게 보다 많은 권한을 부여해야 한다는 주장이 제기되었다. 교사권한 증대를 주장하는 사람들은 학교의 지나친 관료화와 강제적 규정들이 교사의 권위를 훼손시키고, 학생과 학부모에 대한 교사의 책임을 불분명하게 하며, 교사들이 학교의 중핵적 활동인 교수–학습활동에서 벗어나게 한다고 생각한다. 따라서 교사들에게 보다 많은 권한을 부여하여 학교운영에 보다 영향력 있는 역할을 수행할 수 있도록 학교를 재구조화해야 한다고 주장한다. 이 주장에 따른 정책은 학교운영에 교사의 참여와 권한 증대, 교사의 전문성과 자율성 존중, 교사의 근무조건 개선 등이 강조된다.

교사권한 부여와 관계되어 논의되는 것이 교사 책무성이다. 교사권한 부여라는 말은 교사권한의 증대와 교사 전문성에 의거한 학교운영에 대한 결정 권한의 부여라는 의미뿐만 아니라 교사의 능력신장과 책무성이라는 의미도 함께 포함하여 이해해야 한다는 것이다. 교사권한 부여의 정당성은 교사가 과업 수행을 효율적으로 수행하는 데 요구되는 자율성과 학생이 보다 효과적으로 학습활동을 하는 데 요구되는 자유를 확보하는 데 있다. 따라서 교사의 과업 수행과 학생의 학습활동에 대한 책무성이 포함되지 않는 교사권한 부여는 공허한 개념일 수밖에 없다는 것이다. 이런 관점에서 교사 권한 부여는 교사의 자질 향상, 교사 교육의 강화, 교사 평가 등이 강조된다. 교사의 책무성을 따질 때 학교관료제의 재창출 없이 교사의 책임소재가 가려질 수 있겠느냐 하는 것도 교사권한 부여에서 제기될 수 있는 문제점이다.

교수-학습 중심 재구조화

1990년대에 이르러 학교는 교수-학습활동 중심으로 재구조화되어야 한다는 주장은 교육개혁의 중요한 주제가 되고 있다. 학교의 본질적 활동은 교수와 학습활동이며, 학교의 궁극적 책무성은 교수-학습활동을 통한 학생의 교육적 성취에 있으므로 학교조직은 효과적인 교수-학습이 이루어질 수 있도록 구조화되어야 한다는 것이다. 또한 이 입장에서는 학교의 교수-학습의 변화 없이는 진정한 의미에서의 교육개혁을 기대할 수 없으며, 교육의 외적 · 환경적 조건의 개혁만으로 교수-학습활동의 변화가 보장되는 것은 아니라고 주장한다. 교수-학습활동 중심의 학교재구조화는 교수-학습활동의 분석과 교수-학습이론을 토대로 하여 학교를 조직하고자 한다. 이 입장에서는 다양한 교수-학습조직의 개발, 교사-학생 상호작용을 중시하는 교실개혁, 교수-학습방법의 개선, 교사의 자질 향상에 개혁의 초점이 모아진다. 구체적으로 교수-학습이론과 활동 분석을 토대로 학습집단의 편성, 교수-학습방법, 수업시간표 작성, 교사-학생 상호작용, 교과 내용, 교육과정 계열 등의 개선에 관심을 갖는다(Elmore, 1995; Rowan, 1995).

교수-학습 중심의 재구조화도 조직화 기준에 따라 조직 형태가 달라진다. 효과적인 교수-학습방법의 관점에 따라 학교재구조화의 형태는 약간씩 다르게 된다. 그러나 교수-학습을 바탕으로 하는 학교재구조화의 공통된 특징은 교수와 학습에 관한 가장 적합한 이론이나 지식을 도입하여 이에 맞도록 학교를 재구조화하고 운영한다는 점이다.

2) 한국의 학교개혁

1945년의 광복 이후 지난 60년간 한국 교육은 많은 변화를 겪어왔다. 여기에서는 해방 이후의 주요한 학교교육개혁 사항들을 시대별로 살펴봄으로써 학교교육변화의 흐름을 가늠하고자 한다.

미 군정기의 학교개혁(1945~1948)

미 군정기는 1945년 해방 직후부터 1948년 대한민국 정부가 수립되기 전까지 3년간 미군이 군정청을 설치하여 남한 지역을 직접 통치하였던 기간이다. 이 시기 교육개혁의 목표는 일제 식민지 교육을 청산하고 새로운 국가 교육체제를 수립하는 것이었다.

이 시기에 추진된 주요 교육개혁으로는 새로운 학제의 수립, 교육이념의 제정, 초등 의무교육의 실시, 새로운 교육과정의 편성 등을 들 수 있다. 일제의 복선형 학제를 폐지하고 미국식 단선형 학제를 채택하며 초등 의무교육을 실시함으로써 공교육제도의 기틀을 마련하고 교육 기회를 확대하였다. 또한 '홍익인간'의 교육이념을 제정하고 교육과정을 편성하였으며, 교과서를 편찬하고 교사 양성기관을 설립하였다. 교육과정의 편성과 운영에 미국의 진보주의 교육이론이 영향을 미쳤다. 이 시기에 특기할 사항은 문맹퇴치교육이었다. 당시 추계로는 성인 인구의 약 78%가 문맹자였다. 이에 군정청은 문맹퇴치기관을 만들어 학령 아동과 성인 모두를 대상으로 문맹퇴치교육을 실시하였다(교육부, 1998: 45).

미 군정기는 일제 식민지 교육을 청산하고 미국식 민주주의 교육을 도입하는 미 군정의 교육정책에 따라 교육 전반에 걸친 종합적이고 대대적인 교육개혁을 추진함으로써 근대 한국 교육제도의 기틀을 마련한 시기로 평가할 수 있다(오만석, 1995). 즉, 한국 교육에서 가장 큰 변화가 가장 많이 이루어진 시기라고 할 수 있다.

1, 2공화국의 학교개혁(1948~1960)

이승만 정권인 제1공화국이 탄생됨과 아울러 1948년 제헌국회가 구성되고, 헌법의 제정과 함께 대한민국 정부가 수립되면서 모든 교육제도를 통괄하는 교육법이 제정되었다. 이 교육법에서는 우리의 교육이념으로서 '홍익인간'을 명시하고, 학생의 인격과 개성 존중, 교육의 중립, 6년간의 의무교육, 교원 신분 보장, 교육의 기회 균등과 같이 교육이 추구해야 할 기본 방향을 명시하였다. 제1공화국의 주요 교육시책은 기간학제의 완결, 중학교 지원자에 대한 국가고사 실시, 교육자치제 실시, 사친회의 제도화 등으로 특징지을 수 있다(안병영, 1998). 이 시기는 교육법 제정 등 우리나라 교육제도를 법제화함으로써 그 기반을 조성한 시기로 평가할 수 있다.

또한 학교교육의 양적 팽창이 이루어졌는데, 해방 당시 150만 미만이던 학생 수가 1955년에는 380만으로, 1960년에는 500만에 가까운 숫자로 급증했다. 이때 학교는 새 세대에게 근대적 가치와 태도를 가르치는 사회화 기구로서, 계층적 상승의 통로로서 큰 구실을 했다. 한편, 교육 내용의 측면에서는 제1차 교육과정이 시행되었다. 제1차 교육과정은 학생의 흥미와 생활 경험을 강조한 진보주의 교육철학을 반영하고 있었는데, 이것은 당시 미국 교육사절단과 유엔의 권고에 의한 것이었다. 그러나 그것의 실제 운영에서는 기존의 교과중심 교육의 수준을 벗어나지는 못했다(이종각 외, 1997). 제1공화국 시기에서 특기할 만한 점은 전시 중에도 교육활동이 중단되지 않았다는 사실이다. 당시 정부는 '전시하교육특별조치요강'을 발표함으로써 피난 학교 설치와 피난 학생 수용, 파손된 교사의 확충, 전시 교재 및 교과서 등을 발행하였으며, 각급 학교 교육과정을 제정하였다. 또한 일인일기(一人一技) 교육의 이름 아래 기술교육이 강조되었다.

1960년 4·19 학생의거로 정권을 잡은 민주당은 독재정치에 대한 반작용으로서 학원 민주화와 교육자치제를 강화하였다. 그러나 제2공화국은 정치적으로 무기력했던 만큼 어떤 교육개혁에도 착수하지 못한 채 1961년의 5·16 군사혁명으로 중단되어야만 했다. 그러나 이 시기는 교육의 민주화가 강조되었던 시기라는 데 의미가 있다.

이 시기의 학교개혁의 의미는 학교가 새 세대에게 근대적 가치와 태도를 가르치는 유효한 사회화 기구로서, 계층적 상승의 통로로서 큰 구실을 했다는 것이다. 학생들은 한글이라는 자존적인 문화적 매개를 통하여 새로운 국민으로 다시 태어났고, 교육과정 속에서 민주주의를 새롭게 학습했는가 하면, 전통적인 계급 구조의 멍에에서 빠르게 벗어났다. 소외된 농촌을 근대화의 영향권으로 끌어들인 것도 학교교육 확장의 결과였다(안병영, 1998: 13).

3, 4공화국의 학교개혁(1961~1978)

1961년 5·16 군사정변 이후 2년 8개월간의 과도 군사정부를 거쳐 1963년부터 제3공화국이 시작되었다. 과도 군사정부는 경제 발전을 국정의 목표로 삼고 반공·국방 교육, 인간 개조, 기술 교육, 문화혁신을 교육정책으로 추진하였다. 쿠데타 후 군사정부는 '교육에 관한 임시특별법'을 제정하여 교원의 노동운동을 금지하고, 사친회와 교육자치제를 폐지하였다. 이 시기는 군사정치가 모든 것을 지배하였던 시기였다.

제3공화국에 들어와서 교육자치제가 부활하고 국가발전을 위한 교육개혁이 강조되었다. 제3공화국 시기의 중요한 학교개혁으로는 1968년에 발표된 중학교 무시험 진학제와 국민교육헌장 선포, 대학입시 예비고사제 및 통신교육제 등을 들 수 있다(교육부, 1998: 165).

제3공화국 기간 중 가장 두드러진 교육개혁은 교육자치제의 부활과 중학교 무시험제도라고 할 수 있다. 특히 중학교 무시험제도는 그 당시 치열했던 입시 경쟁을 해결하기 위한 획기적인 조치였다. 당시 문교부가 제시했던 중학교 입시제도 개혁의 주요 목표는 어린이의 정상적 신체발달 촉진, 초등학교 교육의 정상화, 사교육비 부담 경감, 학교 격차 해소 등이었다. 이 제도는 이러한 목표의 긍정적 기대로 환영을 받았다. '국민교육헌장'의 제정은 새로운 국민상을 수립하려는 노력으로서 의미를 갖는다.

1972년 제4공화국 유신정부가 추진한 교육정책은 유신 교육의 강화, 새마을 교육의 내실화, 과학기술 교육의 심화, 산학협동 교육의 추진, 고등학교 및 대학입시제도의 개혁, 교원 처우개선 등이었다(교육부, 1998: 175). 1974년부터 실시된 고등학교 평준화 정책은 이 시기의 가장 큰 학교교육의 변화였다. 중학교 무시험제에 의해 학생 선발의 병목 현상이 고등학교 단계로 이동됨에 따라 고등학교 입시 경쟁이 치열해지고, 과거 중학교 입시 경쟁 때와 비슷한 교육적, 사회적 문제가 발생하였다. 이를 해결하기 위하여 학군 내 추첨 배정에 의한 고등학교 진학제도가 실시되었다.

제3, 4공화국에서 추진한 교육정책의 중요 내용은 국민교육헌장 이념의 강화, 국적 있는 교육, 안보 교육의 강화, 새마을 교육의 추진, 기술인력 확보를 위한 과학기술 교육의 진흥, 취학 전 교육의 진흥, 특수 교육의 진흥, 도서 · 벽지 교육의 강화, 방송통신 교육의 실시, 산업체 부설학교의 설치, 중학교 무시험 입학제 실시, 고등학교 평준화 추진, 교육방송 실시 등으로 요약된다. 이들 개혁들은 모두 중앙정부에 의해서 추진된 특색을 지니고 있다.

5, 6공화국의 학교개혁(1980~1993)

1980년대의 개막과 더불어 출범한 제5공화국의 교육개혁적 의지는 제6공화국으로도 이어져 교육정책의 바탕이 되었다. 제5공화국 전두환 정부의 교육개혁은 1980년 '교육 정상화 및 과열 과외 해소방안'으로 발표된 7 · 30 교육개혁 조치로서 제5공화국 전(全) 기간을 통해 추구되었다. 이 교육개혁 조치의 기본 취지는 그동안 교육계의 고질적인 문제로 날로 심각성을 더해 가던 과외를 해소하는 데 두었다. 7 · 30 교육개혁 조치의 주요 내용으로는 과외 금지, 대학본고사 폐지, 고교 내신성적 및 예비고사 성적에 의한 학생 선발, 초 · 중 · 고교 교육과정 축소, 대학 정원의 대폭 확대, 과밀 학급 해소, 중학교 의무교육 실시, 사립학교 지원 등을 위한 교육세 신설, 교원 처우개선 등이 있었다(교육부, 1998: 128-131). 이러한 7 · 30 교육개혁 조치는 고등교육 인구의 증가, 재수생의 감소, 과열 과외 완화 등의 긍정적인 효과를 가져왔지만, 한편으로는 대학생 수의 급증에 따른 대학교육의 질 저하, 보충수업 및 자율학습에 따른 고교생의 수업 부담 증가 등의 문제를 발생시켰다. 또한 물리적 힘에 과도하게 의존했던 과외 금지 조치는 소기의 목적을 달성하지 못하고 1980년대 후반 다시 과외 전면 허용으로 반전된다(안병영, 1998). 결국 7 · 30 교육개혁 조치는 대학생의 폭발적인 증가에 따른 취업률의 감소를 가져왔으며, 과외 금지 조치 속에서도 비밀과외가 성행했다. 이 시기 교육개혁의 특기할 사항은 제5공화국 헌법에 평생교육 진흥에 관한 조항을 규정하였다는 것이다.

교육개혁에 대한 제5, 6공화국의 실천적 노력은 7 · 30 교육개혁에 이어 1985년 발족한 교육개혁심의회와 그 뒤를 이은 1988년 중앙교육심의회의 활동으로 구체화되었다. 교육개혁심의회는 「제2차 교육개혁종합보고서」에서 한국 교육이 당면한 문제들로, 첫째 개성이 무시되는 획일적인 교육, 둘째 과도한 교육열과 입시 위주의 교육, 셋째 낙후된 교육환경을 지적하였다. 이러한 문제점을 해결하기 위한 새로운 학교개혁안의 내용으로는 21세기에 요구되는 한국인상으로 자주적 인간, 창조적 인간, 도덕적 인간으로 정하고, 이를 위한 교육의 목표, 운영, 여건 등의 개혁 원칙을 제시하였으며, 아울러 학제의 개편을 비롯한 여러 과제들을 수행하기 위한 구체적인 개혁방안을 제시하였다. 그러나 불행히도 이 개혁은 1988년 정권 교체로 대부분 사문화되었다.

제6공화국 노태우 정부는 대통령 직속의 교육정책자문회의를 설치하고, 국무총리 직속의 교육개혁추진위원회를 구성하였으며, 교육부 소속하에 중앙교육심의회를 설치하는 등 교육개혁의 구체적인 실천을 위해 노력하였다. 교육정책자문회의는 교육개혁목표로서 인간을 존중하고, 정서적으로 안정되며, 창조적이고, 공동체의식과 세계시민적 자질을 구비한 '건강한 한국인'을 육성하는 데 두었다. 또한 학교개혁의 방향으로는 4년간의 독학에 의한 학위 인정, 초·중등 교원 종합대책, 대학입시제도 자율화, 남북통일에 대비하는 교육, 교육복지의 구현, 지방교육자치제 개선, 국제화 시대에 대비하는 교육, 의무교육 발전, 교육 재원 확충 등 36개 과제를 제시하였다(교육정책자문회의, 1992). 이러한 개혁의 방향에 따른 구체적인 조치로 문교부를 교육부로 개칭하고, '교원지위향상을 위한 특별법'을 공포하였으며, 30년 동안 유명무실했던 지방교육자치제를 실질적으로 부활시켰다.

제6공화국의 개혁안은 대학입시제도를 수학능력체제로 전환하는 계기를 마련하였으며, 다른 교육개혁 조치에 비해 실행령 중심의 대강안을 주로 강조하였고, 상시적인 교육개혁자문기구를 수립하였다는 점에서 구별된다고 할 수 있다(교육부, 1998: 134).

문민정부 이후의 학교개혁(1994~현재)

문민정부로 칭해졌던 김영삼 정부는 1994년 2월 5일 대통령 자문기구로 '교육개혁위원회'를 발족하고, 21세기 세계화·정보화 시대에 보다 적극적으로 대응하기 위해 1995년 '신교육구상'을 통해 교육개혁의 방향과 과제를 정리하였다. '신교육구상'의 기본적 틀로는 열린 교육체제, 수요자 중심 교육, 교육의 자율성, 다양화와 특성화, 정보화로 집약된다. 첫째, 열린 교육체제란 누구나, 언제, 어디서나 원하는 교육을 받을 수 있는 체제를 의미하며, 열림의 대상은 교육 시기와 교육 장소는 물론 교육기관 간, 교육기관 내, 그리고 모든 사람에게 적용된다. 둘째, 수요자 중심 교육이란 기존의 공급자 위주의 교육체제를 수요자 내지 학습자 위주로 바꾸는 것이다. 이에 따라 각 학교급의 입학과정과 교육과정에서 학생의 선택권이 크게 신장되었다. 중·고등학교의 학생 선발에서 선복수지원, 후추첨방식을 도입한 것이나, 대학 입학 전형과정에서의 복수지망, 전/입학 기회 확대, 수준별 교육과정의 확대 등이 바로 그것이다. 셋째, 특성화 내지 다양화는 '열린 교육', '여러 줄 세우기' 교육 운동으로 강력히 추진되었다. 또한 새로 도입한 학교생활기록부는 교과목뿐만 아니라 특별활동, 봉사활동 등 비교과목도 중시하며, 학생들의 다양하고 특성화된 능력을 발견하는 데 주안점을 두고 있다. 마지막으로, 교육의 정보화는 새 패러다임의 중요한 요소로서 학교 현장의 정보화를 위하여 컴퓨터의 보급, 효과적인 컴퓨터 교육, 교육 및 학습용 소프트웨어라는 삼자를 강조했다. 교육의 정보화를 위해 정부는 멀티미디어 지원센터, 첨단학술정보센터를 만들고 원격교육지원센터를 구축했는가 하면, 민간 차원의 '교육정보화 공동체운동'을 지원했다. 결국 '5·31 교육개혁'으로 칭해지는 이러한 학교개혁안은 기존의 학교개혁 논리와는 차별된 새로운 교육 패러다임임을 강조했다. 즉, 획일적 교육에서 다양성의 교육으로, 공급자 중심의 교육에서 수요자 중심의 교육으로, 규제 위주에서 자율 교육으로, 수월성과 보편성의 조화, 교육제도와 그 운영의 정보화를 기반으로 하였다(안기성 외, 1998). 이와 같은 5·31 교육개혁의 특징은 신자유주의적 성향이 강하다는 점이다(안병영, 1998; 김용일, 2000).

문민정부의 교육개혁안을 이어받은 국민의 정부는 교육정책의 일관성을 도모하기 위하여 정권이 교체된 후에도 과거 정권에서 시행해 오던 교육정책들을 지속적으로 추진함과 동시에 새로운 시대적 상황과 사회적 변화에 부응할 수 있는 교육방안들을 수립하기로 하였다(새교육공동체위원회, 2000). 김대중 정권 동안에 출범한 '새교육공동체위원회'는 국민과 전문가의 의견 수렴과 연구, 조사과정을 거쳐 전 정권의 교육개혁 기본 방향인 자유경쟁을 그대로 이어받아 더욱 적극적으로 추진하였다. 국민의 정부의 초·중등학교 개혁의 대표적 정책으로는 '국민과 사회의 요구에 부응하는 학교 운영과 교육 행정' 및 '학교 회계제도'의 도입으로 대표된다(조동섭, 2003). 구체적인 초·중등학교 경영개혁정책으로는, 첫째 초·중등교육의 자율적 운영을 위한 학교공동체의 구축이다. 학교운영위원회의 설치·운영, 중앙정부(교육부)와 지방정부(시·도 교육청과 지역 교육청)의 각종 권한을 단위학교로 대폭 이양하여 학교를 자율적으로 경영할 수 있도록 제안하였다. 둘째, 교육 공급자에 대한 평가와 지원체제의 구축이다. 셋째, 학습자의 다양한 개성을 존중하는 초·중등교육의 운영이다. 그 예로서 자립형 사립고등학교 인가 제안, 고등학교의 설립 요건으로서 '설립준칙주의'를 도입하였다. 넷째, 인간성과 창의성을 함양하는 교육과정으로서 학생중심 교육과정의 정착을 강조했다. 다섯째, 국민과 사회의 요구에 부응하는 학교운영과 교육행정으로서 단위학교의 자치 역량을 강화하고 초·중등학교에 학교 회계제도를 도입하였다(신재철, 2002: 191-206). 정진곤(2002)은 국민의 정부의 학교개혁에 대한 긍정적 평가 요소들로서 일관성 있는 추진, 교육에 대한 관심과 투자의 확대, 학급당 학생 수의 감축, 학생들의 교과 선택의 폭 확대, 단위학교의 자율성 신장 등을 지목하였다.

끝으로, 현재의 참여정부는 대통령 자문기구에 비해 위상과 기능을 크게 강화한 대통령 직속의 '교육혁신위원회'를 설치하여 교육개혁을 단행해 오고 있다. 문민정부 당시 수립된 학교개혁안의 큰 틀을 유지하면서 평준화 정책의 보완책으로 특수목적고와 자립형 사립고의 확대를 추진하고 있다.

상기한 학교개혁 50년사의 평가에 대해 학계에서 다양한 의견들이 있었다. 안병영(1998)은 한국 교육 50년을 회고하면서 다음과 같은 학교개혁에 대한 평가 의견을 피력하고 있다. 첫째, 한국 학교교육은 여타 많은 비판이 있지만 교육의 엄청난 양적 팽창을 이룩하였다. 그 예로서 1950년대 말에는 초등교육의 보편화가 실현되었고, 1960년대 말에는 중등교육의 보편화가, 1970년대 말에는 고등교육의 보편화 단계로 접어들었다. 둘째, 과도한 교육열과 학력주의에서 연유되는 살인적 입시 경쟁과 과외는 학교교육의 정상화를 해치고 심각한 사회 문제를 제기하였다. 셋째, 1980년대 중반 이후 장기적, 종합적, 체계적 교육개혁이 모색되기 시작했으며, 교육의 질에 대한 관심이 고조되었다. 그러나 획일적, 주입식, 입시 위주의 기존 교육체제의 틀은 매우 견고하여 창의성 계발과 인성 함양이라는 두 가지 측면에서 획기적인 구조개혁이 요구된다. 끝으로, 권위주의 체제 아래의 제도권 교육은 학생들을 체제 순응적 국가발전의 역군으로 키우는 데 힘썼다. 그러나 학원 내에 잔존했던 민주화의 불씨는 우리 사회의 민주적 체제 전환과정에서 결정적인 역할을 수행하였다고 평가할 수 있다(pp. 18-19). 결국 오늘날의 학교교육은 과거 50년간 학교변화의 누적된 결과라고 할 수 있다.

제4장 학교발전의 전략과 기법

1. 학교발전의 전략

2. 학교발전의 접근 방법과 기법

학교를 포함하여 조직발전에는 발전 전략이 필요하다. 그러나 모든 상황에 적합한 최선의 전략은 없다. 학교 경영자는 상황에 적합한 변화 전략을 선택하여야 한다. 이를 위해서는 다양한 변화 전략과 기법, 그리고 관련 이론들을 숙지하고 있어야 한다. 이 장에서는 전략의 의미, 조직변화이론과 전략과의 관계, 변화 전략의 유형을 살펴본 후 학교발전 전략과 관련 이론 및 기법을 살펴보겠다.

1. 학교발전의 전략

1) 전략의 의미

전략은 흔히 목표 달성을 위한 수단으로 여긴다. 그러나 전략은 좀 더 복잡한 의미를 내포한 개념이다. 로빈스(Robbins, 1987)는 전략은 "수단과 목적 둘 다를 포함한 일반적인 행동 방침"(p. 86)이라고 하였다. 챈들러(Chandler, 1962)는 "전략은 조직의 기본적인 장기적 목적 또는 의사결정, 그리고 이러한 목적을 수행하는 데 필요한 행동 노선의 채택과 자원의 배분으로 정의될 수 있다."(p. 13)라고 하였다. 이러한 로빈스와 챈들러의 정의는 전략 개념에 수단뿐만 아니라 목적도 포함시키고 있다.

프리디 등(Preedy et al., 2003)은 전략은 "중·장기 조직의 목적을 탐색하고, 조직의 내·외적 환경의 변화 추세와 전개를 고려하여 조직의 미래를 통합적인 방식으로 설계하는 것"(p. 6)이라고 하였다. 오석홍(2003)은 전략적 관리란 "환경과의 관계를 중시하는 변혁적 관리이며, 이것은 역동적인 환경에 처하여 변화를 겪고 있는 조직의 새로운 지향 노선을 제시하고, 그에 입각한 전략 전술을 개발하여 집행하는 것"(p. 639)이라고 하였다. 이러한 프리디와 오석홍의 정의는 환경과의 관계에서 변화 전략을 중시하고 있다. 전략은 근본적으로 환경과의 관계를 중시하면서 조직 전체의 미래와 장기적인 발전 그리고 방향에 대한 구상과 경영이라고 할 수 있다.

이러한 전략 개념을 해석하는 데는 두 가지 관점이 있다(Robbins, 1987: 86-87). 하나는 계획적 관점으로, 전략을 행동의 설계 또는 계획으로 정의한다(Connor et al., 2003: 9). 이 관점은 전략을 미리 개발한 계획 또는 일련의 구체적이고 명시적인 지침으로 보는 것으로, 조직개발(OD)이 이 관점의 대표적인 전략이다. 다른 하나는 최근에 부각되는 진화적 관점이다. 진화적 관점은 전략을 심사숙고한 체계적인 계획일 필요가 없다고 보고, 오히려 전략을 의미 있는 결정들의 연속적 흐름에서 나타나는 형태로서 장기간에 걸쳐서 발달된 것으로 본다(Robbins, 1987: 87). 즉, 전략을 조직 내에서 장기간에 걸쳐 축척된 경험의 결과로 본다. 예를 들어 학생의 훈육 문제를 해결하기 위해서 학생 인권을 존중하는 전략을 세웠다면, 그것은 오랜 기간 동안에 교사들이 훈육 지도 경험의 결과로 세워진 전략, 즉 진화적 전략이라고 본다.

이처럼 전략은 사전에 계획된 것으로 볼 수도 있고, 시간이 지나서 분명해질 수 있는 어떤 것으로도 볼 수 있다. 최근에는 폭넓은 진화적 관점이 많이 수용되고 있다. 진화적 관점의 주된 이점은 정태적인 그리고 역동적인 전략 둘 다를 다룰 수 있다는 데 있다.

요약하면, 전략은 수단과 목표 둘 다를 고려한다. 조직의 변화 전략은 미리 계획될 수도 있고 의미 있는 결정의 연속적 흐름에서 나타나는 형태로서 사후에 단순히 발견된 것일 수도 있다. 어떤 경우이든 전략은 환경에 대응하여 조직의 발전을 구상하고 실천하는 경영활동이라고 할 수 있다.

2) 조직변화의 이론적 관점과 전략

조직변화 문헌에는 조직변화 이론과 관련하여 다양한 변화 전략이 제시되어 있다. 모든 상황에 적합한 유일 최선의 방법은 없다는 인식하에서 어떤 상황에 어떤 전략이 가장 적합한가라는 질문이 제기된다. 조직변화에 대한 접근 방식의 차이는 조직과 환경과의 관계를 경영하는 데 올바른 방법이 무엇인가에 대한 가정의 차이에서 비롯된다. 그래서 조직과 환경(상황)과의 관계가 조직변화에 관한 이론적 관점의 핵심 이슈가 된다.

조직변화에 관한 이론적 관점은 다양하게 제시되고 있다. 애스틀리와 반드 밴(Astley & Vande Ven, 1983)은 조직변화의 관점을 결정론적 지향성(deter-ministic orientation)과 자발적 지향성(voluntaristic orientation)으로 구분하였다. 결정론적 지향성은 조직변화는 외부환경의 힘에 의해서 결정된다는 관점이며, 자발적 지향성은 조직변화는 조직의 자율적 결정과 행동에 의해서 결정된다는 관점이다. 오석홍(2003)은 조직의 환경 적응에 관한 관점을 전략적 선택론(theory of strategic choice)과 환경적 결정론(theory of environment determinism)으로 구분하였다. 전략적 선택론은 조직의 변화 또는 적응이 조직의 관리적 결정에 의하여 자율적 · 자발적으로 이루어진다는 이론이다. 환경적 결정론은 조직의 적응 또는 변화가 환경적 영향에 의하여 결정된다는 이론이다(pp. 729-730). 환경과의 관계에서 조직변화의 이론적 관점은 결국 환경결정론(또는 결정론)과 조직결정론(또는 자발적 결정, 전략적 선택론)으로 나누어진다.

환경결정론적 관점과 조직결정론적 관점의 사이에 여러 가지 관점들이 있을 수 있다. 흐레비냐크와 조이스(Hrebiniak & Joyce, 1985)는 자율적 선택과 환경적 결정의 양태를 네 가지 범주로 유형화한 바 있다. 네 가지 유형이란 (1) 환경적 결정은 지배적이고 자율적 선택은 극히 제한되어 있는 자연선택형(natural selection), (2) 환경적 결정의 영향도 크고 자율적 선택의 폭도 큰 분화형

(differentiation), (3) 조직의 의도적이고 자율적인 선택이 지배적인 전략적 선택형(strategic choice), (4) 전략적 선택이나 환경적 결정의 수준이 다 같이 낮기 때문에 점증적이고 우연적인 변동만이 일어나게 되어 있는 미분화형(undifferentiated choice)을 말한다(오석홍, 2003: 730).

호지와 안토니(Hodge & Anthony, 2003)는 환경과 조직의 연계를 네 가지로 유형화하였다. 네 가지 연계는 (1) 조직이 환경적 영향을 막고 움츠리는 봉쇄(imperviousness), (2) 조직이 환경과의 연계를 상당히 선택적으로 설정하는 선택적 봉쇄(selective imperviousness), (3) 환경의 영향에 조직이 순응하는 적응(adaptation), (4) 조직이 환경에 소극적으로 적응할 뿐만 아니라 적극적으로 환경의 변화를 유도하기도 하는 능동적 적응(action-adaptation)이다(오석홍, 2003: 730). 셰인(Schein, 1980)은 환경에 대한 조직의 능동적 및 피동적 적응을 함께 설명하는 데 적응적 극복(adaptive-coping)이라는 개념을 사용하고 있다(pp. 233-238).

페퍼(Pfeffer, 1982)는 조직변화의 관점을 세 가지로 분류하였는데, 그것은 (1) 목표지향적, 합리적 관점, (2) 외적 제약과 상황 통제 관점, (3) 무작위적, 우발적 과정 관점이다. 목표지향적, 합리적 관점은 조직 행위가 선호와 합리성에 의한 선택과 목적에 의해서 결정된다고 본다. 이 관점은 자발적 관점과 유사하다. 외적 제약과 상황 통제 관점은 조직 행위가 환경의 제약, 요구, 힘, 즉 상황에 의해서 통제된다고 본다. 이 관점은 결정론적 관점과 유사하다. 무작위적인 우발적 과정(emergent process)은 조직 행위를 환경의 통제나 목표의 지향으로 보지 않고 조직 내 활동이 전개되는 과정에서 발현되는 것으로 본다. 이 관점의 변형은 조직 실재는 사회적으로 구성된다고 보는 사회적 구성주의다. 인지적 관점에서 해석하면 조직 행위는 공유된 의미체제에 의해서 지배받는다는 것이다. 스콧(Scott, 1992)은 조직변화의 이론적 관점을 기본적으로 폐쇄체제모형과 개방체제모형으로 구분하였다.

이러한 이론적 관점들은 각기 다른 변화 전략을 제시한다. 파울로스키(Pawlowsky, 2001)는 변화경영 전략을 조직변화의 이론적 관점에 따라 (1) 결정론적 접근, (2) 진화적 접근, (3) 상황적 접근, (4) 전략적 선택으로 구분하였다. 각 전략을 간략하게 살펴보면 다음과 같다(pp. 62-63).

초기의 결정론적 접근(deterministic approaches)은 조직이 현상유지상태에 있다고 가정하며, 조직 행동은 오로지 환경 변인에 대해 직접적인 반응, 즉 수동적인 반응으로 형성된다고 본다. 이 관점에서 조직을 경영하는 가장 좋은 방법은 조직이 오직 환경에 의해서 결정되도록, 말하자면 조직이 환경의 제 세력과 균형을 이루도록 경영하는 것이다. 예를 들면 학원이 입시제도의 변경에 따라 운영방식을 바꾸는 경우다. 즉, 조직은 환경의 힘에 적절히 대응하면서 균형을 유지한다.

진화적 접근(evolutionary approaches)은 생존 규칙을 규정하기보다는 환경 선택(organizational selection)의 견지에서 조직의 생존을 해석한다. 이 선택은 진화적 과정에 의해서 결정된다. 진화론적 관점에서 조직은 자기 재생산하는, 실제에서 변화 또는 변이(變異, variance)를 전개하는 폐쇄체제로 간주된다. 환경 선택에 의해서 결정된 '최선의 실재', 즉 변이는 조직의 생존을 가능하게 하는 방식이다. 조직은 이 선택과정에서 결코 벗어날 수 없다. 조직변화의 과정은 환경에 적합한 조직 형태가 선택되고 선택된 조직 형태를 보존하는, 즉 선택과 보존의 변화 단계에 따라 진행된다. 이 과정에서 경영은 체제의 생존을 유지하기 위하여 필요한 변화(변이)와 보존의 촉진자로 간주된다.

조직에 영향을 미치는 환경의 다양한 측면, 예컨대 환경의 본질과 기술적 요인들을 고려해 보면 상황적 접근(contingency approaches) 또한 기본적으로 결정론적 접근이다. 상황적 관점에서 변화는 환경의 외생 변인의 변동으로 발생하며, 변화하는 환경에 '적응(adaption)'의 형태를 취한다. 환경 변인들은 조직의 내적 구조와 과정을 환경에 적응시키는 기준을 경영에 제공한다. 적응 관점에서 변화경영은 환경적 특성들을 확인하여야 하고, 외적 영향에 따라 조직의 구조와 절차를 설계하여야 한다. 조직을 변화하는 상황에 적응시키기 위하여 경영은 일차적으로 기술적 기준에 초점을 두어 가장 적합한 방법을 개발하여야 한다.

차일드(Child, 1972)는 상황적 접근을 기계론적 색채가 농후하다고 주장하면서, 변화경영을 위한 전략적 선택(strategic choice)을 제안하였다. 전략적 선택 접근은 자유의지에 의하여 전략을 선택할 수 있는 여지를 부여한다. 이 관점은 환경 요인을 조직의 구조와 행동을 결정하는 유일한 요인으로 보지 않을 뿐만 아니라, 어떤 상황에서는 환경을 조직의 유목적인 전략에 의해서 영향을 받을 수 있는 종속 변인으로 간주한다. 전략적 선택의 이점을 발전시키기 위하여 변화경영은 상황을 분석하고, 조직의 강점과 약점에 기초하여 전략을 설계한다.

이처럼 조직변화는 적응, 진화, 선택, 상황, 전략적 선택과 같은 기초적인 이론적 관점에서 개념화될 뿐만 아니라, 생물학적 성장 개념에 의해서도 개념화된다. 조직변화와 생물학적 개념 간을 유추하여 조직발달을 조직의 탄생에서부터 사망에 이르는 성장 단계의 한 연속으로 본다. 이러한 조직 성장 단계의 이동에는 흔히 심각한 문제 또는 위기의 징후가 나타나므로 경영의 일차적인 과업은 한 단계에서 다음 단계로의 전환이 원활히 이루어질 수 있도록 지원하는 것이다(Greiner, 1972).

의도적인 조직변화의 모형들은 많이 있으나 이런 모형들에는 조직 이론과 분명하게 관련을 갖지 않는 것들도 있다. 변화의 저항에 관한 연구(Lewin, 1947) 및 행동과학 연구에 근거한 계획적 조직개발(OD) 개념은 많은 조직개발의 실제와 조직적인 개입 방법, 예컨대 조사환류, T-그룹, 관리망 개발, 팀 개발 등을 포함하고 있다. 조직개발(OD) 개념과 방법은 다음 절에서 설명한다.

마지막으로 조직변화는 조직학습(organizational learning) 개념으로 다루어지고 있다. 조직학습 개념에서 조직은 자연적 선택의 대상도 아니고 환경에 의해서 결정되는 종속변인도 아니다. 오히려 조직은 조직의 목적과 의도에 따라 혹은 그 이상으로 발전할 수 있는 적극적인 학습기관으로 본다. 조직학습에 대해서도 다음 절에서 상론한다.

3) 변화 전략의 유형

변화를 계획하고 관리하고 통제할 수 있는 전략과 방법을 개발함으로써 변화를 효율적으로 추진할 수 있다. 여러 학자들은 조직변화의 전략을 유형화하고 분류하였다.

코너 등(Connor et al., 2003)은 변화 전략을 (1) 촉진 전략(facilitative strategies), (2) 정보 전략(information strategies), (3) 태도 전

략(attitudinal strategies), (4) 정치적 전략(political strategies)의 네 가지로 분류하였다. 촉진 전략은 조직이 변화하도록 사람을 돕는 전략으로, 변화하는 데 필요한 것을 제공한다. 정보 전략은 변화에 관한 정보를 제공함으로써 변화를 유도하는 교육 전략이다. 태도 전략은 태도변화를 통해 행동변화를 일으키는 전략이다. 정치적 전략은 기본적으로 권력을 사용하는 전략이다(pp. 122-134).

호이와 미스켈(Hoy & Miskel, 2001)은 문화 전략을 (1) 임상적 전략(clinical strategies), (2) 성장 중심 전략(growth-centered strategies), (3) 규범변화 전략(norm-changing strategies)으로 구분하였다. 임상적 전략은 집단 간 그리고 개인 간 상호작용을 조종하는 접근 방식이고, 성장 중심 전략은 개인의 발전, 예컨대 전문성 개발에 초점을 두는 접근 방식이며, 규범변화 전략은 조직 규범, 예컨대 통제, 지원, 사회적 관계, 보상 등과 관련된 조직 규범을 변화시키는 접근 방식이다(pp. 208-212).

잘트만 등(Zaltman et al., 1977)은 변화 전략을 (1) 권력 전략(power strategies), (2) 조종 전략(manipulative strategies), (3) 합리적 또는 이성적 전략(rational or reason strategies)으로 구분하였다. 권력 전략은 보상과 벌을 변화 수단으로 사용하는 전략이고, 조종 전략은 변화에 우호적인 환경을 조성하는 환경 조종 전략으로서 자료 제공, 설득, 홍보, 기술 훈련 등의 방법이 있다. 합리적 또는 이성적 전략은 변화 자체에서 변화의 이유를 찾는, 변화 자체를 정당화하는 접근 방식이다(pp. 73-76).

변화 전략의 유형화에서 가장 널리 알려진 것이 친(R. Chin)의 변화 전략의 유형화다. 친(1969)은 변화의 전략을 (1) 경험적-합리적 전략, (2) 규범적-재교육적 전략, (3) 권력-강제적 전략의 세 가지 전략으로 분류하고, 이 세 가지 접근 방식이 변화를 계획하고 관리하는 데 유용하다고 주장한다. 이들 세 가지 전략은 다음과 같다.

경험적-합리적 전략

경험적-합리적 전략(empirical-rational strategies)은 개인과 집단은 합리적이라고 가정하고, 변화가 합리적이고 정당하며 그들에게 이익이 된다는 것이 객관적으로 확인될 때 그들의 행동은 변화한다고 가정한다. 즉, 이 전략은 새로운 아이디어나 실제가 좋다는 것이 경험적으로 시연되고, 그것이 이익이 된다고 판단되면 사람들은 그것을 채택한다는 것이다. 또한 변화의 원천으로 합리성을 가정하기 때문에 합리성을 자극하고 무지를 깨우치는 과학적 지식을 변화의 핵심적인 수단으로 사용한다.

따라서 경험적-합리적 전략은 연구와 실제를 밀접하게 연계시킨다. 이런 맥락에서 친과 벤(Chin & Benne, 1969)은 경험적-합리적 전략을 수행하는 대표적 접근 방식으로 연구개발보급(research, development, diffusion) 모형을 들었다. 연구개발보급 모형은 새로운 지식과 기술을 과학적인 방법으로 산출하고 이를 현장에 사용하는 것을 변화의 핵심 수단으로 한다. 연구개발보급 모형을 포함하여 지식생산활용(KPU) 전략에 관해서는 다음 절에서 좀 더 자세히 살펴본다.

규범적-재교육적 전략

규범적-재교육 전략(normative-reeducative strategies)은 사람들이 합리성과 지성을 가정하지만, 그들의 동기와 행동은 논리에만 의존하지 않는다고 가정한다. 사람들의 활동 행태는 사회 · 문화적 규범에 의해서 지지되기 때문에 변화에는 태도, 가치, 대인관계, 충성, 기술 등에 대한 수정이 포함된다. 달리 말하면, 규범적-재교육 전략은 객관적인 요소뿐만 아니라 감정과 가치도 다룬다. 이 전략은 개방적이고 협력적인 조직행동을 강조하고, 이러한 조직규범(문화)이 형성될 수 있도록 개인과 집단을 재교육시키는 변화 전략이다.

친과 벤(1969)은 이 전략의 접근 방식으로 문제해결 접근 방식과 개인 성장 접근 방식을 제시하였다. 문제해결 접근 방식은 조직이 문제를 협력적으로 해결할 수 있는 구조와 과정으로 변화시키는 것이며, 협동적인 의사결정과 개선 노력이 강조된다. 개인 성장 접근 방식은 개인 또는 구성원에게 변화하는 조직문화와 부합되는 태도, 가치, 신념, 기술을 육성하는 것으로, 자기 자신의 발견과 지속적인 자기 성장을 위한 훈련이 강조된다. 학교에서 흔히 사용되는 규범적-재교육적 전략의 행태에는 팀 개발, 합의 의사결정, 피드백 절차, 인간관계 실제, 갈등관리 프로그램, 집단과정 상담, 근무생활의 질적 향상 등이 있다. 그러나 이 전략은 정의적 결속, 충성심, 비형식 집단 멤버십 등이 변할 때 효력을 상실할 수 있다는 약점을 가지고 있다.

오웬스(Owens, 2001)는 규범적-재교육 전략 개념을 확대 발전시켜서 조직-자기쇄신 전략이라고 지칭하고(p. 194), 그 전략에 친과 벤의 규범적-재교육 전략을 포함하여 조직건강, 조직자기쇄신, 조직발전(OD), 학습조직, 사회기술적 관점, 힘-장(force-field) 분석 등의 접근 방식을 포함시키고 있다. 이들 전략들은 다음 절에서 상론한다.

권력-강제적 전략

권력-강제적 전략(power-coercive strategies)은 변화를 일으키는 수단으로서 정치적 또는 경제적 제재, 즉 긍정적-부정적 제재 둘 다를 사용한다. 이 전략의 관점에서 보면, 경험적-합리적 전략과 규범적-재교육 전략을 특징짓는 합리성, 이성, 감정, 인간관계 등은 변화에 직접적으로 영향을 미치는 권력의 행사에 비하면 모두 이차적인 것이다. 이 전략의 수단으로는 입법, 정부 규제, 명령, 사법부의 판결 등과 같은 정치적 권력의 행사가 포함된다. 그리고 이런 것들에는 재정적 규제가 보통 수반된다.

친과 벤(1969)은 권력-강제적 변화 전략의 수단으로 권력기관의 이용과 권력 구조의 변화를 들고 있다. 권력기관이 정치적 힘을 사용하는 것은 권력-강제 전략의 전형적인 방법이다. 권력 구조의 변화는 새로운 변화를 가져온다. 예컨대 엘리트 집단의 재조직화, 교직 단체, 학부모 단체, 시민 단체들의 조직화, 각종 이해 관련 집단들의 연대 등은 권력 구조의 변화를 가져오고, 그것은 다시 학교의 의사결정에 영향을 주어 학교변화를 가져온다.

권력-강제 전략은 정당한 경우도 있고 그렇지 못한 경우도 있다. 학생을 잘 가르치는 교사를 승진시키고 문제를 일으킨 교사는 강등시켰다면 이 전략은 정당할 수 있다. 교사의 봉급을 올리고 낮추는 데 부적절한 교사 평가 방법을 사용하였다면 이 전략의 사용이 정당하지 못한 경우다.

4) 변화 전략의 개발과 사용 시 고려할 사항

변화 전략을 개발하고 선택하여 사용할 때는 전략의 효과를 증대시키기 위해 여러 가지 요인들이 고려되어야 한다. 잘트만 등(Zaltman et al., 1977)은 변화 전략의 개발과 사용에서 고려하여야 할 사항으로 다음의 네 가지를 제시하였다(pp. 82-88).

- **변화 대상에 관한 지식** 모든 전략은 변화 대상에 관한 지식을 필요로 한다.
- **변화에 대한 헌신** 모든 전략은 변화에 관련된 사람들의 변화 노력에 대한 헌신(commitment)을 요구한다.
- **변화의 동기 유발** 모든 전략은 변화에 대한 동기 유발을 필요로 한다.
- **적합한 적용 상황** 모든 전략에는 각 전략에 적합한 적용 상황이 있다.

코너 등(Connor et al., 2003)은 변화관리자가 변화 전략을 선택하고 확인하는 데 사용할 수 있는 네 가지 기준을 제시하였다. 그 기준은 변화에 필요한 시간, 변화의 정도, 변화수혜자의 특성, 변화추진자의 특성에 관한 것이다. 이 네 가지 기준은 다음과 같다(pp. 119-122).

속도와 필요한 시간 변화관리자는 변화의 속도와 시간을 판단하여야 한다. 변화의 속도는 변화가 얼마나 빨리 또는 느리게 발생하는가를 의미하며, 변화의 시간은 변화의 발생에 필요한 시간이다. 변화 전략에 따라 변화의 속도와 시간이 다르다.

변화의 정도 변화의 정도는 변화의 범위와 깊이다. 범위는 변화에 의해서 영향 받는 사람의 수를 의미한다. 변화의 깊이는 변화에 필요한 행동의 양과 개인에게 미치는 중요성이다. 많은 사람들에게 심각한 영향을 미치는 전략이 있는 반면에, 소수에게 피상적인 영향만을 주는 전략도 있다. 변화의 정도는 제3장 1절에서 설명한 변화의 크기(예: 대변혁, 항상적 변화, 점진적 변화, 혁신적 변화)에 따라 평가할 수 있다.

변화수혜자의 특성 앞의 두 가지 기준, 즉 시간과 정도는 변화가 일어나는 상황과 관련된 것이다. 세 번째 기준은 변화에 영향을 받는 사람이다. 변화수혜자의 변화에 대한 호의도(favorableness)는 다음을 의미한다.

- 변화수혜자의 인식 또는 변화수혜자가 변화의 필요성을 인식하는 정도
- 변화 필요성에 대한 신념 또는 변화수혜자가 변화의 당위성을 수용하는 정도
- 헌신의 정도 또는 변화수혜자가 변화에 헌신적으로 노력하는 정도

이상의 특성과 더불어 변화를 다루는 능력이 클 때 변화수혜자는 변화에 대해 보다 호의적이 된다.

변화추진자의 호의도 변화 전략의 적합성은 변화추진자의 특성에 크게 의존한다(변화추진자에 대해서는 제3장 4절 참조). 변화에 영향을 미치는 변화추진자의 호의도는 변화추진자의 다음과 같은 특성에 의해서 결정된다.

- 지위권위
- 변화 계획과 이유 그리고 변화를 수행하는 전략과 방법에 관한

지식
- 목적, 장애, 의도된 결과를 개념화하는 능력
- 다른 사람과 협력하고 다른 사람을 지도하는 숙련성

변화추진자는 변화를 수행하는 데 필요한 자원과 기술 그리고 인간관계 기술을 지니고 있어야 한다. 또한 유능한 변화추진자는 변화수혜자들에게 상황을 개념화하고 이해하도록 돕고, 변화 상황에서 발생하는 잠재적인 기회를 평가할 수 있도록 돕는다.

2. 학교발전의 접근 방법과 기법

학교발전 연구는 역사적으로 다양한 연구 형태로 발전되어 왔으며, 이들은 학교발전 전략의 이론적 · 방법론적 기반을 구축하여 왔다. 이들 연구에는 현장 연구, 집단역동성, 지식생산활용, 조직건강, 조직쇄신, 조직발전(OD), 총체적 질 관리, 조직학습, 장이론 등 다양한 영역들이 포함되어 있다. 이들은 각기 독자적인 성격을 지니고 있으나 조직발전의 접근 방법으로서 공통점을 지니고 있다.

1) 현장 연구

현장 연구(action research)는 힘의 장이론, 집단역동성이론 등을 발전시켜 사회과학 발전에 큰 공헌을 한 레빈(K. Lewin, 1948)이 발전시킨 연구 방법이다. 이 연구 방법은 기본적으로 실제 상황에 계획적으로 개입하여 개입 효과를 알아보려는 연구다. 케미스

(Kemmis, 1983)는 현장 연구를 "사회적(교육적 상황을 포함한) 상황에 참여하는 사람들이 그들의 사회적 또는 교육적 실제의 개선, 이러한 실제에 대한 그들의 이해 증진, 그리고 실제가 이루어지는 상황의 개선을 위하여 수행하는 자기 성찰적 탐구의 형태"로 정의한다. 이 정의에 의하면, 현장 연구는 개선과 참여라는 뚜렷한 목적을 지니고 있다.

현장 연구의 특징을 정리하면 다음과 같다(Kemmis, 1983).

첫째, 현장 연구는 사회적 실제를 대상으로 한다. 현장 연구는 실험실과 같은 통제된 상황이 아니라 실제 상황에서 사람들의 행동을 바탕으로 하여 이루어지는 연구 형태다.

둘째, 현장 연구는 개선을 목적으로 한다. 현장 연구가 목적으로 하는 개선 영역은 세 가지가 있는데, 첫째는 실제(practice)의 개선이고, 둘째는 실무자의 실제에 대한 이해의 향상이며, 셋째는 실제가 일어나는 상황(situation)의 개선이다.

셋째, 현장 연구는 순환적 과정으로 이루어진다. 현장 연구의 과정은 크게 문제의 진단, 개선을 위한 행동 계획, 행동 계획의 실시, 평가, 이후에는 전체 과정의 반복으로 진행된다. 다시 말하면 현장 연구는 계획, 행동, 관찰, 성찰(평가)의 과정을 나선형적으로 반복한다. 이 과정은 최소한 2회 이상 반복한다. 각 단계의 활동은 체계적으로 검토 · 평가되어 다음번에 실시되는 과정에 환류된다.

넷째, 현장 연구는 참여를 특징으로 한다. 참여는 실제에 관여하는 사람들이 협력하여 연구를 추진하는 것이다. 현장 연구는 개인들이나 때로는 '외부 사람'과 협동하여 수행하기도 하지만, 실제 상황의 참여자들이 협동적으로 연구하는 것을 가장 효과적인 방법으로 본다.

교육에서 현장 연구는 교육과정 개발, 교수-학습방법 개선, 교직원 전문성 개발, 학교개선 프로그램 개발과 실행, 체제 계획과 정책개발 등에서 폭넓게 사용되고 있다. 현장 연구는 변화와 개선, 참여와 민주적 추진 그리고 사회과학의 활용의 특징을 지니고 있으며, 이런 성격 때문에 교육 분야에 빨리 적용되었고, 교육개선 연구에 큰 영향을 미쳤다.

2) 집단역동성

집단역동성(group dynamics)은 개인과 집단과의 관계에 초점을 두어 인간 행동을 설명한다. 현장 연구뿐만 아니라 집단역동성 연구의 선구자라고 할 수 있는 레빈(1943)은 집단역동성 연구를 "고립된 개인으로서가 아니라 집단의 사회적 상황 속에서의 인간"의 행동을 연구하는 분야로 규정하고, 이 분야의 발전을 예견하였다. 집단역동성의 기본 가정은, 개인은 집단 속에 있을 때와 혼자 있을 때의 행동이 다르다는 것이다.

레들과 바텐베르크(Redl & Wattenberg, 1959)는 개인행동과 대비하여 집단과의 관계 속에서 이루어지는 행동을 집단행동이라고 지칭하고, 집단행동을 집단역동성으로 설명한다. 집단은 집단 속의 개인에게 영향을 미치는 심리적 힘을 창출한다. 예컨대 집단은 개인의 행동 방식을 결정하는 집단 기대 또는 집단 규범을 만들어 내고, 개인은 집단 기대 또는 집단 규범에 따라 행동한다. 이러한 집단의 심리적 힘을 집단역동성이라고 한다. 말하자면 집단은 그 집단에 소속한 개인의 행동에 영향을 주고, 개인행동은 다시 전체 집단에 영향을 주어 결과적으로 집단 속에 있는 사람은 개인으로 행동할 때와 다르게 행동을 한다는 것이다(박병량, 2001: 91-94).

레빈이 집단역동성의 중요성을 주장하던 1930~1940년대는 정신분석학과 행동주의의 개인심리학이 인간 행동을 설명하는 이론으로서 주류를 이루었던 시대였다. 이 시기에 레빈(1935)은, 인간 행동은 개인의 고유한 특성과 환경과의 상호작용의 결과, 즉 인성과 환경과의 함수 관계라는 B=f(P · E) 공식을 제안하고, 인간 행동 형성에 개인을 둘러싼 집단이나 조직과 같은 환경의 중요성을 부각시켰다(Owens, 2001: xxiv-xxvii).

현장 연구에서도 지적한 바와 같이 레빈은 실제 상황에서 참여와 연구를 통한 사회 실제의 개선을 강조하였다. 존슨과 존슨(Johnson & Johnson, 1994: 23)이 지적한 것처럼, 레빈 연구의 많은 부분은 새로운 집단 기술(예: 의사소통, 협력방식 등)을 학습하고, 새로운 집단 태도를 발전시키며, 새로운 집단 지식을 습득하기 위해서 집단에의 적극적인 참여의 중요성을 강조하였다. 그의 연구는 구성원들이 상호작용을 하고, 그들의 상호 경험을 성찰할 수 있는 집단에서 학습이 가장 생산적으로 이루어지며, 구성원 간의 창의성이 촉발될 수 있다는 사실을 증명해 보여 주었다. 레빈의 연구에서는 집단역동성의 학습을 위해서 자기 자신의 집단 내 행동에 대한 성찰이 강조되고, 학습 상황의 구조화를 위한 민주적 행동이 강조된다. 이러한 강조점은 후술되는 조직개발(OD)에서 사용되는 감수성 훈련 및 팀 개발 기법의 원리가 되고 있다. 레빈의 연구 등에서 밝혀지고 있는 집단역동성이 효과적인 학습조건이라는 사실에 비추어 볼 때 학교는 개인의 행동을 형성하는 데 가장 건설적인 집단역동성, 예컨대 문화와 풍토를 제공해 주는 장소라 하겠다(Hopkins, 2001: 26-27).

레빈은 실로 이론과 연구 방법 개발을 통해서 조직발전 연구에 지대한 영향을 준 선구자적인 학자다. 그는 현장 연구와 집단역동성 연구를 통해서 새로운 이론과 연구 방법의 개발에 노력하였을 뿐만 아니라 이론과 연구의 실제와의 관련을 강조하였다.

3) 지식생산활용

새로운 지식과 기술을 과학적 방법으로 개발하고, 이를 현장에서 사용하는 계획적 변화의 접근 방식을 오웬스(2001)는 지식생산활용(knowledge production and utilization: KPU)이라 부른다(p. 189). 이 접근 방식은 앞에서 설명한 친의 경험적-합리적 전략을 수행하는 방법으로서, 사용자는 합리적이기 때문에 새로운 지식과 기술이 그들에게 유용하다고 판단하면 그것을 채택·사용한다는 기본적인 가정을 공유한다. 다시 말하면 좋은 아이디어는 교육개선에 사용될 것이라는 신념이다.

지식생산활용 전략을 수행하는 여러 가지 모형들이 제시되었다. 이들 모형들은 연구에서 시작하여 최종 목표인 연구 결과의 적용에 이르기까지의 몇 가지 단계적 과정으로 구성된다. 각 모형은 모형이 포함하고 있는 중요한 단계의 수에 따라 구분된다(Owens, 2001: 189-190).

지식생산활용 전략의 가장 기본적인 모형은 연구개발(research development: R & D) 모형이다. 모든 지식생산활용 모형과 마찬가지로 이 모형에서 연구는 새로운 지식의 창출 또는 발견을 의미한다. 연구개발 모형의 연구 단계에서 가장 중요한 것은 연구의 질과 타당성이며, 연구 결과의 실제 적용은 크게 고려되지 않는다. 개발 단계는 기본적으로 연구 결과를 실용화할 수 있는 생산물(제품)로 전환시키는 활동을 말한다. 여기에서는 현실 조건에서 실현 가능성과 비용을 고려한 문제해결 방안을 포함한다. 학교의 건축물, 교과서, 수업자료, 수업기법 등의 개발이 예가 된다.

연구개발보급(research, development and diffusion: R, D & D) 모형에서 보급 단계는 개발품을 판매하는 활동을 하는 것이다. 이 단계는 제품을 시장에서 매력적인 상품으로 만들어 소비자가 채택하도록 제공한다. 즉, 사용자가 편리하게 사용할 수 있도록 '패키지(package)화' 하는 것이다.

지식생산활용 전략의 궁극적인 목적은 새로운 아이디어를 실용화하는 것이다. 그래서 채택(adoption)을 중요한 과정으로 보고, 이 단계를 분리 독립시켜서 과정에 포함시킨 것이 연구개발보급채택(research, development, dissemination, and adoption: R, D, D, & A) 모형이다. 클라크와 구바(Clark & Guba, 1967)는 채택과정이 그리 단순하지만은 않다는 것을 분명히 하고 있다. 그들은 채택과정을 시험, 설치, 제도화의 3단계로 나누었다. (1) 시험(trial)은 새로운 생산물을 제한된 방식으로 검증하는 과정이고, (2) 설치(installation)는 실험이 성공적으로 끝나면 현장 상황에 적용하는 과정이며, (3) 제도화(institutionalization)는 모든 것이 순조롭게 진행되어 혁신이 체제의 부분으로 통합되어 일상적으로 사용되는 과정이다. 제도화의 검증은 외부의 지원이나 격려에 관계없이 새로운 변화가 계속되느냐에 달려 있다. 연구개발보급채택 모형을 그림으로 나타내면 [그림 4-1]과 같다(Owens, 2001: 191).

지식생산활용 접근 방법은 1960~1970년대 교육계에서 광범위

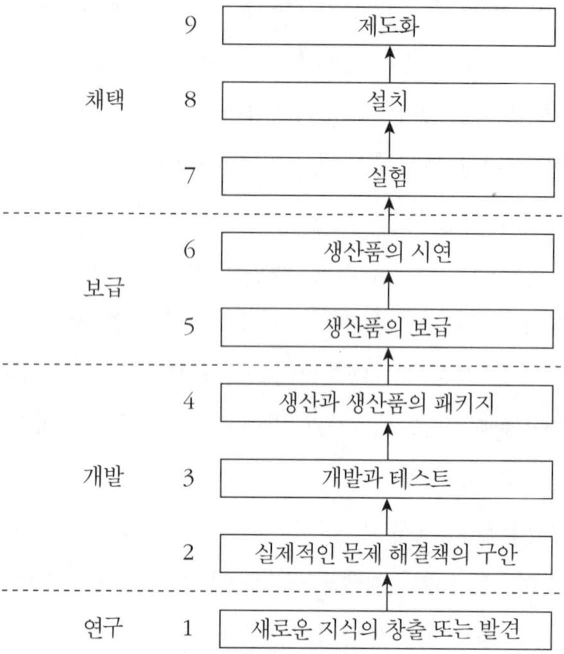

[그림 4-1] 연구 · 개발 · 보급 · 채택(R, D, D, A) 모형의 개념

하게 사용되었다. 제3장 5절에서 기술한 바와 같이, 1950년 후반에서 1960년대에 걸쳐서 미국에서는 새로운 교과서와 학습자료의 개발과 보급을 통해서 교육을 개혁하고자 하였다. 이 시기에 각종 교육연구개발센터가 설립되었으며, 연구개발의 정보를 보급하는 교육정보센터(예: ERIC)들이 만들어졌다. 이리하여 연구, 개발, 보급이 발전의 수단으로 널리 활용되었다.

지식생산활용 접근 방법은 단순한 변화를 대상으로 하기보다는 혁신적 변화에 초점을 둔다. 여기에서 '혁신(innovation)'이란 말은 과거의 방식과는 다른 새롭고 특수한 변화를 의미한다. 지식생산활용 접근 방법은 혁신을 통해서 변화와 발전을 도모하고자 한다. 이 접근 방법에서 혁신은 학교 밖에서 개발되고, 학교가 채택 · 실시한다. 그래서 이 접근 방식을 사용하는 변화추진자는 학교가 혁신을 채택 · 실시하는 과정에서 발생할 수 있는 문제들에 대해서 주의를 기울여야 한다.

4) 조직건강

1960년대의 조직건강(organizational health)에 관한 연구들은 학교개선 연구에 새로운 영역을 제공하였다. 한 조직의 건강상태에 대한 아이디어는 조직의 성장과 발달을 촉진 또는 저해하는 조건에 대해 관심을 갖게 하였다. 마일스(Miles, 1969)는 학교의 조직조건과 교육의 질과의 역동성을 이해한 최초의 학자였다. 그의 학교조직의 건강에 대한 통찰은 이후 교육변화, 학교효과성, 학교개선 분야의 토대가 되었다.

마일스는 건강한 조직은 "주어진 환경에서 생존할 뿐만 아니라 비교적 장기간에 걸쳐 지속적으로 적절하게 대처하며, 그 생존과 대처활동을 지속적으로 발전시키고 확장하는 조직"(p. 378)이라 하였다. 즉, 건강한 조직은 매일의 운영에서는 기복이 있을지라도 계속적인 생존, 환경에 적절한 대처, 그리고 성장을 지속하는 조직인 것이다. 아지리스(Argyris, 1964)는 건강한 조직은 단기간이 아니라 장기간에 걸쳐서 (1) 조직의 목적을 달성하고, (2) 그 자체의 내적 조건을 유지하며, (3) 환경의 변화에 적응하는 조직이라고 하였다(p. 123). 즉 건강한 조직은 조직목적을 달성하고, 조직을 유지하며, 환경에 적응하는 자체 능력이 증대되는 모습을 보인다.

조직건강의 지표를 개발하는 데에서의 핵심적인 고려 사항은 변화에 대처하고 미래에 적응하는 조직의 지속적인 능력이다. 이러한 능력은 단일 지표로는 측정하기 어렵다. 마일스(1965)는 조직건강의 10가지 차원을 기술하였다. 이를 (1) 과업 달성, (2) 조직 유지, (3) 성장 발달의 세 가지로 분류하여 제시하면 다음과 같다.

과업 달성

1. **목표에 초점(goal focus)** 건강한 조직에서는 조직목표가 합리적이고 명료하며, 조직 구성원들이 조직목표를 잘 수용한다.
2. **의사소통의 적절성(communication adequacy)** 건강한 조직은 수직적·수평적 의사소통이 왜곡되지 않으며, 외부 환경과의 정보 교신이 원활하게 이루어진다. 또한 구성원들은 그들이 필요로 하는 적절한 정보를 신속하고 용이하게 얻을 수 있다.
3. **권력의 적절한 분산(optimal power equalization)** 건강한 조직은 영향력의 배분이 비교적 공정하다. 조직 구성원들은 강압적이라기보다는 협력적 태도를 보인다.

조직 유지

4. **자원의 활용(resource utilization)** 건강한 조직은 구성원들을 효과적으로 활용한다. 구성원들은 조직과업을 수행하면서 개인적으로 성장하고 발전한다고 느낀다.
5. **응집성(cohesiveness)** 건강한 조직에서는 구성원들이 조직을 좋아하고, 함께 일하기 위해서 조직에 남아 있기를 원한다.
6. **사기(morale)** 건강한 조직에서는 구성원들이 행복, 만족, 즐거움을 느낀다.

성장 발달

7. 혁신성(innovativeness) 건강한 조직은 새로운 절차와 목표를 만들고, 끊임없이 변화하면서 성장과 발전을 도모하여 새로운 모습의 조직이 된다.
8. 자율성(autonomy) 건강한 조직은 외부에서의 요구에 수동적으로 반응하지 않고, 외부 요구와 조화를 이룰 수 있도록 주체적 결정을 한다.
9. 적응력(adaptation) 건강한 조직은 환경에 앞서 빠르게 변화하고, 수정하고, 적응한다.
10. 문제해결력(problem-solving adequacy) 건강한 조직은 문제를 인식하고 해결하는 메커니즘을 가지고 있다.

마일스의 조직건강 이론을 활용하여 학교조직건강을 측정하는 도구가 여러 학자들에 의해 개발되었다(중등학교용: Hoy & Feldman, 1987; 초등용: Hoy, Tarter, & Kottkamp, 1991). 호이는 학교조직건강 연구를 통해서 학교의 조직건강 정도를 신뢰할 수 있게 측정할 수 있으며, 건강한 학교에서는 학교장, 동료 교사 및 조직에 대한 교사들의 신뢰도와 학교에 대한 교사들의 헌신도, 그리고 학생들의 학업성취도가 높고, 개방적이며, 높은 학구적 표준을 유지한다고 하였다. 그리고 이러한 학교에서는 수업개선과 교사와 행정가의 지속적인 전문성 성장이 촉진된다고 하였다(Hoy & Miskel, 2003).

5) 조직의 자기쇄신

조직은 시간이 갈수록 경직되고 쇠퇴되는 경향이 있다. 환경의 변화에 적응하고 생존하기 위해서 조직은 끊임없는 자기쇄신이 요구된다. 조직의 자기쇄신(organization self-renewal) 개념을 가장 먼저 포괄적으로 기술한 사람은 리커트(Likert, 1961)다. 그는 조직 구성원의 창조성을 고무하고, 성장을 촉진하며, 조직의 문제해결을 용이하게 하는 조직의 상호작용-영향 체제를 경영하는 방법을 기술하였다. 이후 리피트(Lippitt, 1969)는 모든 조직은 생의 주기(탄생-젊음-성숙)를 가지고 있고, 생의 각 단계는 각각 상이한 쇄신 요구를 가지고 있다는 관점에 기초하여 쇄신의 과정에 접근하는 방식을 개발하였다. 그리고 마일스와 레이크(Miles & Lake, 1967)는 조직의 자기쇄신 개념을 학교체제에 적용하였다.

조직의 자기쇄신에서는 효과적인 변화는 학교에 강요될 수 없다고 본다. 반면에 지속적인 문제해결을 위해 내부 능력을 개발하는 것을 촉구한다. 쇄신의 과정을 통해 다음과 같은 능력을 증대시키고자 한다.

1. 발생하는 문제를 감지하고 확인하는 능력
2. 목적, 목표 그리고 우선순위를 수립하는 능력
3. 타당한 대안적 해결 방안을 강구하는 능력
4. 선택된 대안을 실행하는 능력

쇄신과정을 통해 달성하고자 하는 것은 학교문화를 전통적인 관례와 관료주의가 강조되는 문화에서 학교 자체의 구성원들이 학교에서 변화를 계획하고 수행하는 데 필요한 많은 지식을 소유하는 문화로 바꾸는 것이다(Far West Laboratory, 1974). 학교쇄신에서는 교육변화를 위한 최적의 단위는 학교에서 매일 생활하는 학생, 교사, 교장으로 구성된 단위학교가 된다(Goodlad, 1975: 175). 자기

쇄신 개념의 가장 큰 특징은 단위학교를 중심으로 하여 구성원들이 발전능력을 갖추어 발전의 주체가 된다는 것이다.

잘트만 등(Zaltman et al., 1977)은 자기쇄신적 학교는 세 가지 기본적인 특성을 가지고 있다고 하였다(p. 88). 첫째, 변화에 대한 적응과 대응을 지지하는 문화를 가지고 있다. 이런 문화는 특히 하의상달의 개방적인 의사소통을 지원하고, 문제해결에 높은 우선순위를 둔다. 둘째, 체계적이고 협력적으로 문제를 해결하는 질서 정연한 과정에 학교 구성원들이 참여할 수 있는 분명하고 확실하며 잘 알려진 일련의 절차들을 가지고 있다는 것이다. 셋째, 이러한 학교는 문제해결을 위해 오로지 내부 에너지나 생각, 자원에만 의존하는 편협한 기관이 아니라 학교의 문제해결에 사용하기 위해 적절한 아이디어와 자원을 언제, 어떻게 찾아내는지를 안다는 것이다.

학교평가

학교의 자기쇄신과정에서 간과될 수 없는 중요한 요소가 평가다. 학교의 자기쇄신을 위해서는 학교평가가 필요하다. 학교개선과 관련하여 개별학교의 성과에 대한 평가는 다음과 같은 몇 가지의 목적을 달성하기 위해서 수행된다. (1) 국가 개선 전략의 일환으로 개별 학교의 강점과 약점의 확인, (2) 심각한 문제를 가진 학교를 강하게 드러내고 알림, (3) 교사의 전문적인 능력 사정, (4) 새로운 또는 더욱 효과적인 운영 방식을 채택하도록 자극, (5) 자발적 개선 노력 문화를 구현하여 이른바 학습조직으로의 발전 도모, (6) 학생의 성취 수준 제고 등이 그것이다. 아울러 학교평가가 학교개선에 단기적으로 기여하는 면이 있기는 하지만 후속적인 추수 지도와 모니터링, 교사능력 발전프로그램의 제공, 학교운영의 쇄신 방법에 대한 이해, 문제가 있는 학교에 대한 재정 지원 등이 필요함이 지적되고 있다(OECD, 1995: 24; 임영기, 2004: 127-129 재인용).

6) 조직개발(OD)

경영학에서 조직발전(organizational development)이라는 용어는 크게 두 가지 용법으로 사용한다. 하나는 문자 그대로 '조직의 발전'을 의미하는 일반적 용법이며, 다른 하나는 특정한 조직발전의 수단을 지칭하는 경우다. 전자의 경우 조직발전은 더 나은 상태로의 조직변화를 의미하며, 이 책의 제목이 이 경우에 해당된다. 후자의 경우 조직발전(OD)은 조직발전을 위해 사용되는 특정한 일련의 기술 또는 전략을 의미하며, 흔히 OD 혹은 조직발전과 구별하여 조직개발이라고도 한다. 이 책에서는 OD를 조직발전과 구별하여 조직개발이라고 지칭한다.

조직개발(OD) 연구는 1940년대부터 행동과학을 바탕으로 발전하기 시작하였다. 연구 기법의 개발과 사회 실제의 개선과의 연계'를 주장한 레빈은 OD 발전에 선구적 역할을 하였다. 그의 영향하에 개발된 실험실 훈련기법(laboratory training methods)과 조사환류기법(survey feedback methods)은 최초의 OD 기법으로 평가받고 있다. 다음에 더 자세히 설명되겠지만, 실험실 훈련기법은 인위적인 상황에서 참여자가 그들의 지각과 태도 및 행동을 변화시키는 경험을 하는 것이며, 조사환류기법은 조직을 진단하여 그 결과를 조직개선에 활용하는 기법이다. 이 두 기법은 현재에도 OD의 중요한 기법으로 활용되고 있다. OD 발전에는 그 당시 발달되었던 행동과학의 지식과 기술이 크게 기여하였다. 행동과학을 적용하여 조직발전을 위한 각종 방법들이 개발되었다. 그래서 OD를 조직변화를 위한 행동과학적 개입 방법이라고 한다.

OD는 여러 학자들이 그 성격과 특성에 대해 다양하게 기술하고 있으므로 통일된 정의를 찾기 어렵다. OD의 기법과 관심 영역이 확대됨에 따라 OD를 정확히 기술하기가 더욱 어려워지고 있다. 하지만 OD가 조직발전을 위한 특정한 수단이라는 데는 대체적으로 의견을 같이한다. 그 대표적 정의를 소개하면 다음과 같다.

벡하드(Beckhard, 1969)는 "조직개발(OD)이란 행동과학의 지식을 활용하여 조직과정에의 계획적인 개입을 통해서 조직의 효과성과 건강을 증진시키려는, 조직 전반에 걸쳐 상층부에서 관리되는 계획적인 노력이다."(p. 9)라고 정의하였다. 슈무크와 마일스(Schmuck & Miles, 1971)는 "조직개발(OD)이란 체제개선을 위해 성찰적, 자기분석적 방법을 사용하여 행동과학을 적용하는 계획적이고 지속적인 노력이다."(p. 2)라고 정의하였다. 프렌치와 벨(French & Bell, 1995)은 "조직개발(OD)이란 보다 효과적이고 협력적인 조직문화의 관리를 통해 조직의 문제해결과 쇄신과정을 개선하려는 장기적인 노력으로서 변화추진자와 전문자문가의 도움을 받고 현장 연구를 포함한 응용행동과학의 이론과 기술을 적용하는 것이다."(p. 28)라고 하였다.

간단히 말해서 조직개발(OD)이란 조직발전을 위해 행동과학을 활용한 계획적인 변화활동이라고 할 수 있다. 그리고 조직개발의 일차적 목적은 조직 자체의 기능을 향상시키는 데 있다.

여러 학자들이 기술한 OD의 특성을 종합하여 정리하면 다음과 같다(Beckhard, 1969: 9-14; 오석홍, 2003: 687-689).

첫째, 조직개발(OD)은 계획적 변화다. 자연적·우연적 변화는 OD의 관심사가 아니다. OD는 과학적인 이론에 근거하여 조직발전을 위한 활동 또는 프로그램을 치밀하게 계획하여 실행한다.

둘째, 조직개발(OD)은 체제적 접근을 한다. OD는 조직을 하나의 체제로 보고, 조직이라는 총체적 체제의 개선을 궁극적인 목표로 삼는다. 체제적 관점은 조직을 상호작용하는 부분들의 결합체로 보기 때문에 한 부분의 변화는 다른 부분과 조직 전체의 변화에 영향을 준다고 이해한다. 따라서 OD는 조직의 부분별 개선활동을 하는 경우가 많지만, 궁극적으로 조직 전체의 변화와 발전을 목표로 한다.

셋째, 조직개발(OD)은 행동과학을 응용한다. OD는 행동과학의 지식과 기술을 활용하여 계획적인 변화를 시도한다. OD는 행동과학적 개입 방법이라고 할 수 있다. 행동과학적 방법에는 개인과 집단의 자각, 태도, 능력, 행동 등을 변화시키는 다양한 방법들이 있다. 이들 방법들은 다음의 OD 기법에서 설명하겠다.

넷째, 조직개발(OD)은 과정지향적이다. OD는 조직의 과업, 구조, 기술 등 여러 부분에 관심을 갖지만, 인간 그리고 집단 및 전체 조직의 문화와 과정을 중시한다. 따라서 개인의 신념과 태도 및 가치, 인간관계, 의사소통, 갈등관리, 의사결정, 집단관리 등 인간과 사회적 과정에 OD의 초점이 모아진다.

다섯째, 조직개발(OD)은 전문자문가(consultant)를 활용한다. OD 추진에는 전문가의 도움이 필요하다. 그래서 OD에 전문자문가를 참여시켜 변화추진자의 역할을 맡게 한다. 대개 전문자문가는 외부에서 고용되지만 조직 내부에서 교육을 받고 개혁추진자의 역할을 맡을 수도 있다.

여섯째, 조직개발(OD)은 조직의 목표 그리고 목표 설정과정을 중요시한다. 목표의 강조는 조직개발이 계획적이라는 성격 규정에 이미 포함되어 있는 것이기도 하다.

조직개발(OD) 기법

그동안 다양한 조직개발 기법들이 개발되었다. 여기에서는 주된 조직개발 기법만을 간단히 소개한다.

감수성 훈련

감수성 훈련(sensitivity training)은 레빈의 소집단 토론에서 아이디어를 얻어 발전된, 개인의 대인 감수성과 기술을 향상시키는 훈련으로서 OD 기법으로 발전되어 왔다. 감수성 훈련은 참여자들이 훈련 집단(training group: T-그룹)을 형성하여 일종의 실험실과 같은 집단적 상황에서 훈련(laboratory training)을 받는다. 실험실과 같은 집단적 상황은 감수성 훈련의 조건이다. 이런 연유로 감수성 훈련을 T-그룹 또는 실험실 훈련이라고도 부른다. 이 훈련에서는 참여자들이 인위적으로 계획된 집단 상황에서 비형식적인 상호작용을 통하여 자신의 태도와 행동을 자각하고, 자신의 행동이 다른 사람에게 미치는 영향을 검토할 수 있도록 지원하고 유도함으로써 태도와 행동의 변화를 초래하려고 한다(오석홍, 2003: 699).

이러한 감수성 훈련의 포괄적인 목적은 첫째, 자신의 행동에 대해 다른 사람들이 어떻게 반응하는가를 정확하게 지각할 수 있는 능력, 즉 감수성을 증대시키는 것이고, 둘째, 다른 사람들 사이에 일어나고 있는 행동을 파악할 수 있는 (진단)능력을 향상시키는 것이며, 셋째, 행동기술을 개발하는 것으로 특정 상황이 요청하는 행위가 어떠한 것이며, 어떻게 하면 그러한 요청에 부합되는 행동을 선택하고, (그 행동을) 수행할 수 있을까에 대한 능력을 향상시키는 것이다(Smith, 1978: 15; 신구범, 2005: 492, 재인용). 이러한 행동기술에는 의사소통기술, 협력 기술 등이 포함된다.

감수성 훈련은 격리된 장소에서 체험학습으로 이루어지는 것이 특징이다. 강의식 지식 교육에 의존하지 않고, 훈련에 참여한 개인의 훈련 장면에서 표출되는 행동을 훈련 참여자들이 관찰하고 반응하는 과정을 통해 개인 각자는 자신의 문제, 자기가 다른 사람에게 미치는 영향, 집단과정에 대한 자기 반응을 검토한다. 이러한 훈련은 현실과 격리된 장소에서, 말하자면 비정형화된 실험실적 상황에서 자유롭게 이루어진다.

감수성 훈련에서 기대하는 효과는 훈련을 통해서 참여자들이 자기 자신을 이해하고 자각하며 자신의 태도를 변화시켜 결과적으로 대인관계의 능력을 증대시키는 것이다. 한편, 감수성 훈련에서 제기되는 문제점은 훈련이 끝나고 개인이 조직으로 돌아왔을 때 감수성 효과가 지속되느냐 하는 문제다. 이 문제에 대해서는 긍정적인 결과와 부정적인 결과가 함께 보고되고 있어 많은 연구가 요청된다(이명재, 2003: 151-153).

팀 개발

팀 개발(team building or team development)은 조직 내에 있는 여러 작업 팀들을 개선하고 그 효율성을 높이려는 조직개발의 핵심 기법이다. 프렌치 등(French et al., 1983)은 팀 개발(team building)이란 문제를 진단하고 해결하는 워크숍(workshop)을 의미한다고 하였다. 이 워크숍에는 개발촉진자의 활용, 관련 문제에 대한 자료 수집, 과제 제시, 자료 피드백, 문제 우선순위 결정, 문제 진단, 행동 계획 등의 활동이 포함된다. 팀 개발이라고 부르는 이유는 팀 개발 결과가 팀의 능력과 단체 정신을 고양하기 때문이다(p. 146).

팀 개발과 감수성 훈련은 다음과 같은 점에서 비교되는데, 감수성 훈련은 현실과 격리된 실험실적 상황에서 개인의 행동을 변화시킴으로써 조직의 효율성을 높이려 하는 반면에, 팀 개발은 직장 내에서 작업 집단을 발전시킴으로써 조직의 효율성을 높이려 한다.

팀 개발의 과정에 포함되는 일반적인 단계는 (1) 시발 단계, (2) 자료 수집 단계, (3) 계획 단계, (4) 실시 단계, (5) 평가 단계다(오석홍, 2003: 701-702).

첫째, 시발 단계는 집단 구성원들이 집단활동상의 문제를 지각하고 집단 개선을 결정하는 단계다.

둘째, 자료 수집 단계에서는 집단 문제와 관련된 자료를 수집하고 문제를 진단한다.

셋째, 계획 단계에서는 팀 발전을 위한 모임의 기간, 활동 내용 등 행동 계획을 수립한다.

넷째, 실시 단계에서는 행동 계획을 실천에 옮긴다.

다섯째, 평가 단계에서는 그동안의 팀 발전활동의 효과를 검토하고, 이를 토대로 새로운 팀 발전 방안을 세운다.

팀 개발의 특징은 감수성 훈련처럼 개인의 태도를 중심으로 한 것이 아니고 집단적 차원에서의 일을 중심으로 한 업무개선 훈련이다. 이러한 팀 개발은 대부분이 상사와 그의 직속 하급자들과 같은 가족형 집단에서 집단 공통의 문제를 다루어 그 개선을 이룩하려는 것이다. 팀 개발은 전통적인 상사 대 부하라는 관리 유형을 탈피하여 팀 관리체제(team management system)를 이룩하고, 집단목표의 명확화, 집단의 역할 분석, 집단 구성원 간의 의사소통과 관계 개선, 문제해결능력의 증대, 구성원 간의 협력 증진 등에 목표를 두고 있기 때문에 집단의 효율성과 집단 응집성을 높이는 데 적절한 방법이라고 할 수 있다(이명재, 2003: 259). 그러나 이러한 장점이 있는 반면에 한계점도 따른다. 팀 개발에서는 일을 중심으로 하고 있는 만큼 팀 구성원의 능력이 문제가 된다. 조언자로서 촉매의 구실을 하는 변화담당자도 토론의 내용이 팀 구성원의 전문적인 업무의 문제로 번지면, 그는 벌써 국외자에 불과한 존재가 된다. 팀 개발에서는 감수성 훈련과 같은 느낌의 수준만의 문제가 아니라 문제해결능력까지도 요구하게 됨으로써 그만큼 참가한 구성원들의 능력이 문제가 되는 것이다. 구성원 사이의 능력의 차가 현저하면 기대한 만큼의 효과를 올리기 어렵다(이명재, 2003: 171).

조사환류기법

조사환류기법(survey feedback method)은 조직 전체에 걸쳐 구성원들의 태도를 체계적으로 조사하고, 그 결과를 조직 내 모든 계층의 개인과 집단에 환류시켜서 그들이 환류된 자료를 분석하며, 개선 방안을 탐색하게 하는 개입 기법이다. 이 개입 기법의 주요 도구는 태도 조사와 연구 집회다(오석홍, 2003: 704). 태도조사환류기법이 적용되는 단계는 대체로 다음과 같다(오석홍, 2003: 704; 신구범, 2005: 499-501).

첫째, 전문자문가(OD 전문가)와 조직의 최고 관리층이 협의하에 조사 설계를 한다. 이 단계에서는 조사환류기법의 사용에 대한 최고 경영층의 공약(commitment)을 얻는 것이 이 기법의 성공을 위해서 중요하다.

둘째, 가능한 한 모든 조직 구성원에게서 자료를 수집한다. 자료수집 방법에는 질문지법이나 면접, 과정관찰법이 있으나 대부분 질문지법을 사용한다. 조사 내용에는 조직에 대한 지각, 태도, 지도성 유형, 만족, 직무, 조직 분위기 등이 포함된다.

셋째, 자료를 분석한다. 자료는 보통 전체 조직이나 조직 내의 단위별로 분석 정리한다.

넷째, 분석한 자료를 구성원들에게 환류시킨다. 조직의 최고 관리층부터 시작하여 계서제상의 모든 집단에 순차적으로 자료 수집의 결과를 환류시키고, 각 집단별로 자료를 해석하는 연구 집회를 갖는다. 연구 집회의 계획과 집행에는 전문가가 참여한다.

마지막으로, 자료의 검토 결과를 토대로 조직발전을 위한 구체적인 활동 계획을 개발한다.

조직개발(OD)의 개입기법으로서의 조사환류기법은 여러 가지 면에서 전통적인 조사기법과 구별되는 특징을 지니는데, 그 특징은 다음과 같다(오석홍, 2003: 705). 첫째, 조직개발에서는 전 직원의 태도를 조사한다. 둘째, 모든 작업 집단의 구성원들에게 자료를 환류시킨다. 셋째, 모든 작업 집단이 연구 집회를 통해 자료를 해석하고 개선 방안을 결정한다. 넷째, 전문가와 조직의 최고 관리층이 협의하여 조사를 설계하고 실시하며, 연구 집회의 계획과 진행에 전문가가 개입한다.

조사환류기법은 조직 실태에 대한 객관적 자료를 수집하고 그것을 구성원에게 환류시켜서 의도된 조직 측면을 변화시키고 개선시키려는 기법이다. 이 기법을 실시할 때는 조사하고자 하는 내용이 정확히 파악될 수 있도록 질문지를 주의 깊게 작성하여야 하며, 환류를 위한 자료 제공과 연구 집회에서 제외되는 구성원이 없도록 주의를 기울여야 한다. 질문지 내용이 타당하지 못하거나 한정된 구성원에게만 자료가 제공될 경우에 이 방법은 역효과를 초래할 가능성이 높다(신구범, 2005: 501).

직무재설계

직무재설계(job redesign or restructuring)는 조직 구성원의 직무 변화를 통해 조직발전을 도모하는 방법이다. 이는 조직 구성원의 업무 내용과 수행과정을 바꿈으로써 구성원의 동기를 유발하여 업무 성과를 향상하는 방법이다. 감수성 훈련과 팀 개발이 구성원의 심리적 태도를 변화시키는 조직개발 기법인 반면에, 직무재설계는 구성원의 역할을 변화시키는 조직개발 기법이다.

직무재설계에는 직무풍요화(job enrichment)와 직무확대(job enlargement)가 있다. 조직개발에서 중요시하는 것은 직무풍요화다. 직무풍요화는 직무를 맡은 사람의 책임성과 자율성을 높이고, 직무수행에 관한 환류(피드백)가 원활히 이루어지도록 직무를 재설계하는 것이다(오석홍, 2003: 706-707). 재설계 대상인 직무는 수직적으로 연관된 기능들이다. 수직적으로 연관된 기능이란 책임 수준이 서로 다른 기능들이 연관되어 있음을 뜻한다. 직무를 재설계할 때에는 수직적으로 연관된 기능들을 책임이 더 큰 하나의 기능으로 묶어 심리적으로 보다 유의미한 직무를 개인에게 부여한다. 즉, 직무풍요화는 수직적인 직무확장을 통해서 개인에게 보다 많은 자유와 권한, 피드백을 제공함으로써 개인이 책임을 지고 보다 나은 업무를 수행하도록 동기를 부여한다.

이러한 직무풍요화는 사람들이 직무수행 그 자체에서 만족을 얻고 직무에 관하여 내적으로 동기를 유발할 수 있다고 보는 헤르츠베르크(Herzberg, 1966)의 동기-위생 이론에 기초를 두고 있다. 직무풍요화는 직무에 대한 동기 요인(성취, 인정, 작업 자체, 책임, 발전)을 증가시키고 부정적인 위생 요인(보수, 인간관계, 지위, 감독, 정책과 행정, 작업 여건, 개인 생활)을 감소시킨다. 이에 따라 직무는 동기 요인이 개인의 심리적인 성숙에 대한 필요를 충족시킬 수 있도록 설계된다. 예를 들면 성취와 인정은 지식을 증가시킬 수 있는 기회를 제공하고, 책임감은 직무에 대한 이해를 증진시킬 수 있는 기회를 부여하며, 성장 가능성은 창의성을 증진시키고, 승진은 의사결정 경험의 기회를 제공한다(Herzberg, 1966). 직무풍요화는 이러한 동기 요인을 뒷받침할 수 있도록 보수, 감독체제, 인간관계, 근무 여건 등 위생 요인을 개선한다.

직무풍요화는 개인의 동기를 유발하기 위해서 일 자체에 초점을 둔다. 직무는 개인의 성장 기회를 최대한 부여할 수 있도록 재설계된다. 풍요화된 직무의 특성은 다음과 같이 여섯 가지로 제시된다(Herzberg, 1982).

1. **고객중심**: 고객에게 서비스를 제공한다.
2. **피드백**: 구성원에게 결과에 대한 피드백을 제공한다.
3. **새로운 학습**: 새로운 전문적인 능력을 습득할 수 있는 기회를 제공한다.
4. **재량적 자원**: 구성원에게 자원에 대한 통제권을 부여하여 성

과를 증진시킨다.

5. **직접적 의사 전달**: 필요한 정보에 대해 직접적으로 의사를 전달한다.
6. **개인적 책임**: 결과에 대한 개인적인 책임을 조장한다.

직무확대는 기존의 직무에 수평적으로 연관된 직무 요소 또는 기능을 첨가하는 수평적 직무 부가의 방법이다. 새로이 첨가되는 직무 요소들이 반드시 기존의 직무 요소들과 동질적이어야 한다거나, 하나의 통합된 직무로 결합될 수 있어야 하는 것은 아니다. 이질적인 직무 요소들을 하나의 직무에 추가할 수 있다(오석홍, 2003: 708). 직무풍요화는 조직 구성원들의 심리적으로 성숙할 수 있는 기회를 제공하는 반면에, 직무확대는 단순히 여러 가지 활동을 추가함으로써 업무량을 확대하는 것이다.

직무풍요화와 직무확대는 동기이론에 근거하여 과업의 의미, 과업 수행의 자율성과 책무성을 부여함으로써 직무수행의 효율성을 높이는 방법이다. 이 직무재설계 방법이 일반적으로 개인의 생산성과 직무만족도를 향상시키는 긍정적 효과가 있다는 것은 많은 연구를 통해서 입증되었다(Hackman & Oldham, 1980). 그러나 직무재설계의 효과는 개인의 특성, 예컨대 교육 수준, 기술 수준, 성장 욕구 수준 및 근무 조건 등과 밀접히 관련되어 개인차를 나타낸다. 교육 수준이 낮거나 경험이 부족한, 또는 성장 욕구 수준이 낮은 사람은 직무재설계를 싫어할 수도 있을 것이다. 직무설계의 효과성이 검증됨에 따라 개인 수준의 직무설계가 집단 수준의 직무설계로 확대되는 추세를 보이고 있다.

그 밖의 조직개발(OD) 기법

OD 기법에는 이상에서 설명한 것 외에도 여러 가지 다른 기법들이 있다. 이들 기법들을 간략히 소개하면 다음과 같다(오석홍, 2003; 이명재, 2003: 179-210).

과정상담 과정상담(process consultation: P-C)은 개인 또는 집단이 조직 내의 '과정적 문제'를 지각하고 이해하며 해결할 수 있도록 제삼자인 상담자가 도와주는 활동이다(Schein, 1969). 과정상담의 초점은 조직 내의 '인간적 과정(human process)'이다. 과정상담에서는 조직 내의 인간적 과정—개인적 과정, 개인 간의 과정, 집단 간의 과정—을 개선하여 조직의 효율화를 도모하고자 하며, 또한 외부 상담자의 도움을 받아 조직 구성원(특히 관리자)의 인간적 과정에 대한 진단능력과 문제해결능력을 향상시키려고 한다.

관리유형도에 의한 조직발전 관리 유형도에 의한 조직발전(grid organization development)은 블레이크와 모튼(Blake & Mouton, 1969)이 개발한 포괄적인 조직발전의 기법이다. 그들이 발전시킨 관리유형도(managerial grid)를 기초로 삼아 개인, 집단, 집단 간의 관계, 그리고 조직 전체의 효율화를 도모하는 것이 관리유형도에 의한 조직발전이다.

스트레스 관리 조직 구성원들은 여러 가지 스트레스를 경험한다. 그것이 지나치면 조직과 개인에게 해를 끼치기 때문에 당사자와 조직은 이를 의식적으로 관리하지 않으면 안 된다. 스트레스는 담당 업무의 성격, 대인관계, 개인적 요인에서 비롯된다. 조직은 스트레스 극복을 위해 건강프로그램, 부하들에게 스트레스를 덜 주는 감독 방식을 습득시키는 관리자 훈련, 그리고 감수성 훈련, 참선, 인사상담, 시간관리 개선, 대인관계 개선 등에 관한 워크숍을 운영한다.

투영기법 투영기법(organizational mirror)은 조직 내의 어떤 단위 또는 부서가 그와 연관된 다른 부서에서 자기 부서에 관한 정보를 얻게 하는 기법이다. 이 기법은 다른 부서에 정보를 제공하여 평가를 받고 환류를 얻는 방법이다(이명재, 2003: 188). 여기서 다른 부서라고 하는 것은 조직 내의 부서뿐만 아니라 조직 밖 기관, 지역사회, 학부모 등을 포함하는 넓은 범위의 대상 집단들이다. 투영기법은 정보제공자인 상대방 집단이 적대적인 관계가 아니라 건설적인 문제해결 관계에서 협력하게 한다는 이점을 지니고 있다.

대면회합 직면회합(confrontation meeting)은 벡하드(Beckhard, 1967)가 개발한 기법으로서 조직의 관리자 전원이 하루 동안 모여 조직 전체의 건강을 논의하는 것이다. 회합을 위한 분위기 조성, 정보 수집, 정보 공유, 우선순위의 설정과 집단행동 계획 수립, 최고 관리층의 후속 조치 등 일련의 활동을 통해 관리자 집단은 주요 문제를 확인하고, 그 원인을 분석하며, 해결 방안과 실천 일정을 결정한다.

7) 총체적 질 관리

총체적 질 관리(total quality management: TQM)는 조직발전에 관한 새로운 아이디어를 제공한다. 총체적 질 관리는 조직의 질을 강조하고, 이를 향상시키는 일련의 관리적 아이디어를 특징으로 한다. 총체적 질 관리는 조직의 질 향상을 최우선 목표로 삼는다. 핸슨(Hanson, 2003)은 "총체적 질 관리(TQM)란 최고의 수월성 이외에는 수용하지 않는 조직의 구조, 과정, 문화에 능동적으로 도전하는 경영-근로자 철학에 바탕을 두고, 조직의 질을 개선하는 데 총체적이고 일관되게 그리고 고객서비스 위주로 전념하는 것"(p. 315)이라고 규정하였다. TQM을 발전시킨 데밍(Deming, 1986, 1983)은 TQM이 고객중심이 되어야 한다고 가르쳤다. 그는 질은 소비자가 판단하는 것이지 생산자가 판단하는 것이 아니라고 주장하였다. 즉, 질은 제공되는 것에 의해서 결정되는 것이 아니라 요구되는 것에 의해서 결정되어야 한다는 것이다. 이를 교육 상황에 적용하면, 질은 가르친 것이 무엇이었느냐에 의해서가 아니라 학습된 것이 무엇이었느냐에 의해서 오로지 결정될 수 있다는 것이다(Owens, 2003: 316).

TQM에는 여러 가지 접근 방법이 있다. 오석홍(2003)은 여러 가지 접근 방법의 공통 요소를 검토하여 TQM의 주요 특성을 다음과 같이 제시하였다(p. 635).

1. **고객의 요구 존중**: 고객의 요구에 부응하는 품질의 달성은 조직이 추구하는 최우선의 목표다. 조직의 산출에 관한 결정을 고객이 주도한다.
2. **지속적 개선**: 행동 원리는 지속적 개선이다. 실책과 결점을 용납하지 않으며, 결점이 없어질 때까지 개선활동을 되풀이한다. TQM에 의한 조직은 학습조직이며, 유능하고 창의적인 조직 구성원에 의존하는 조직이다.
3. **집단적 노력 강조**: 계획과 문제해결의 주된 방법은 집단적 과

정이다. 업무활동의 초점이 개인적 노력에서 집단적 노력으로 옮아간다.

4. **신뢰 관리**: 조직의 모든 계층에 걸쳐 구성원들 사이에 개방적이고 신뢰하는 관계를 설정하여 구성원들에게 힘을 실어 준다.
5. **과학적 방법 사용**: 사실 자료에 기초를 두고 과학적 품질 관리 기법을 활용한다.
6. **총체적 적용**: 조직 내 모든 사람의 모든 업무에 적용하고, 조직 내 여러 기능의 조정적 · 연대적 관리를 강조한다.
7. **인간의 존중**: 인간을 존중하고, 인간에 대한 투자를 강조한다. 조직 구성원들에 대한 교육 훈련을 강화하고, 그들에게 성장의 기회를 제공한다.
8. **장기적 시간관 · 예방적 통제**: TQM의 시간관은 장기적이며, 통제 유형은 예방적 · 사전적 통제다.
9. **분권적 조직 구조**: TQM은 재화 · 용역의 부가가치를 극대화하는 데 유리한 분권적 조직 구조를 선호한다.

이상과 같이 TQM은 (1) 고객중심주의(고객의 요구와 만족), (2) 통합주의(능동적 참여, 기능 연대, 집단적 노력), (3) 인간주의(구성원들의 자발성 · 창의성), (4) 총체주의(조직활동 전체에 대한 적용), (5) 합리주의(과학적 분석 기법), (6) 개혁주의 · 무결점주의(무결점을 향한 지속적 개선) 등을 지향하는 특성을 가지고 있다(오석홍, 2003: 635).

딘과 보웬(Dean & Bowen, 1994)은 다양한 TQM 아이디어들을 유용한 방식으로 종합하고 있다. 이들은 TQM의 철학을 (1) 고객중심, (2) 지속적인 개선, (3) 팀워크 등 세 가지 변화 원리를 중심으로 파악하고 있으며, 이 중 고객중심이 가장 중요하게 여겨진다. 이러한 원리들은 상호 관련된 일련의 실무 및 기술들을 통해 실행된다. 딘과 보웬의 원리를 교육에 적용하였을 경우, 각 원리의 예는 다음과 같다. 학교에서 고객중심은 학생들의 학문적, 정서적 욕구를 만족시키는 것이다. 지속적인 개선은 규칙적 또는 계속적인 조사를 통해 수업 및 행정과정을 개선하는 것을 의미한다. 팀워크는 학교 행정가와 교사 간, 학년과 각 부서들과 같은 학교 하위 단위들 간, 그리고 학생과 학교 직원들 간의 협동을 의미한다.

TQM은 오늘날 학교발전론이 추구하는 가치를 반영하고 있어 그 효율성이 높이 평가되고 있다. TQM의 원리와 특성들은 체제적 사고의 중요성, 참여, 동기화, 합리적 의사결정, 변혁적 리더십 등 학교개선의 중요 개념들과 밀접한 관련을 맺고 있다(Hoy & Miskel, 2003). TQM 원리들은 학교의 질을 향상시키기 위하여 그동안 검증된 원리 및 관리 방법을 강화하고 있다. 그러나 TQM을 실천하는 것은 쉬운 일이 아니다. 왜냐하면 TQM이 성공하려면 TQM의 지향성을 지지하는 방향으로 조직문화가 변화되어야 하고, TQM의 운영 전략을 제대로 수행하여야 하기 때문이다.

8) 조직학습

조직도 개인과 마찬가지로 학습한다는 조직학습(organizational learning)의 아이디어는 조직의 변화와 발전을 설명하는 데 큰 의미를 갖는다. 실제로 조직변화의 연구 분야에서 변화를 위한 개입 전략에 대한 문헌은 많으나 조직변화 자체를 설명하는 이론은 빈약한 편이다. 파울로스키(Pawlowsky, 2001)는 조직학습 개념은 조직의 변화를 보다 긍정적으로 다룰 수 있게 하였다고 지적하였다(p. 63).

학습하는 체제로서의 조직 개념은 1900년 초 테일러(Taylor)의 과학적 관리론에서 태동된 이후 꾸준히 학계의 관심을 받아 왔다. 1950년대 시예르트(Cyert), 마치(March), 사이몬(Simon) 등 카네기 멜론(Carnegi Mellon) 대학을 중심으로 한 학자들이 조직 선택과 의사결정 이론을 통해서 조직의 학습과정을 연구하였다. 1980년대 이후 조직학습에 대한 많은 저술과 논문이 발표되었다. 1978년에 출판된 아지리스와 숀(Argyris & Schon)의 『조직학습』(*Organizational Learning*)이란 책은 조직학습 개념에 대한 체계적인 저술로서 영향력이 컸다. 1990년에 출판된 센지(Senge)의 『제5학문』(*The Fifth Discipline*)이란 책은 조직학습을 유행시켰으며, 드러커(Drucker)의 지식경영인 또는 지식사회의 필요성의 강조는 조직학습에 대한 관심을 고조시켰다.

조직학습의 개념

조직학습의 개념은 여러 가지 방식으로 기술된다. 조직학습의 핵심이 되는 학습은 심리학에서 "비교적 영속적인 변화가 경험의 결과로써 행동 잠재력에 발생하는 과정"(Anderson, 1995: 4)으로 정의된다. 이 학습의 정의를 조직에 그대로 적용할 수 있을 것이다. 쇼와 퍼킨스(Shaw & Perkins, 1991)는 조직학습이란 "자신의 경험과 다른 사람의 경험에서 통찰력을 얻고, 그것에 따라 조직이 기능하는 방식을 수정하는 조직의 능력"(p. 1)이라고 정의하였다. 프리드만 등(Friedman et al., 2003)은 "조직학습이란 조직 구성원들이 자신과 다른 사람들의 과거 경험을 바탕으로 하여 공유되는 가치와 지식을 발전시키는 과정이다."(p. 758)라고 정의하였다. 피올과 릴레스(Fiol & Lyles, 1985)는 "조직학습은 보다 나은 지식과 이해를 통해 행동을 향상시키는 과정을 의미한다."(p. 803)라고 하였으며, 센지(1990)는 학습하는 조직은 "조직의 미래를 창조하는 능력을 지속적으로 확대하는 조직"(p. 14)이라고 주장한다. 그들은 조직학습과정은 의식적이고 체계적인 과정으로서 정보에 대해 비판적이고 성찰적인 태도를 지니며 행동 지향적인 성질을 갖는다고 하였다. 조직 구성원들에 의한 지식의 창출과 지식 공유는 모든 조직학습 개념의 공통 요소다.

조직학습 개념의 이해를 위해서 다음과 같은 조직학습의 성격을 이해하여야 한다.

첫째, 조직학습은 개인학습과 구별된다. 이 구분은 조직학습 개념을 이해하는 데 필요할 뿐만 아니라 조직이 학습하기 위해서 조직 전체가 무엇을 해야 하는가를 결정하는 데 중요하다. 개인학습은 조직 내의 구성원들이 경험을 통하여 개인적인 수준에서 지식을 획득했을 때 발생하는 반면, 조직학습은 개인이 획득한 지식이 조직 구성원 사이에 공유될 때 발생한다. 이러한 지식의 공유는 구성원들 간의 상호작용을 통해서 이루어진다. 개인의 지식이 조직의 공간, 시간, 계층 경계를 넘어서 구성원들에게 공유될 때 학습은 조직적인 것이 된다(Yeung et al., 1999: 28).

조직 내의 지식 공유는 구성원들 간의 상호작용을 통해서 이루어진다. 지식 공유의 상호작용은 워크숍, 팀 협의, 부서 모임과 같은 집단 수준에서 이루어진다. 따라서 집단은 조직학습이 이루어지는 중요한 학습 단위다. 센지(1999)는 오늘날 조직에서 기본적인 학습 단위는 개인이 아니라 팀이기 때문에 팀 학습이 중요하며, 팀 학습이 이루어지지 않으면 조직학습은 이루어질 수 없다고 하였다

(p. 10). 조직학습은 개인학습과 연계는 되지만 개인학습에 한정되지 않는다. 조직에서 학습 단위는 개인, 집단, 조직으로 연결된다.

둘째, 조직학습은 개인학습과 다른 방식으로 기억되고 저장된다. 개인학습에서 학습 결과는 두뇌에 저장되지만 조직학습의 결과는 조직 내의 체제, 역사, 규범에 저장되어 구성원이 바뀌더라도 새로운 구성원에게 전달된다(Fiol & Lyles, 1985). 레비트와 마치(Levitt & March, 1988)는 조직은 역사에서의 추론을 행동의 지침이 되는 '일상(日常, routines)'에 기호화함으로써 학습한다고 본다. 일반적인 용어인 '일상'에는 조직이 구성되고 운영되는 형태, 규칙, 절차, 편의, 전략 그리고 기술이 포함된다(p. 320). 이것들은 조직의 구조적인 요소들이다. 일상에는 또한 형식적인 일상을 지지하고 정련하고 때로는 반대하는 신념, 사고의 틀, 패러다임, 행동강령, 문화 그리고 지식이 포함된다(p. 320). 이것들은 조직의 문화적인 요소들이다. 조직의 학습 결과는 이러한 일상들, 즉 구조와 문화에 배어들어 기억되고 저장된다. 말하자면 조직의 일상들은 개인과 독립적인 것으로서 개인이 바뀌더라도 조직의 구조와 문화가 되어 존속한다.

조직의 학습 결과가 조직 문화가 된다는 사실은 조직학습이 문화를 형성한다는 것을 의미한다. 조직학습은 조직 내의 과거의 일상들을 변화시켜서 문화를 바꾼다. 이러한 관점은 다음과 같은 문화의 정의에서 분명히 드러나고 있다. "문화는 공유된 공동학습의 결과다"(Schein, 1991: 247). "문화는 사람들의 어떤 집단 내에서 창조되고 전래되고 공유되고 전달되는 것이다"(Cook & Yanon, 1993: 374). 즉 조직이 학습한다는 것은 새로운 문화를 창조하는 것을 의미한다.

셋째, 조직학습은 경험중심학습을 중시한다. 경험중심학습의 기본적인 생각은 학습은 경험을 통해서 일어난다는 것이다. 경험중심 학습에서는 사람은 경험을 하고 그 경험을 성찰함으로써 학습 내용을 보다 잘 이해할 수 있다고 본다. 옝(Yeung, 1999)에 따르면, 조직은 직접적인 경험과 다른 사람의 경험을 통해서 학습한다(pp. 31-33). 직접적인 경험학습은 조직이 그들의 행동과 성찰을 통해서 지식을 얻고 통찰력을 계발하는 것으로서 시행착오 실험, 현장 연구 등이 그 예다. 조직은 또한 다른 사람의 경험을 통해서 학습한다. 이 경우의 예로는 대리학습, 관찰학습, 취득과 채용을 통한 접목, 전문가, 교육기관, 전문 집단을 통한 지식의 보급 등이 있다. 조직은 다른 조직의 성공적인 사례를 관찰하고 검토한 다음 이를 기준으로 삼아 모방함으로써 학습한다. 학습방법의 선택은 조직 상황에 따라 달라질 수 있다.

조직학습의 유형

조직학습을 이해하는 중요한 측면의 하나는 조직학습의 유형이다. 아지리스와 숀(1978)은 조직학습을 일차, 이차, 중수 학습으로 구분하였다. 단일회로학습(simple-loop learning)으로 지칭되는 일차학습은 기존의 방식 내에서의 일처리, 즉 일상을 점진적으로 개선하는 학습이다. 이중회로학습(double-loop learning)으로 지칭되는 이차학습은 기존의 일처리 방식에 대해서 근본적인 의문을 제시하고, 재평가를 통해 새로운 일처리 방식과 새로운 행동을 학습하는 것이다. 중수회로학습(deutero-learning)은 학습과정 자체를 재검토하여 새로운 학습방법을 학습하는 것으로서 가장 높은 수준의 학습이다.

파울로스키(2001)는 조직학습 유형을 타입 I, 타입 II, 타입 III

조직학습으로 구분하였다(pp. 76-77). 타입 I 조직학습은 이탈을 교정하는 학습으로서, 이 단계의 조직학습은 조직행위의 간격을 탐지하고 표준이 되는 일처리 절차에 따라 간격을 제거하는 것으로 구성된다. 타입 II 조직학습은 환경에 적응하는 학습이다. 타입 III 조직학습은 문제해결학습으로서 규칙과 가정에 대해 집단적 성찰을 요구한다.

피올과 릴레스(1985)는 조직학습을 낮은 수준의 학습과 높은 수준의 학습으로 구분한다. 낮은 수준의 학습은 주어진 조직의 구조와 체제 내에서 발생하는 학습이고, 높은 수준의 학습은 구체적인 일처리 방법이나 행동보다는 조직 전반을 지배하는 규칙과 규범을 조정하는 것을 목적으로 하는 학습이다.

조직학습과정

조직학습과정은 몇 가지 단계로 나누어진다. 헤드베르크(Hedberg, 1981)는 조직학습과정을 (1) 환경 자극의 인식, (2) 자극의 선택, (3) 자극의 해석, (4) 반응의 네 단계로 나누었다. 콜브(Kolb, 1984) 역시 조직학습과정을 네 단계로 나누었는데, 그것은 (1) 구체적인 경험 단계, (2) 성찰적 관찰 단계, (3) 추상적 개념화 단계, (4) 적극적 실험 단계다(p. 30). 휴버(Huber, 1991)는 조직학습과정을 (1) 지식 획득, (2) 분배, (3) 해석, (4) 기억 단계로 구성된다고 보았다.

기본적으로 조직학습과정은 다음의 네 단계로 기술된다. 이들 네 단계는 반드시 순차적일 필요는 없다(Pawlowsky, 2001: 78).

1. 확인/창출: 새로운 지식의 학습이나 창출과 관련되는 정보를 확인하고 수집한다.

2. 보급: 개인에서 집단수준으로 또는 집단수준 자체 내에서 지식이 교환되고 보급된다.
3. 통합: 적응체제의 통합이나 수정이 일어날 수 있도록 지식을 집단 또는 개인 수준의 기존 지식체제 또는 조직의 절차적 규칙에 통합한다.
4. 행동: 지식이 조직 행동에 영향을 미치도록 새로운 지식을 행동으로 변환하고, 지식을 조직의 일상에 적용한다.

조직학습과정은 조직변화과정을 암시한다. 경영자는 조직학습과정을 효율적으로 경영함으로써 조직의 변화와 발전을 도모할 수 있다.

9) 힘의 장이론

레빈(1951)의 힘의 장이론(force field theory)은 변화과정을 설명하는 최초의 이론이라고 할 수 있다. 힘의 장이론에서는 기본적으로 사회적 또는 조직적 현상 유지(status quo)는 서로 상반되는 두 가지 힘의 균형으로 나타나는 평형상태(equilibrium)라고 본다. 두 가지 반대되는 힘은 추진력(driving forces)과 억제력(restraining forces)이다. 추진력은 변화를 일으키는 힘이며, 억제력은 변화되지 않는 상태로 남아 있게 하는 힘이다. 이 두 가지 힘의 장이 균형상태를 유지할 때 변화가 없는 평형상태가 되는 반면, 어느 한쪽의 힘이 제거되거나 약해지면 평형상태가 깨어지고 변화가 일어난다. 그러나 조직은 대체로 평형상태를 유지하려는 경향성이 있기 때문에 근본적으로 안정성을 지향하는 실체다. 이러한 평형상태가 불균형을 이룰 때 조직은 재적응하여 평형상태의 새로운 조직이 되려 한다.

힘의 장이론은 변화과정의 3단계를 제시한다. 그것은 (1) 기존의 낡은 상태를 해빙(unfrozing)하고, (2) 새로운 수준의 상태로 이동(moving)한 다음, (3) 새로운 상태로 재결빙(refreezing)하는 단계이다([그림 4-2] 참조).

변화과정의 3단계를 변화 전략의 관점에서 풀어 말하면, 우선 조직변화를 도모하기 위해서 가장 먼저 힘의 장의 균형상태를 깨뜨리는 것이 필요하다. 즉, 조직이 해빙되어야 한다. 이는 변화의 추진력과 억제력의 균형상태가 깨어지는 것으로서 어느 한쪽의 힘이 증가하거나 감소하는 것을 의미한다. 즉, 변화 추진력을 증대시키거나 변화 억제력을 감소시킴으로써 변화를 촉발시킨다. 변화 억제력이 약할 경우에는 변화 추진력을 증대시키는 것만으로도 변화가 발

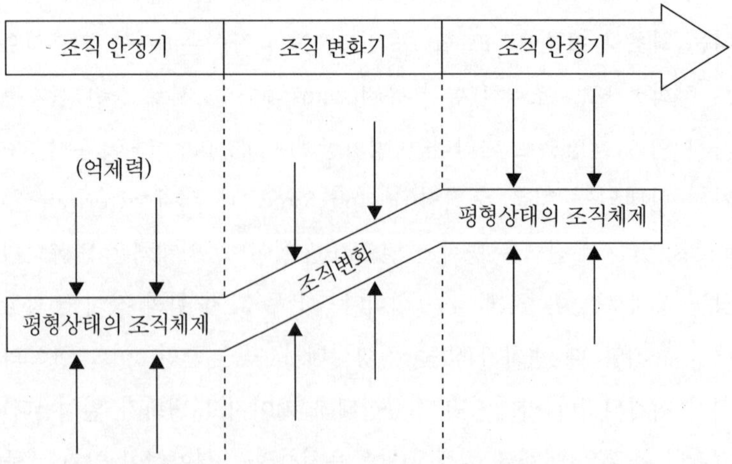

[그림 4-2] 레빈의 힘의 장이론의 변화과정

생할 것이다. 그러나 변화의 억제력이 강한 경우에는 변화 추진력의 증대와 억제력의 감소 둘 다가 필요할 것이다. 변화의 억제력의 감소 없이 변화 추진력만의 증대는 변화에 대한 갈등과 저항을 높여서 변화를 어렵게 할 수 있다(Yukl, 1998: 440).

해빙이 이루어지면 변화의 시도가 가능해진다. 즉, 조직을 새로운 수준으로 이동시키는 것이다. 이 단계를 변화(changing) 단계라 한다. 그러나 이 변화 단계에서의 변화는 약해지기 쉽고, 과거의 형태로 되돌아가기 쉬운 변화다(변화의 도입 단계에서의 연약성은 제4장 1절을 비롯하여 이 책의 여러 곳에서 지적되고 있다.). 그래서 세 번째 단계에서는 변화를 통해 달성한 새로운 형태를 재결빙시킨다. 이 단계는 변화를 오랫동안 유지하고 보호하기 위해서 제도화하는 단계다.

이러한 변화의 3단계를 순환적이고 안정적으로 반복함으로써 조직은 계속 발전할 수 있다. 특히 해빙의 과정은 경직되고 저항이 심한 조직에서 매우 고통스러운 과정이다. 하지만 해빙의 고통은 장기적인 조직발전을 위해 변화의 순환과정에서 극복되어야 하는 문제다.

레빈의 힘의 장 개념은 간단하지만, 큰 조직에서는 복잡한 과정을 거친다. 그러나 이 개념은 조직의 변화 또는 안정을 도모하려는 행정가가 조직을 이해하고 분석하는 데 유용한 도구가 된다. 특히 힘의 장이론이 제시하는 변화과정은 조직발전을 위한 구체적인 행동 계획을 세우는 데 유용하게 사용할 수 있는 개념적 · 분석적인 도구다.

제5장

학교변화의 과정

1. 변화의 과정
2. 학교변화의 과정
3. 변화과정의 두 가지 관점과 특징

발전에 이르는 변화의 과정은 복잡하다. 학교변화의 과정에는 수많은 요인들이 역동적으로 작용한다. 따라서 학교변화를 성공적으로 경영하기 위해서는 변화과정의 역동성에 대한 분석적인 이해가 요구된다. 이 장에서는 학교변화의 과정과 그 과정에 작용하는 요인들을 분석적으로 검토하면서 성공적으로 학교변화를 추진하는 데 필요한 요건들을 살펴보고, 끝으로 학교변화과정의 특징과 교훈을 살펴보겠다.

1. 변화의 과정

조직변화는 순간적으로 이루어지는 것이 아니다. 그것은 독특한 형태를 지닌 몇 단계의 과정을 거쳐서 이루어진다. 조직변화의 과정에 대해서는 여러 학자들의 견해가 있으나 가장 대표적인 것은 레빈(Lewin, 1951)의 힘의 장이론이다. 앞장에서도 설명한 바와 같이 힘의 장 모형은 변화과정을 (1) 해빙, (2) 이동, (3) 재결빙의 세 단계로 구분하였다. 즉 변화과정은 기존의 낡은 형태(상황)를 해빙시키고(unfreezing), 새로운 형태 수준으로 이동한(moving) 다음, 이동한 형태를 재결빙시키는(refreezing) 세 단계를 거친다고 하였다. 해빙 단계는 변화의 필요성을 인지하고 변화에 저항하는 세력과 대항하는 변화의 준비 단계다. 이동 단계는 형태, 과업, 기술 및 구조를 변경함으로써 변화를 실행하는 단계다. 따라서 이 단계를 변화(changing) 단계라고도 한다. 재결빙 단계는 변화된 것을 평가하고 그것을 강화하거나 개선하는 단계다. 변화가 실행된 후에 변화의 성공을 보장하기 위해서는 그 변화가 지속될 수 있도록 계속적인 지원과 강화활동이 필요하다. 변화된 상태는 원래의 균형상태로 되돌아가려는 속성을 가지므로 좀 더 강력한 재결빙의 노력을 통하여 새로운 상태를 안정시켜야 한다.

레빈의 변화과정 모형이 제시된 이후 여러 학자들에 의해 다양한 과정 모형이 제시되었다. 이들 대부분은 계획적 변화과정의 모형들로서 문제 해결과정과 유사하다. 전형적인 것이 콜드웰(Caldwell, 1968)의 네 단계 모형이다. 이 네 단계는 (1) 요구의 확인과 우선순위 결정, (2) 폭넓은 전략과 구체적 계획의 개발, (3) 선택된 접근 방법의 실행, (4) 결과의 평가다. 벡하드와 해리스(Beckhard & Harris, 1977)는 여섯 단계로 구성된 변화과정의 일반적 모형을 제시하였다. 여섯 단계는 (1) 현재 상태와 요구 진단, (2) 목표의 설정과 변화 후 새로운 상태의 정의, (3) 현재에서 미래(상태)로 전환의 정의, (4) 전략과 행동 계획 수립, (5) 변화 노력의 평가, (6) 새로운 상태의 안정화다. 오석홍(2003)은 계획적 변화(개혁)의 과정을 (1) 개혁의 필요성을 확인하는 인지 단계, (2) 개혁의 실천 방안을 모색하는 입안 단계, (3) 개혁을 실천하는 실천 단계, (4) 개혁의 진행 상황과 성과를 평가하는 평가 단계의 네 단계로 나누었다(pp. 656-661).

리팸 등(Lipham et al., 1985)은 여러 학자들이 제시한 변화과정을 종합하여 변화의 일반적 과정을 (1) 인지, (2) 착수, (3) 실행, (4) 일상화, (5) 쇄신, (6) 평가의 단계로 나누었다. 인지(awareness) 단계는 문제를 발견하는 단계로서 현재의 목적, 목적 성취 또는 프로그램의 문제를 확인한다. 착수(initiation) 단계는 목적을 성취하는 여러 가지 수단과 함께 현재의 여건과 실제를 현재 또는 미래의 목적에 비추어 평가하는 단계다. 실행(implementation) 단계는 모든 구성원이 변화를 이해하고 실천에 옮기는 단계다. 일상화(routinization) 단계는 변화하고자 한 것이 일상화되어 정착되는 단계다. 쇄신(renewal) 단계에서는 외부의 도움 없이도 변화 수행자가 변화를 유지하고 변화된 것을 적절히 사용할 수 있는 능력을 키우는 단계다. 이 단계에서는 지원적인 풍토를 조성하여 사기를 높이고, 현재 진행되는 변화에 대한 계속적인 피드백을 통해 변화가 바람직한 방향으로 진행되게 한다. 평가(evaluation)는 변화를 향상시키는 방법을 제시해 주는 피드백 절차다. 이 변화과정의 모형에서 변화의 과정과 산출은 형성적인 평가와 종합적인 평가 방법을 사용하여 계속적으로 점검되고 평가된다. 긍정적인 평가 결과는 변화의 일상화와 쇄신의 길을 열어 줄 것이며, 부정적인 평가 결과는 변화를 위한 새로운 대안을 찾게 할 것이다.

퓰란(Fullan, 1991)은 변화의 과정을 (1) 착수, (2) 실행, (3) 제도화의 세 단계로 나누었다. 착수(initiation)는 변화가 시작되기까지의 과정이고, 실행(implementation)은 변화를 실천에 옮기는 과정이며, 제도화(institutionalization)는 변화를 계속 추진하여 정착시키거나 아니면 포기하는 단계다. 이 세 단계는 독립적이고 직선적인 관계라기보다는 어느 정도 상호 중복되고 상호 영향을 주는 역동적인 관계로 이해된다. 이 장에서는 퓰란의 변화과정의 단계를 중심으로 하여 검토한다.

2. 학교변화의 과정

퓰란(1991)의 변화과정 모형에 따르면 학교변화는 착수, 실행, 제도화의 단계로 구성된다. 이러한 변화과정에서 중요한 것은 각 단계에서 어떤 일이 일어나며, 각 단계와 전체 과정이 성공적으로 수행되기 위해서는 어떤 행동이 요구되는지를 이해하는 일이다. 이를 위하여 학교변화과정에서 각 단계별 활동과 관련되는 요인들을 검토하면서 성공적인 학교변화과정의 요건들을 살펴본다.

1) 착수 단계

변화의 첫 번째 단계는 착수 단계로서 변화 실행을 결정하기까지의 과정이다. 이 단계의 핵심적인 활동에는 개혁의 추진 결정, 변화 착수에 대한 구성원의 참여의지, 변화와 관련된 측면의 학교 실태 검토 등이 포함된다. 학교가 개혁을 추진하게 되는 이유에는 여러 가지가 있다(제3장 2절 참조). 새로운 기술이나 가치의 도입, 교육이 지향하는 목적과 결과와의 괴리 인식, 새로운 아이디어의 출현, 지역사회의 필요, 연구 결과, 인구 변동, 정당 정치 등은 변화를 발생시키는 원인이 된다. 이러한 변화의 동인 외에도 착수과정에 영향을 미치는 요인들은 많다. 특히 학교가 어떤 개혁 프로그램을 어떻게 채택하게 되었으며, 왜 개혁을 착수하게 되었고, 개혁 프로그램 결정에 누가 참여하였는가는 착수 단계의 결과뿐만 아니라 개혁 전체 과정에 영향을 미치는 중요한 요인들이다. 착수 단계에 영향을 주는 요인들을 풀란(1991)은 다음과 같이 제시하였다(pp. 50-61).

1. **개혁 프로그램의 양과 질** 학교에서 사용할 수 있는 개혁 프로그램의 유무, 양, 종류 그리고 질은 개혁 착수과정에 영향을 준다.
2. **정보에의 접근** 개혁 관련 정보에 접근할 수 있는 기회의 차이는 착수과정에 영향을 미친다. 예컨대 시골 소재 학교는 도시 소재 학교보다 개혁에 대한 정보가 부족하다.
3. **상급 기관의 지지** 상부 기관 또는 행정가의 지지 여부는 개혁 착수에 영향을 미친다. 상부 기관의 지지 없이는 개혁이 착수되기 어렵다.

4. **교사 지지** 교사 집단의 개혁에 대한 지지 여부는 개혁의 착수 단계뿐만 아니라 개혁 전체 과정의 성공 여부를 결정하는 중요한 요인이다.
5. **외부 변화 촉진자** 지역이나 국가 수준에서 개혁을 자극하고 촉진하는 변화 주체 또는 촉진자의 역할은 착수 단계에서 큰 영향을 미친다.
6. **지역사회의 태도** 개혁에 대한 지역사회의 태도—압력, 지원, 반대, 무관심—는 착수 단계에서 큰 영향을 미친다.
7. **새로운 정책과 기금** 학교가 개혁에 참여하여 지원을 받을 수 있게 하는 중앙이나 지방정부의 새로운 정책과 입법 그리고 재정 지원은 개혁 착수에 영향을 준다.
8. **문제 해결 지향과 관료적 지향** 개혁에 참여하는 이유가 문제 해결을 위한 것일 수도 있고 정치적인 고려일 수도 있다 (개혁의 착수는 상이한 방식으로 이루어진다).

퓰란(1982)은 개혁 채택의 결정과정을 면밀히 관찰해 보면 결정된 대부분의 변화가 학교에서 가치 있거나 또는 가장 필요한 변화인가에 대한 회의를 가지게 된다고 하였다(p. 13). 이 같은 관찰은 버먼과 맥로플린(Berman & McLaughlin, 1976)의 지역 교육청의 교육개혁 착수 형태에 대한 분석적 연구에서 확인되고 있다. 지역 교육청 관리들은 개혁 채택을 일차적으로 학교에 필요한 재원을 확보하는 수단으로 삼고 있거나 혹은 지역 주민들에게 최신의 새로운 변화를 추구한다는 인상을 주기 위한 정치적 목적으로 사용한다는 것이다. 중등학교에서 개혁 프로그램 채택 형태를 분석한 넬슨과 시버(Nelson & Sieber, 1976)는 프로그램의 대중적 인기와 유행이 프로그램 채택의 주된 이유가 되고, 프로그램 실시에 소요되는 비용은 프로그램 채택의 문제가 되지 않는다는 것을 발견하였다. 이 같은 관찰을 관료적인 관점에서 말하면, 변화 착수의 정치적 또는 상징적 가치가 교육적 가치와 실행에 소요되는 비용보다 더 중요하다는 것이다. 하지만 정치적 또는 상징적 가치가 중요하지 않다는 것은 아니다. 풀란(1991)은 개혁 착수 결정은 정치적 또는 경제적 목적으로 이루어질 수 있으며, 이 같은 결정은 이후 실제에서의 진정한 변화를 추진할 수 있는 기회를 마련하는 첫 단계로서 필요할 수 있다고 하였다(p. 61). 어떠한 형태이든 간에 교육변화의 착수 결정은 여러 가지 상이한 목적과 방식으로 이루어진다.

핀커스(Pincus, 1974)는 개혁 채택에 유리하게 작용하는 세 가지 요인을 다음과 같이 확인하였다(p. 120).

1. 관료적 안전성(개혁이 행동의 변화를 요구하지 않고 자원만을 제공해 줄 때)
2. 외부 압력에 대한 반응(개혁을 채택함으로써 외부 압력을 완화시키는 경우)
3. 동료 엘리트 집단의 찬동(분명하게 정의된 객관적 기준이 없을 때 앞서 가는 전문가 동료에게 인기가 있는 것)

핀커스(1974)에 따르면, 학교의 관료적 안전성을 해치지 않고, 외부의 변화 압력에 대해서 새로운 변화를 시도한다는 인상을 주며, 모호하지만 전문가들이 좋다고 하는 개혁이 쉽게 채택된다. 이러한 관료적인 현상이 경우에 따라 일어날 수 있겠으나, 모든 학교개혁에 일반화시킬 수는 없을 것이다.

'위에서 아래로' 접근 방식과 '아래에서 위로' 접근 방식

개혁이 추진되는 이유는 다양하지만 하나의 분명한 사실은 개혁의 추진에는 학교나 지역의 수준을 넘어서서 교육에 관심이 있는 외부 세력, 사람, 단체 등이 있고, 그들은 항상 학교체제의 변화를 추구한다는 것이다. 실제로 학교개혁은 대부분 외부, 특히 상부 기관에 의해서 착수된다. 이와 같이 변화의 기원이 외부, 통상 상부에 있을 때 '위에서 아래로(top-down)' 개혁 또는 접근 방식이라고 하고, 역으로 변화의 기원이 학교 내부에 있을 때 '아래에서 위로(bottom-up)' 개혁 또는 접근 방식이라고 한다(두 접근 방식에 대해서는 제3장 1절 참조). 위에서 아래로 접근 방식은 외부, 특히 상부 기관에 의해 변화가 유발되는 방식으로서 지시적 · 처방적인 것이 특징이다. 아래에서 위로 접근 방식은 학교 현장의 진정한 필요성에 의해서 변화가 시도되는 특징이 있다.

킨슬러와 갬블(Kinsler & Gamble, 2001)은 이 두 가지 착수 방식에서 주목해야 할 중요한 세 가지 사항을 다음과 같이 제시하고 있다(pp. 138-139).

첫째, 변화의 착수는 개혁 주창자, 흔히 강한 힘을 지닌 행정가가 없으면 일어나기 어렵다는 것이다. 개혁을 주장하는 힘 있는 행정가는 개혁 프로젝트가 실행될 때 행정적 편의, 개혁의 정당성, 그리고 재정적 지원을 제공해 줄 수 있는 위치에 있기 때문에 변화를 촉진하거나 방해할 수 있는 잠재적 힘을 지니고 있다. 이러한 사람들의 개혁에 대한 주장은 변화의 착수를 용이하게 한다.

둘째, 위에서 아래로 방식은 다행히 아래에서 위로 방식으로 전환될 수 있다는 것이다. 위에서 아래로 방식은 학교 자체에서 미처 파악하지 못했던 변화의 필요성과 개혁 아이디어를 깨닫게 하여 변화를 시도하고자 하는 동기를 유발시킬 수 있다. 그러나 위에서 아래로 방식을 아래에서 위로 방식으로 전환하는 것은 학교 자체의 의식의 변화와 노력 없이는 어렵다. 즉, 학교가 개혁 프로젝트의 진정한 소유권을 갖기 위해서는 학교 자체가 주체가 되어 개혁을 추진해 나가는 진정한 노력이 요구된다.

셋째, 아래에서 위로 접근 방식에 결함이 없는 것은 아니다. 학교가 개혁을 잘못 또는 너무 단순하게 이해하게 되면 부적절한 개혁 프로그램을 도입할 수 있다. 예를 들면 이론적으로는 타당하지만 현장에는 적합하지 못한 프로그램을 도입함으로써 개혁의 효과를 거둘 수 없는 결과를 가져올 수 있다. 무엇보다도 제안된 개혁의 성격과 학교의 목적 간의 관계에 대한 분명한 인식이 결여될 때 개혁에 문제가 발생할 수 있는 것이다.

성공적인 변화 착수의 요건

마일스(Miles, 1987)는 성공적인 개혁 착수의 요인을 다음과 같이 분석하였다.

- 개혁은 지역의 시책 및 필요와 결합되어야 한다.
- 변화에 대해 분명하고 구조화된 접근 방식이 제시되어야 한다.
- 개혁을 이해하고 지지하는 적극적인 옹호자가 있어야 한다.
- 개혁을 시동시키는 강력한 추진이 있어야 한다(어떤 경우에는 위에서 아래로 착수 방법이 수용될 수 있다).
- 개혁은 그 질이 좋아야 한다.

퓰란(1991)은 가장 바람직한 개혁의 착수는 (1) 적합성, (2) 준비성, (3) 자원의 세 가지 요소가 결합되어야 한다고 하였다(pp. 63-64). 적합성(relevance)은 개혁의 필요성, 개혁의 명료성(실무자의 개혁 이해), 개혁의 효용성 또는 개혁이 교사나 학생들에게 실질적으로 제공하는 이익의 상호작용을 포함한다. 준비성(readiness)은 개혁을 착수하고 발전시키는, 또는 주어진 개혁을 적용하는 학교의 실제적이고 개념적인 능력을 포함한다. 파이어스톤(Firestone, 1989)은 이 능력을 학교가 '개혁을 활용할 수 있는 능력' 이라고 지칭한다. 이러한 준비성은 개인적 요인과 조직적 요인의 측면에서 파악할 수 있다. 자원(resources)은 변화과정의 한 부분으로서 자원을 모아 제공하는 것이다. 자원은 변화의 실행 단계에서도 중요하지만, 특히 착수 단계에서 아주 중요하게 작용하는 요인이다. 이들 세 가지 요인들에 대해서는 다음 절의 변화 실행의 시작 단계에서 더 자세히 살펴본다.

2) 실행 단계

변화과정에서 가장 주목받는 단계는 바로 두 번째 단계인 실행 단계다. 실행 단계는 변화의 아이디어, 프로그램, 개혁, 일련의 활동을 실천에 옮기는 단계다. 개혁의 성공 여부는 실제에서 일어난 변화의 정도와 질에 의해서 결정되기 때문에 실행 단계는 매우 중요하다. 실행 단계의 핵심 활동에는 행동 계획의 실천, 개혁의지의 강화와 유지, 진전 상황의 점검, 발생하는 문제의 극복과 재적응이 포함된다. 이러한 실행 단계에는 여러 가지 요인들이 복잡하게 작용하여 실행 단계는 물론 전 변화과정에 영향을 미친다.

실행 단계에 관련되는 요인들을 검토하기 위해서 편의상 실행 단계를 시작 단계와 적용 단계로 재구분할 수 있다. 실행의 시작 단계는 실행의 전(前) 단계인 착수 단계 이후에서 실행이 시작되는 시점에 이르는 과정, 즉 변화 프로그램을 준비하여 출발시키는 단계이며, 적용 단계는 프로그램을 현장에 본격적으로 적용·실시하는 단계다. 이 두 단계를 명확히 구분하기는 어렵지만 실행활동을 시간의 전·후 관계로 구분해 볼 수 있다. 실행에 관련되는 요인들은 실제로는 모든 실행과정에 영향을 미치는 요인들이다. 여기에서는 관련성의 경중을 고려하여 실행에 관련되는 요인들을 풀란(1991)과 킨슬러와 갬블(2001: 139-153)의 분석을 기반으로 하여 시작 단계와 적용 단계로 나누어 살펴보고자 한다.

실행 시작 단계

자금, 시간

개혁을 추진하는 데는 자금과 시간이 요구된다. 프로젝트 참여자에게 수당을 지급하고 필요한 시설을 갖추고 자료를 구입하는 데는 자금이 필요하다. 개혁에 필요한 재원이 확보되지 않으면 개혁을 추진하기 어렵게 된다. 또한 시간은 가장 중요한 자원이다. 개혁 참여자들이 변화를 계획하고, 프로그램 훈련을 받고, 각종 위원회에 참석하고, 프로그램을 점검하고 연구·검토하며, 문제가 발견되면 해결 방안을 강구하여 재적용하고 프로그램 실행을 평가하는 등의 여러 가지 활동을 하는 데에는 시간이 요구된다. 교사들에게는 이러한 시간들이 일과 외 시간에서 확보될 수밖에 없는 어려움이 있다. 그러나 개혁을 위한 교사들의 시간 확보는 개혁의 성공 여부를 결정하는 핵심적인 요소다.

성공적인 개혁 추진을 위해서는 행정적인 정당성이 필요하다. 행정적인 정당성은 개혁에 대한 행정가 또는 행정기관의 독려, 격려, 지원의 형태로 나타난다. 교장의 지지 없이는 학교의 개혁 프로그램이 성공하기 어렵다(Kinsler & Gamble, 2001: 141). 휴버먼과 마일스(Huberman & Miles, 1984)는 조직변화를 위해서는 교장, 학교 교육구, 주교육청의 세 가지 행정적 수준 중에서 최소한 두 가지 수준의 지원이 필요하다고 하였다(p. 183). 즉, 독려와 지원의 형태로 행사되는 상부 행정기관의 압력은 성공적인 개혁을 위하여 필요하다.

필요성과 명료성 그리고 복잡성

변화의 착수와 실행에 영향을 주는 변화 특성과 관련된 요인으로 변화의 필요성, 명료성, 복잡성이 있다(Fullan, 1991: 68-71).

필요성(need)은 변화의 방향, 목적, 비전과 관련되는 요인으로서, 필요성의 인식은 변화의 착수와 실행에 중요하게 작용한다. 필요성의 인식과 관련되어 제기되는 문제 중의 하나는 필요성의 우선순위를 결정하는 일이다. 학교는 여러 가지 개혁의 필요성을 지니고 있기 때문에 이들의 상대적 중요성을 판단하여 우선순위를 정하는 일이 학교가 해결하여야 할 과제다. 또 다른 문제는 필요성을 정확히 인식하기가 어렵다는 것이다. 필요성은 변화의 착수 단계에서 분명하게 인식하는 것이 중요하지만 대부분의 경우, 특히 복잡한 변화인 경우에는 변화가 추진되는 과정에서 그 변화의 필요성을 더 분명하게 인식하게 된다. 변화과정에서 변화의 필요성과 의미를 더욱 분명하게 이해하게 되는 것은 바람직한 현상으로서, 변화가 성공적으로 추진되고 있다는 징표가 된다.

명료성(clarity)은 변화의 목적과 수단에 대한 분명한 인식으로서, 과정에서 지속적으로 제기되는 문제다. 모호한 목적과 구체적이지 못한 수단은 실행을 어렵게 한다. 교사가 프로그램의 목적을 명확히 인식하지 못하고 실천 방법을 알지 못할 때, 그 프로그램의 실행은 성공할 수 없는 것이다. 명료성이 결여될 때 그 자리에는 '그릇된 명료성(false clarity)' 이 대신 자리 잡게 된다(Fullan, 1991: 35).

'그릇된 명료성' 이란 진정한 변화는 일어나지 않고 피상적인 변화만을 나타내고 있으면서 변화를 일으키고 있다고 생각하는 상태다. 말하자면 실질적인 변화는 일어나지 않는데 변화가 잘 추진되고 있다고 여기는 경우다. 그릇된 명료성은 변화를 아주 단순한 방식으로 해석하기 때문에 나타나는 현상이기도 하다. 예를 들면 새로운 교육과정의 실시를 위해 새로운 학습 자료가 제공되었을 때, 교사가 새로운 교육과정의 정책목표와 수업 전략을 충분히 이해하지 못했거나, 새로운 교육과정이 요구하는 수업 행동이나 전략을 실천하지 않고 새로 제공된 학습 자료의 사용에만 의존하여 교육과정을 운영하면서 새로운 교육과정을 실천하고 있다고 믿는 경우다. 이 경우 교사는 피상적이고 형식적인 수준에서 새로운 교육과정을 운영하고 있는 것이다. 즉, 그릇된 명료성은 변화의 진정한 내용은 실천하지 않으면서 실천하고 있다고 믿는 것이다.

한편 변화의 목적과 수단에 대한 명확한 인식이 부족할 때 교사들은 불안과 갈등을 느끼고, 결국 변화에 대해서 불만과 저항을 나타낸다. 이러한 현상은 새로운 변화에 대해서 일반적으로 부정적인 태도를 보이는 교사들에게 구체적이지 못한 개혁을 실천하라고 강요했을 때 흔히 나타나는 반응이다. 이를 두고 풀란(1991)은 '고통스러운 불명료성(painful unclarity)' 이라고 하였다(p. 30). 따라서 변화의 목적과 수단에 대한 정확한 인식은 개혁을 성공으로 이끄는 요인이라고 할 수 있다.

복잡성(complexity)은 변화 실행을 담당하는 개인이나 집단에 요구되는 변화의 곤란도와 정도를 말한다. 실제적인 복잡성의 정도는 개인이나 집단의 능력에 따라 결정되겠지만, 기본적으로 어떤 변화이든지 변화의 곤란도, 요구되는 기술, 신념과 전략 및 자료 사용의 변경 등과 관련해서 변화의 복잡성은 검토될 수 있다. 많은 교육개혁 프로그램은 여러 가지 활동, 구조, 진단, 교수 전략, 철학적 이해 등이 복잡하고 정밀하게 배열되어 구성된 복잡성이 높은 변화다. 복잡성이 높은 변화는 실행하기는 어렵지만 성공했을 때 그 의미는 크다. 반면에 복잡성이 낮은 간단한 변화는 실행하기는 쉽지만 변화의 의미가 크지 않은 것이 보통이다.

기술적 전문성과 연수

개혁 시작 단계에서 중요한 것은 참여자가 개혁 프로그램을 완전히 이해하는 것이다. 이는 참여자가 개혁 프로그램에 대한 기술적 전문성을 지니는 것을 의미한다. 기술적 전문성은 여러 가지 방식으로 습득할 수 있으나 대부분의 경우 워크숍(workshop)을 이용한다. 어떤 방법을 사용하든지 중요한 것은 참여자가 프로그램의 목적과 철학, 내용, 과정, 운영 방식 등 개혁 프로그램과 관련된 모든 사항에 대해 완전히 숙지하는 것이다. 프로그램에 대한 완전한 이해가 결여될 때 실행에 많은 문제가 발생하게 된다.

풀란(1991)은 변화의 원리와 진정한 의미를 이해하지 못할 때 개혁의 목적은 피상적인 것이 되고, 방법은 기계적으로 되며, 실행 전체가 형식적인 것이 되어 진정한 의미의 변화를 가져오지 못한다고 지적하고 있다(p. 40). 이는 그가 말하는 '그릇된 명료성'의 상태다. 그는 개혁의 성공을 위해서는 참여자들이 변화의 의미를 이해해야 하고, 이를 위해서는 변화의 실행과정에서 새로운 개념, 기술, 행동을 학습하여야 한다고 하였다. 즉, 개혁이 추진되는 기간 동안에 계속적이고 상호 작용적이며 누적적인 학습이 필요하다는 것이다.

자료

원활한 프로그램의 출발을 위해서는 필요한 시설과 자료(교재, 지침서, 검사지, 보조자료 등)가 미리 준비되어 적시에 공급되는 것이 매우 긴요하다. 적시에 공급되어야 할 자료가 준비되어 있지 않는 상태에서 성급하게 출발한 프로그램은 실패하게 되어 있다. 자료 중심의 프로그램, 예컨대 수업 프로그램의 성패는 자료의 질과 적시 공급에 달려 있다고 하겠다.

에너지, 노력 그리고 저항

성공적인 변화 프로젝트의 시작에는 강력한 추진력이 필요하고, 그 추진력은 개인의 힘과 참여 의지에서 나온다. 어떠한 형태의 변화이든 100% 찬성으로 시작되는 경우는 드물고, 의무적으로 시행되는 개혁일지라도 저항이 있기 마련이다. 그래서 의지가 중요한 요인이 된다. 참여자들은 개혁의 필요성을 인식하고 있는가? 그들은 개혁을 수행할 수 있는 지식과 기술을 가지고 있는가? 그들은 개혁 노력에 바칠 시간과 마음이 있는가? 이러한 질문에 긍정적으로 대답할 수 있는 많은 참여자가 없다면 실행은 성공을 거두기 어려운 것이다.

교사들은 여러 가지 형태로 개혁 참여의 의지를 보인다. 개혁에 찬성하는 사람이 있는가 하면 반대하는 사람도 있다. 햄펠(Hampel, 1995)은 교사들의 개혁 참여 형태를 네 가지로 구분한 바 있다. 개혁을 적극적으로 지지하고 선봉에 서는 사람, 개혁을 지지하지만 개혁이 될 수 있다는 것을 여러 측면에서 확실한 증거로 확인하려는 사람, 개혁에 흥미를 느끼지 못하고 아무 일도 하지 않으려는 사람, 개혁에 냉소적이고 적극적으로 반대하는 사람의 네 집단이다. 여기에서 흥미로운 사실은 개혁에 냉소적인 집단과 개혁을 적극적으로 지지하는 집단 간에는 정열과 지능 면에서 비슷한 공통점이 있다는 사실이다. 따라서 냉소적인 집단이 개혁에 관심을 갖게 하는 것이 성공적인 개혁을 위해서 중요하다.

역설적으로, 개혁 초기에 너무 많은 정력과 에너지를 쏟으면 에너지가 소진되어 개혁 추진에 역효과를 낳을 수 있다. 퓰란(1991)은, 개혁은 매우 긴 과정이므로 조기 참여를 착수 단계에서 시작하여 점점 자라는 것으로 보는 것이 가장 좋다고 하였다(p. 63).

실행 적용 단계

실행의 적용 단계는 개혁 프로그램의 계획, 준비 그리고 필요한 훈련을 마치고 프로그램이 실행되는 단계와 거의 동시에 시작된다. 실행의 시작 단계와 적용 단계를 명확히 구분하기는 어렵지만, 적용 단계는 시작 단계의 모든 요소들을 동원하고 통합하여 프로그램을 정식으로 실행하는 단계다. 이 단계의 핵심 개념은 프로그램을 현장에 '맞추어' 운영하는 것이다. 즉 프로그램 실행자, 예컨대 교사가 프로그램을 학교의 특수한 상황에 얼마나 잘 맞추어 운영하느냐 하는 것이다. 실행의 시작 단계에서 참여자들의 관심이 프로그램에 필요한 것을 준비하는 것이었다면, 적용 단계에서의 그들의 관심은 프로그램의 절차를 숙지하고 익숙하게 숙달하는 일이다. 그리고 프로그램의 적용과정에서 실행의 질을 향상시키는 데 노력한다.

실행과업들이 의도된 개혁 프로젝트대로 수행되기 위해서는 개혁 프로젝트와 학교 자체의 특수한 특성 간에 조화가 이루어져야 한다. 이를 위해서 참여자들은 프로그램의 핵심 요소들을 수정 · 보완하여 정교화시켜 재적용하고 통합시키면서 프로그램을 학교 실정에 맞게 발전시키는 노력을 꾸준히 계속하여야 한다. 적용 단계에 영향을 미치는 요인들을 프로젝트의 유연성, 교사 변화, 적용을 위한 시간으로 나누어 다음에 살펴본다(Kinsler & Gamble, 2001: 148-153).

프로젝트의 유연성

각각의 학교는 그들 자신의 역사, 지역사회의 특성, 학교 풍토와 같은 내적 요인, 구성원 간의 질 등으로 형성된 학교 자체의 독특한 특성을 지니고 있다. 이러한 학교의 특성과 개혁 모델의 특성을 결합시키는 것은 학교를 변화시키고 개혁 모델과 학교를 조화시키는 데 핵심적이다. 타이(Tye, 1987)에 따르면 학교의 고유한 특성을 고려함으로써 변화 프로젝트는 체제의 심층 구조에 접근할 수 있게 된다. 개혁이 학교를 제약하거나 압도해서는 안 된다. 전체 개혁과 함께 각 개혁 요소들이 학교의 독특한 특성과 필요 및 요구에 맞게 조정되어야 한다. 동시에 실행이 학교의 실제, 문화 그리고 산출을 변화시키기를 바란다. 적용은 프로그램과 학교 양측의 상호 적응의 과정이다.

개혁 프로그램이 어느 정도 변화되어야 하고, 프로그램과 학교 현장과의 조화 또는 성공적인 실행을 가능하게 하는 것은 무엇인가에 대한 견해는 다를 수 있다. 휴버먼과 마일스(1984)는 교사들은 프로그램의 유연성을 아주 중요한 요인으로 보고, 유연성의 가장 중요한 측면으로 그들 자신의 필요 및 요구와 관련되는 부분을 본다는 사실을 발견하였다. 말하자면 교사들은 개혁 프로그램을 그들이 인식한 필요, 그들의 시간 일정, 그들의 기존 지식과 절차에 적응시킬 수 있을 때 개혁이 현실과 잘 맞는다고 생각한다. 교사들은 적정한 유연성을 지닌 비교적 작은 규모의 변화 프로젝트는 관리하기에 보다 좋은 정도까지 축소시킨다. 예를 들어 아주 자세하게 작성된 수업 대본을 간략하게 또는 짧게 하거나, 새로운 자료보다 익숙한 자료를 계속 사용하거나, 내용을 학생의 요구와 수준에 맞추어 조정한다. 기본적으로 교사들은 가능한 개혁을 기존의 틀에 적응시키려고 한다.

교사들은 그들에게 주어진 자유재량의 범위 내에서 그들이 원하는 대로 프로그램을 운영한다. 프로그램 사용자가 그들의 자유재량으로 수정할 여지가 거의 없는 규모가 큰 프로젝트는 교사들에게 짐이 되고, 프로젝트에 압도당한다고 느끼게 하며, 에너지를 소모하게 하여 교사들이 개혁을 따라가기 어려운 상태가 되게 한다. 이러한 경우 교사들은 프로그램이 현실에 잘 맞지 않고 실행에 문제가 있다고 본다.

일반적으로 하향 적응(예컨대 프로젝트 목표의 축소 또는 수정, 처치의 수정 또는 단순화, 교직원의 행동변화에 대한 높은 기대 또는 학생의 성취에 대한 높은 기대의 하향 조정)은 흔히 교사와 조직의 실제에서 변화가 일어날 가능성의 증대와 연관된다. 그러나 불행하게도 이 같은 하향 조정은 프로젝트의 목적을 완전히 성취하는 것을 양보하거나 타협하는 경향이 있다(Huberman & Miles, 1984: 88). 개혁에 보다 많이 참여시키고 관습을 손상시키지 않기 위한 수단으로서 복잡성을 단순화하고 교사와 학생에 대한 요구 수준을 낮추어 주는 것은 개혁을 약화시키고 사소한 것으로 만드는 위험이 있다(Miller, 1996). 개혁 프로그램을 학교의 고유한 특성에만 잘 맞추려 하다 보면 타협을 하게 되고, 변화된 것은 별로 없이 기존의 틀(행동, 일과)은 계속 유지하게 된다. 그래서 개혁의 의미가 손상되지 않으면서 실행이 잘될 수 있도록 프로그램과 학교의 고유 특성이 잘 조화되는 것이 매우 중요하다. 이런 의미에서 어느 정도의 타협이 필요하고, 과거부터 해 오던 일상적인 교사의 행동을 조금씩 점진적으로 수정하는 것이 바람직하다.

변화 모델의 부적절한 적용은 또 다른 문제를 야기한다. 변화에 대한 의지 부족이나 학교 현장에 부적합한 프로그램 실시는 개혁을 실행하는 쪽의 무관심과 저항을 낳는다. 그 결과 알맹이 없는 속빈, 피상적인 실행이 되고, 핵심적인 위치에 있는 사람들은 단지 실천하는 척만 한다고 고백하기도 한다. 개혁을 적용시키는 데 실패하는 이유 중의 하나는 개혁 착수자가 개혁에 대해서 가장 잘 알고 있다는 경직된 신념을 가지고 있는 것을 들 수 있다. 또한 실행하는 쪽의 무관심 혹은 저항이나 추진하는 쪽의 지나친 위에서 아래로의 접근 방식은 둘 다 실행 실패의 원인이 될 개연성이 높다.

교사의 변화

변화를 추진하는 과정에서 실행자인 교사도 변화한다. 즉, 실행단계에 따라 교사들의 행동도 변화·발전한다. 홀 등(Hall et al., 1975)은 혁신 실행의 단계적 과정과 관련되는 교사의 관심을 다음과 같은 다섯 가지 수준으로 유형화하였다(pp. 52-56).

1. 기계적 사용　실제 활동들이 어렵고 결합이 잘 되어 있지 않는 상태
2. 일상적 사용　프로그램의 집행이 안정되어 있으나 변화가 거의 없는 상태
3. 정련(refinement)　사용자가 혁신의 효과를 높이기 위하여 혁신 부분들을 변화시키는 상태
4. 통합　사용자가 새로운 실제를 확장 혹은 정련하기 위하여 다른 사람과 노력을 함께 하는 상태
5. 쇄신(renewal)　사용자가 실제의 수정을 더 추구하고 개선하는 상태

홀 등(1975)은 이러한 단계를 통한 교사의 활동에서 교사들의 관심이 자기중심적인 것—예컨대 프로젝트를 수행하는 개인적·전문적 능력에 대한 걱정—에서 과업에 대한 더 큰 관심—예컨대 효율적인 관리, 학생의 효과와 결과, 다른 사람과의 협력, 프로그램 자체의 수정, 대체, 변동 등—에 대한 관심으로 옮겨 간다고 주장하였다. 일반적으로 개인 지향적인 관심에서 타인 지향적인 관심으로 바뀌어 가는 것은 분명하다. 그리고 실행 단계에 따라 교사들의 흥미, 동기, 참여도 달라지고, 그것에 따라 그들의 행동도 달라짐을 알 수 있다(Kinsler & Gamble, 2001: 151).

적용 단계는 직선적인 과정이 아니라 굴곡이 많은 복잡한 변동과정이라고 할 수 있다. 이러한 변동성의 결과에 의해 각 학교가 프로젝트와 그들 자신을 주어진 과업에 어떻게 적응시키느냐에 따라 개혁 모델에의 적응 정도와 성격에서의 차이는 물론 교직원과 개별 학

교의 실행 정도에 차이를 나타낸다. 실행 시간의 흐름에 따라 보다 큰 상호 적응과 정련이 이루어진다(Berman & McLaughlin, 1976: 349).

적용을 위한 시간

개혁 프로그램을 적용하고 그 결과를 평가하는 데는 시간이 필요하다. 프로그램을 성공적으로 적용하기 위해서는 프로그램을 계속적으로 수정·보완하여 재적용시켜야 하기 때문에 시간이 필요하다. 그런데 개혁이 외부에 의해서 추진될 때 정치적 목적으로 프로그램의 결과를 빨리 알려고 하는 경향이 있다. 프로그램을 수정·보완하고 학교 실정에 맞게 발전시키면서 실시하는 데에 충분한 시간이 주어지지 않고 평가 결과를 짧은 시간에 알려고 할 때 프로그램의 진정한 효과를 파악하기 어렵게 된다. 따라서 개혁 프로그램의 성공적인 적용을 위해서는 충분한 시간이 주어져야 한다.

요약하면, 단순한 프로그램의 실시만으로는 소기의 변화 효과를 거둘 수 없다. 의도된 변화의 효과를 거두기 위해서는 변화 프로그램과 학교 현장이 서로 상호 적응하는 노력이 필요하다. 프로젝트는 학교의 고유한 특성에 맞출 수 있을 정도로 유연성이 있어야 하며, 학교는 전통적인 방식을 유보하고 개혁 프로그램의 진정한 의도를 파악하여 수용하려는 변화 노력을 보여야 한다.

3) 제도화 단계

변화과정의 마지막 단계는 그동안 실시해 왔던 개혁 프로그램의 계속 여부를 결정하는 단계다. 프로그램을 계속한다는 것은 그동안

과외로 실시되어 왔던 프로그램을 학교의 일상적인 과업으로 정착 또는 제도화시키는 것을 의미한다. 즉 프로그램의 절차를 학교의 일상적인 과업으로 수용 · 통합하고, 외부 지원으로 운영되어 왔던 프로그램을 학교 자체의 예산으로 운영하는 것을 의미한다. 이 단계에서는 프로그램의 계속 또는 포기에 대한 새로운 결정이 요구된다.

프로그램의 제도화에 영향을 주는 요인들을 휴버먼과 마일스(1984)는 (1) 프로그램의 지원 조건, (2) 프로그램의 학교 이전, (3) 프로그램의 순환적 생존의 세 가지 범주로 구분하였다. 첫 번째 범주인 프로그램의 지원 조건은 프로그램의 효과 검증과 관련된 요인들이다. 여기에는 프로그램의 가치와 긍정적 결과, 예컨대 사용자의 이익, 교직원과 다른 사람들에게서 지지, 학교의 일과로서 만족스러운 운영 등을 성취하는 능력의 검증과 관련된 요인들이 포함된다.

개혁 프로그램이 어느 정도 학교의 조직과 재정에 흡수 · 통합되었는가를 반영하는 것이 두 번째와 세 번째 범주인데, 두 번째 범주인 프로그램의 학교 이전은 말 그대로 프로그램의 소유권이 외부에서 학교로 이전되는 것이다. 즉, 프로그램의 주관처가 외부에서 학교 자체로 완전히 옮겨지는 것이다. 말하자면 외부의 지원으로 운영되던 프로그램이 학교 자체의 예산으로 운영되고, 프로그램의 운영을 위한 모든 인적, 물적, 행정적, 조직적 조건들이 학교 자체에 갖추어진다.

마지막 범주인 프로그램의 순환적 생존은 학교가 프로그램의 존속 여부를 결정하여야 하는 중요한 계기를 맞았을 때 프로그램이 위기를 극복하고 존속할 수 있고 확산 · 보급될 수 있는 정도를 나타내는 지표다. 예컨대 매년 예산이 편성될 때 또는 프로그램의 강력한 지지자였던 행정가나 교직원이 학교를 떠났을 때가 보통 프로그램의 존속 여부를 결정하는 계기가 되고, 이때 지지를 받지 못한 프로그램은 탈락된다. 이러한 순간에 살아남을 수 있는 확률이 프로그램의 순환적 생존이다. 또한 순환적 생존은 프로그램이 다른 학교나 체제로 보급되는 정도를 나타낸다. 말하자면 보급이 많이 된 프로그램은 순환적 생존력이 강한 것이다. 이러한 요인의 분류는 프로그램의 제도화를 분석하는 데 시사하는 바가 많다. 휴버먼과 마일스(1984)는 개혁 프로그램의 제도화에 영향을 주는 요인으로 학생과 교직원의 이익보다는 프로그램의 재정적, 조직적 조건의 충족에 더 큰 무게를 두고 있다.

개혁 프로그램의 존속에는 프로그램의 효과만이 아니라 조직적, 경제적 요인이 크게 작용한다. 특히 프로그램을 적극적으로 지지하고 지원했던 행정가나 교직원의 인사이동은 프로그램의 존속에 크게 영향을 미친다. 또한 학교의 경제적 사정이 프로그램의 존속에 결정적인 역할을 한다는 사실도 자명하다.

프로그램의 제도화 단계에서도 조직적·행정적 지지와 지원뿐만 아니라 적절한 압력이 중요하게 작용한다. 개혁 프로그램이 각종 위기를 극복하고 존속하기 위해서는 먼저 프로그램이 실시되었던 학교 자체에서 프로그램 효과의 검증과 더불어 지지를 받아야 하고, 지역 행정기관에서의 지지와 지원, 그리고 학교 내·외의 프로그램 존속에 대한 적절한 압력이 필요하다.

개혁의 제도화는 그 자체가 목적이 아니다(Fullan, 1991: 90). 실제의 개선은 학교 쇄신의 계속적인 과정이어야 하고, 개혁 그 자체는 이 목적을 향한 하나의 수단에 불과하다. 마찬가지로 변화를 추구하는 학교는 계속적인 개선을 위한 학교의 능력을 장기적인 관점에서 발전시키는 것을 그들의 궁극적인 목표로 삼아야 한다.

학교변화과정의 시사점

이러한 학교변화의 과정은 변화와 변화과정의 복잡성과 어려움을 말해 준다. 퓰란(1991)은 그동안 축적된 변화과정에 관한 경험과 지식은 변화과정에 대한 다음과 같은 네 가지 중요한 통찰력을 제공한다고 하였다(pp. 90-92).

첫째, 성공적인 학교개혁의 출발을 위해서는 추진력이 필요하다. 학교개혁의 착수 단계에서 많은 사람들이 참여하는 것도 중요하지만, 소수의 사람들이 개혁 추진의 기세를 형성하는 것이 더욱 중요하다. 참여, 주도, 권한은 개혁 착수의 핵심 요인들이다.

둘째, 개혁의 성공을 위해서는 압력과 지원 모두가 필요하다. 압력은 나쁜 것으로, 지원은 좋은 것으로 생각하지만 압력은 행동을 촉진하는 긍정적 역할을 한다. 또한 지원이 없는 압력은 저항과 소외를 불러일으키고, 표류와 자원의 낭비를 가져온다.

셋째, 개혁의 성공을 위해서는 행동의 변화와 신념 또는 이해의 변화가 병행되어야 한다. 변화의 의미 이해와 변화의 기술 습득의 선후 관계는 복잡하겠지만, 진정한 변화를 위해서는 변화 의미의 새로운 이해와 변화 기술의 새로운 습득이 상호 호혜적인 관계로 함께 진행되어야 한다. 즉, 개인이 변화의 의미를 이해하고 변화의 기술을 습득할 때 진정한 변화는 일어난다.

넷째, 변화참여자들이 변화에 대한 소유감(ownership)을 느낄 때 진정한 변화가 일어난다. 변화의 소유감은 변화를 선호하는 것과는 다르다. 그것은 변화의 의미, 기술, 헌신과 관련된다. 변화의 의미를 이해할수록, 변화의 기술을 습득할수록, 변화에 대한 헌신이 커질수록 변화에 대한 소유감은 점진적으로 커진다. 진정한 변화의 소유감은 변화의 시작 단계가 아니라 변화가 성공적으로 끝날 때 나타나는 것이라고 하겠다.

3. 변화과정의 두 가지 관점과 특징

변화과정의 두 가지 관점

변화과정을 인식하는 데는 두 가지 관점이 있다(Kinsler & Gamble, 2001: 157-178). 하나는 변화과정을 계획적 · 직선적 · 기계론적으로 보는 관점이며, 다른 하나는 비계획적 · 비직선적 · 역동적으로 보는 관점이다. 전자는 변화과정을 직선적인 인과적 관계로 보고, 계획된 일련의 활동들이 단계적으로 전개되는 과정으로 개념화한다. 이러한 관점을 가진 사람들은 변화를 위해 미리 전략적 행동계획서를 작성하고, 정해진 단계에 따라 활동을 진행하면 변화가 이루어진다고 생각한다. 이와 대조적으로 후자의 관점은 변화과정을 상호작용에 의해서 발생하는 예측할 수 없는 복잡한 또는 혼돈된 과정으로 개념화한다. 이 관점의 사람들은 변화과정(경로)에 대한 청사진이나 계획된 일련의 단계란 있을 수 없다고 본다. 그들에게 변화란 통제할 수 없을 정도로 복잡하고 알 수 없는 경우가 많다. 변화과정은 수많은 요인들이 역동적으로 작용하는 예측하기 어려운 복잡한 과정이다.

변화과정에 대한 계획적 · 직선적 · 기계론적 관점을 변화에 대한 합리적 관점이라고 한다면, 비계획적 · 비직선적 · 역동적 관점은 비합리적 관점이라고 할 수 있다. 퓰란(1993)은 변화과정을 연구하는 사람들은 변화과정에는 예측할 수 있는 변인들과 함께 예측할 수 없는 변인들이 작용하여 무수히 그리고 알 수 없는 결과들을 가져올 수 있다는 것을 곧 깨닫게 된다고 하였다(p. 13). 변화 연구자들은 이 같은 역동적 복잡성이 변화의 진정한 영역이라고 말한다. 변화의 진정한 영역이란, 예컨대 '원인과 결과'가 시간상 · 공간상 근접하지도 않고, 계획되지 않은 다른 요인들이 역동적으로 간섭하기 때문에 확실한 개입이 기대한 결과를 가져오지 않는 영역이라고 주장한다(Senge, 1990: 365). 복잡성과 예측 불가능성은 변화과정에 단순히 존재하는 것으로 끝나지 않는다. 그것은 학교의 일상적인 활동을 특징짓는 보편적인 현상이다.

학교개혁에 대한 많은 연구 결과들은 변화과정을 직선적이고 계획된 단계에 따라 전개되는 활동과정으로 보는 기계론적 관점보다는 예견되는 변인과 예견할 수 없는 수많은 변인들이 역동적으로 복잡하게 작용하여 그 과정은 물론 결과까지도 예측할 수 없다고 생각하는 역동적 관점을 지지하고 있다(Fullan, 1993). 이와 같은 맥락에서 조직변화는 이성과 감정, 지식과 경험 및 지혜, 의식과 무의식, 객관성과 주관성, 질서와 혼란 등 합리성과 비합리성이 복합적으로 혼합된 상태에서 일어난다고 여겨진다. 이러한 조직변화의 속성은 구조보다는 인간을 기반으로 하는 조직관과 상통된다.

변화과정의 특징

이 장에서 살펴본 바와 같이 학교변화의 과정은 수많은 요인들이 역동적으로 작용하는 복잡한 과정이다. 퓰란과 마일스(Fullan & Miles, 1992)는 복잡한 환경에서 일어나는 변화과정의 특징을 다음과 같이 기술하였다.

1. 변화는 불확실성으로 가득한 학습과정이다. 누구도 변화과정이 예정된 방식으로 진행된다고 어리석게 생각해서는 안 된다. 불안, 어려움, 불확실성은 모든 성공적인 변화의 본질적인 성질이다.
2. 변화과정을 위한 청사진은 없다. 합리적인 계획 모형들은 복잡한 사회변화에 언제나 모형대로 작용하지는 않는다. 변화는 학습과 적응이 일어나야 할 여행이다.
3. 여행에 따르는 문제들을 회피하기보다는 수용해야 한다. 교육변화는 문제 해결의 과정이다. 오직 문제를 찾고 '심층적 대처'를 통해 문제를 해결함으로써 우리는 자신 있게 여행을 계속할 수 있다.
4. 현상 유지에서 벗어나려는 노력은 에너지(예: 새로운 공간, 훈련, 자료, 사람)를 필요로 한다. 즉, 변화는 자원을 필요로 한다.
5. 교육변화는 그것을 추진하는 통합된 힘의 원천을 필요로 한다. 변화가 교차 역할 집단(cross-role group: 말하자면 교사, 부장 교사, 교육 행정가 그리고 때로는 학생과 학부모)에 의해서 수행될 때, 변화 관리가 가장 잘 이루어진다. 상이한 세계관이 충돌하는 이런 집단에서 학습은 더욱 잘 일어나고, 변화는 좀 더 현실적으로 관리된다.
6. 성공적인 변화는 단편적이고 단절적인 과정이라기보다는 체계적인 과정이다. 이는 어떤 개혁이든 오직 정책이나 규제와 같은 조직의 형식적인 요소에만 집중해서는 안 되고, 별로 눈에 띄지 않지만 강력한 영향력이 있는 조직 문화의 요소에 주

목해야 한다는 것이다. 또한 개혁은 체제의 상호관계—교육과정, 교수, 지역사회, 학생 지원 등—를 고려하여야 하고, 그것들에 초점을 맞추어야 한다.

7. 변화는 멀리 떨어진 곳에서가 아니라 가까운 현장에서 실행되어야 한다. 이는 필요와 문제를 가장 잘 알고 있는 현장 사람들이 변화를 수행하는 가장 좋은 위치에 있다는 것을 말한다.

이상과 같은 복잡한 환경에서의 변화의 특징을 풀란(1999)은 변화의 여덟 가지 교훈으로 〈표 5-1〉과 같이 정리하였다(pp. 21-22). 이는 특히 변화추진자가 알아야 할 사항들이다.

〈표 5-1〉 풀란(Fullan)의 변화에 대한 여덟 가지 교훈

교훈 1.	실제로 중요한 사항은 명령할 수 없다(변화가 복잡할수록 그것을 강요할 수 없다.).
교훈 2.	변화는 청사진이 아니라 함께 하는 여행이다(변화는 비직선적이고, 불확실하고 자극적이며, 때로는 심술궂다.).
교훈 3.	문제는 우리의 친구다(문제는 불가피하며, 그것 없이는 학습이 이루어질 수 없다.).
교훈 4.	비전과 전략적 계획은 나중에 온다(성숙되지 못한 비전과 계획은 맹목적이다.).
교훈 5.	개인주의와 집단주의는 동등한 힘을 가져야 한다(고립과 집단적 사고에 대한 일방적인 해결책은 없다.).
교훈 6.	집중화도, 분권화도 작용하지 않는다('위에서 아래로' 전략과 '아래에서 위로' 전략 둘 다 필요하다.).
교훈 7.	광범위한 환경과의 연계는 성공의 핵심이다(최고의 조직은 내부에서 배우는 것과 마찬가지로 외부에서 배운다.).
교훈 8.	모든 사람들이 변화 주체다(변화는 전문가에게만 맡겨 두기에는 너무 중요하며, 개개인의 마음 자세와 숙련이 궁극적인 보호책이다.).

학교변화의 연구를 통해서 얻을 수 있는 교훈은 지고지선의 유일한 개혁 모형이나 정책은 없고, 또 모든 학교에 똑같이 적용될 수 있는 변화과정도 존재할 수 없다는 것이다. 풀란(1999)에 의하면, 모든 상황에 적용할 수 있는 변화 이론을 개발하는 것은 이론적으로 그리고 경험적으로 불가능하다고 한다. 변화의 이론들은 사고와 행동을 인도할 수는 있지만, 현실의 복잡성은 각각의 상황이 그 자체의 역사와 형성과정에서 어느 정도의 특수성을 지니고 있고, 그 특수성은 예측할 수 없는 상이한 변화를 발생시키는 원인이 된다는 사실을 말해 준다. 개혁 프로젝트는 각각의 상황에서 변형되고, 실행 단위의 조건에 적응하여야 한다(학교 상황에 적합한 학교개선 전략에 대해서는 제7장 5절에서 상론한다.). 또한 학교에 따라 개혁 모형의 효과도 달라진다. 점진적인 변화 접근이 일반적인 효과적 변화 방법이다. 학교개혁의 역사는 점진적이고 현장 중심의 적응적인 변화 전략이 최선임을 말해 주고 있다(Kinsler & Gamble, 2001: 159).

제6장

학교효과성

조직효과성은 조직경영에서 핵심적인 개념이므로 조직이론가나 실무자 모두에게 큰 관심사다. 특히 학교효과성에 관한 연구는 교육정책과 실제에 큰 영향을 미치므로 이에 대한 충분한 이해가 필요하다. 이 장에서는 조직효과성 개념을 살펴본 후 주요한 학교효과성 연구들을 개관하고, 학교효과와 관련된 학교요인에 초점을 맞추어 학교효과성 연구의 결과를 종합 · 정리한 다음, 학교효과성 연구의 공헌을 살펴보겠다.

1. 학교의 조직효과성

조직효과성은 조직경영에서 핵심적인 역할을 한다. 조직은 조직효과성을 확보하는 것을 일차적인 목표로 삼는다. 또한 조직은 효과성에 의해서 평가된다. 그러나 그 정의는 의외로 분명하지 않다. 이는 조직효과성이 다양한 방식으로 정의될 수 있는 다원적인 개념이기 때문이다.

조직효과성은 흔히 두 가지 의미로 사용되어 왔다. 하나는 조직의 목표 달성도를 의미하고, 다른 하나는 조직이 자원을 성공적으로 획득하고 활용하는 정도를 의미한다. 전자의 정의는 산출 결과를, 후자의 정의는 환경과의 관계를 중시하고 있다(Hoy & Miskel, 2001: 290-293). 하지만 조직효과성의 정의에는 이 두 가지만 있는 것이 아니다. 조직효과성은 효과성의 분석 모형에 따라 여러 가지로 정의되고 평가된다. 이는 조직효과성이 조직의 어느 한 측면만이 아니라 다른 여러 측면이나 기능 면에서 정의되고 평가될 수 있음을 의미한다.

조직효과성 모형에는 (1) 목표모형, (2) 체제자원모형, (3) 과정모형, (4) 참여자 만족모형, (5) 사회기능모형, (6) 체제모형 등이 있다(김창걸, 1985; Hall, 1982).

목표모형(goal model) 이 모형은 목표 달성의 정도를 효과성으로 정의하고, 조직의 목표 달성 정도를 조직효과성의 준거로 삼는다. 목표모형의 기본적 입장은 조직의 본질이 조직의 목적을 달성하는 데 있다고 본다. 그래서 조직의 산출 결과로서 목표 달성 정도를 조직 평가의 준거로 삼는다.

체제자원모형(system resource model) 이 모형은 조직의 효과성을 조직이 자원을 성공적으로 획득하고 활용하는 정도로 정의하고, 환경에서의 자원 획득능력을 조직효과성의 준거로 삼는다. 이 모형은 조직을 하나의 개방체제로 보고, 조직과 환경 간의 경쟁적인 협상 관계에서 조직이 유리한 위치를 점유하여 희소하고 가치 있는 자원을 획득하는 능력을 조직효과성의 결정 요인으로 본다. 그래서 체제자원모형에 의한 조직효과성은 투입과 관련된 자원효과성의 성격을 지닌다.

과정모형(process model) 이 모형은 조직의 효과성을 조직과정, 즉 조직의 기능적 활동상태로 파악한다. 과정모형은 조직수행(organizational performance)을 평가할 때 결과보다는 조직활동 자체를 평가 대상으로 하는 것이 보다 타당한 접근 방법이라는 입장을 취한다. 예컨대 지도과정, 동기 부여, 의사소통과정, 상호작용 및 영향 관계, 의사결정, 목표 설정, 통제과정과 같은 과정 요소들을 조직효과성을 결정하는 변인으로 삼고 있다. 이러한 과정모형을 기능모형이라고도 한다.

참여자 만족모형(participant satisfaction model) 이 모형은 조직 구성원의 욕구를 균형 있게 충족시켜 주는 정도를 조직의 효과성으로 본다. 그래서 이 모형에서는 조직활동의 결과가 지니는 객관성보다는 조직 구성원들의 욕구 만족을 더 강조하여 그들의 사기, 직무 만족, 응집성 등을 조직효과성의 준거로 삼는다. 참여자 만족모형은 조직의 목표를 중시하는 목표모형과는 대비되는 모형이다.

사회기능모형(social function model) 이 모형에서는 조직을 전체 사회체제의 하위 체제로 보고, 상위 체제에 대한 공헌, 즉 사회에의 공헌도를 조직효과성으로 평가하는 모형이다. 이 모형에서는 조직의 내적인 측면보다는 조직의 외적인 기여도를 근거로 평가하게 된다. 조직은 환경에서 여러 가지 자원을 받아들이고, 산출된 결과를 외부 환경에 보냄으로써 사회와 국가에 기여하게 되므로 조직의 이러한 사회적 기능을 평가해야 한다는 것이다. 조직 산출이 사회의 제 영역에 미치는 파급 효과는 사회적 기능모형의 준거의 예라 할 수 있다.

체제모형(system model) 이 모형은 조직효과성을 체제모형에 의거하여 규정하고 평가한다. 앞에서 언급한 여러 가지 조직효과성 모형들은 조직의 투입, 과정, 산출 및 환경 중에서 일부 영역만을 대상으로 하고 있는 데 반하여, 체제모형은 이 모든 영역을 개념적으로 모두 포함한 조직활동 전체를 투입, 과정, 산출 측면으로 일반화한다.

학교조직의 효과성 지표

조직효과성은 다원적인 개념이므로, 그 개념에는 단일 기준이 아닌 복합적인 기준이 포함되어야 한다. 예를 들어 학교조직의 복잡한 특성을 파악하기 위해서는 학생의 학업성취기준뿐만 아니라 다른 기준들도 사용되어야 한다. 학교조직의 복합적인 기준을 도출하는 데는 체제모형을 사용하는 것이 적합하다. 학교체제 모형의 투입, 과정, 산출의 각 측면에서 학교효과성의 지표를 도출할 수 있다. 각 측면의 효과성 지표는 다음과 같다(Hoy & Miskel, 2001: 295-296).

- **산출 지표** 산출 지표는 학교가 학생, 교직원, 지역사회에 제공하는 산출물과 서비스의 양과 질이다. 이것들은 조직의 효과다. 산출 결과를 나타내는 지표에는 학업 성취, 직무 만족, 교사와 학생들의 태도, 학생 탈락률, 교사 결근율, 조직에 대한 직원들의 헌신 정도, 학교의 효과성에 대한 사회의 인식 등이 있다.
- **구조 및 과정 지표** 구조 및 과정 지표는 투입을 산출로 전환시키는 내부 과정 및 구조의 양과 질 그리고 조화와 관련된 것이다. 여기에 포함되는 지표는 구조적 기준과 과정적 기준으로 나누어진다. 구조적 기준에는 조직, 개인, 문화, 정치체제 간의 일치 등이 있다. 과정적 기준에는 대인 간 풍토의 건강, 학생과 교사들의 동기 수준, 교사와 행정가의 리더십, 시험 실시 횟수, 수업의 질, 수업 기술의 활용, 직원 평가 등과 같은 질-통제 절차 등이 포함된다. 이러한 과정기준은 산출 결과와 직접적인 관련을 맺고 있다.
- **투입 지표** 투입 지표는 학교가 확보한 자원과 능력이다. 투입에 포함되는 지표에는 학교구의 재정상태, 학생들의 능력, 교사와 행정가의 능력, 학부모들의 지원, 도서관 보유 장서의 수, 수업 매체의 질과 양, 학교 시설 상황 등이 있다.

2. 학교효과성 연구

학교효과성은 지난 30년 동안 급속히 발전한 학문 영역으로서 오늘날 교육 논의에서 중심적 위치를 차지하고 있다. 학교효과성 연구의 주된 관심은 학교효과의 측정과 학교효과에 영향을 미치는 학교요인을 조사하는 데 있다. 학교효과성 연구에서는 학교는 학생의 학업성취에 어느 정도 기여하는가, 학생들의 학업성취에 기여하는 학교 요인은 무엇인가와 같은 질문에 대한 해답을 추구한다.

학교효과의 측정은 학업성취에 거의 한정되고 있다. 학교효과성 연구의 주된 목적은 학교가 학생의 학업적 성취에 영향을 미치는가를 판단하고, 만약 미친다면 어떤 학교요인이 어떤 방식으로 영향을 미치는가를 판단하는 데 있다. 학교요인에는 학교의 자원, 과정, 조직 조건 등과 관련된 변인들이 포함된다. 전통적으로 학교효과성 연구는 학교 간의 차이에 관심을 가져왔다. 학교가 효과적인가 비효과적인가를 알아보는 것은 이론적 그리고 실제적인 측면에서 중요한 의의를 지니기 때문이다. 최근에는 학교효과에 학업성적뿐만 아니라 보다 폭넓은 산출을 포함시키고 있다.

잘 알려진 바와 같이 학교효과성 연구는 학교의 효과에 대한 비관적 해석을 한 콜먼 등(Coleman et al., 1966)과 젱크스 등(Jenks et al., 1972)의 연구 결과로 크게 촉발되었다. 콜먼과 젱크스가 그들의 동료들과 수행한 연구에서는 학생의 학업 성적에 미치는 학교의 영향은 미미하며, 학생의 사회·경제적 가정환경이 더 큰 영향을 미친다는 결론을 제시하였다. 콜먼과 젱크스의 연구를 비롯하여 학교효과에 대한 초기 연구들이 투입–산출 모형을 사용하여 학교변인으로 재정적·물리적 투입 요인을 포함시키고, 학업성취에 직접적으로 영향을 줄 수 있는 학교의 사회·심리적 풍토와 학교/교실의 과정 요인을 포함시키지 않음으로써 학교효과를 과소평가하였다는 연구 방법상의 문제점이 지적되었다. 학교효과에 대한 그들의 부정적인 결론은 '학교효과'의 측정과 학교효과에 관련되는 학교 내 변인에 대한 관심을 촉발시켰다.

학교효과성에 관한 대표적인 연구들을 다음에 살펴본다.

1) 콜먼 등의 연구

공식적으로는 교육 기회의 균등 연구(the equality of educational opportunity study)로 지칭되는 「콜먼 보고서」(Coleman et al., 1966)는 미국에서 학교효과성 연구를 촉발시킨 영향력이 큰 연구다. 이 연구는 당시 미국 사회에서 심각한 문제로 대두되었던 사회적 불평등 현상을 교육을 통해서 해결해 보려는 정책적 의도에 기초해서 학교에서 일어나는 불평등 현상을 실증적으로 조사하기 위한 목적으로 시도되었다(김병성, 2001: 18). 이 연구는 가정과 사회적 배경을 통제했을 때 학교가 학생들의 학업성취에 미치는 효과는 미미하다는 결론을 내리고 있다. 즉, 학교는 학생들의 가정 배경에 의해서 발생되는 학업성취도 격차를 줄이지 못하고 있다는 것이다. 이 같은 연구 결과는 학교가 사회적 불평등을 해소하는 역할을 하지 못하고 있음을 시사한다.

연구 내용을 좀 더 자세히 살펴보면, 콜먼과 그의 동료들은 4,000개의 초·중등학교를 대상으로 학업성취도와 학생의 가정 배경 변인, 학교환경 혹은 투입 변인, 학생 구성 변인들 간의 관계를 상관관계와 회귀분석하였다. 이 연구의 분석 결과는 다음과 같은 몇 가지 중요한 사실을 밝혔다. 가정의 사회·경제적 배경 변인을 통제하였을 때 학교 투입 변인은 학생의 학업성취도와 낮은 관련성을 나타내었다. 도서관의 장서 수, 교사의 교육수준과 경험, 교육

경비 수준, 실험실 수, 체육관, 다른 일반적 자원 수준들의 차이는 학생 학업성취도의 차이와 낮은 상관을 보였다. 반면에 학생의 가정 배경은 학교환경 변인보다 학업성취에 더 의미 있게 관련되어 있었다. 학생들의 인종적 구성은 학교 간의 학업성취도 차이를 설명하는 중요한 요인이었다. 요약하면, 학생의 가정 배경 변인은 학업 성적을 결정하는 데 큰 영향을 미치는 반면에 학교의 환경 변인, 특히 투입 변인은 별로 영향을 미치지 못한다는 것이다.

콜먼 등의 연구는 학교 변인으로 주로 학교 투입 변인을 포함시켰기 때문에 투입-산출 모형의 대표적 연구로 간주된다. 이 점이 이 연구의 비판의 이유가 되기도 한다. 즉, 콜먼 연구는 연구 변인에 학교의 진정한 효과를 측정할 수 있는 학교과정 변인을 포함시키지 않았다는 것이다. 따라서 이 같은 비판을 극복하기 위한 후속 연구들이 이루어졌다.

2) 플라우든 보고서와 젱크스의 연구

영국형 콜먼 보고서라고 할 수 있는 「플라우든 보고서」(Plowden, 1967)는 공식적으로는 「아동과 그들의 초등학교」(Children and Their Primary Schools)라고 지칭된다. 이 보고서는 아동들의 학업 성적과 부모의 태도, 가정환경, 학교 특성의 요인들과의 관계를 분석하고, 학교 차이보다 부모 차이가 아동들의 학업성취도의 차이를 더 많이 설명한다고 결론을 내리고 있다. 아동들의 학업성취도를 설명하는 변량의 크기는 부모의 태도, 가정환경, 학교 특성의 순이었다. 이러한 「플라우든 보고서」는 콜먼의 연구 결과와 비슷한 결과에 도달하고 있다.

젱크스와 그의 동료들(Jenks et al., 1972)은 다른 몇 가지 연구 자료를 더하여 「콜먼 보고서」 자료를 재분석하였으나 분석 결과는 「콜먼 보고서」의 결과와 별 차이가 없었다. 즉, 학교는 학생의 학업 성취와 졸업 후 경제적 성공과 별로 관련되지 않는 반면에, 학생의 가정 배경 특성이 학교에서의 성공과 졸업 후의 수입을 결정하는 데 크게 작용하는 요인이라는 것이다.

3) 브루코버 등의 연구

브루코버 등(Brookover et al., 1978, 1979)의 효과적인 학교 연구는 학교의 과정 요인을 학교효과성 연구에 포함시킨 대표적인 연구 중의 하나다. 브루코버와 그 동료들은 학교의 사회심리적 요인과 학생 성취와의 관계에 주된 관심을 두었다. 그들은 미시간 주 68개 초등학교를 대상으로 하여 학교풍토 변인, 학생의 사회경제적 지위(SES), 인종 구성, 그리고 학생의 학업성취 간의 관계를 조사하였다. 그들은 학교풍토를 학교체제의 구성원이 지각하는 규범과 다른 구성원에 대한 기대의 총합적인 것으로 정의하고, 학생의 학문적 무력감, 학문적 자아개념, 교사의 기대, 그리고 학문적 규범 및 다른 사회심리적 요인을 토대로 문항을 개발하여 학교풍토를 측정하였다. 이 연구는 학교풍토와 학생의 SES, 그리고 인종 구성이 상호 관련성을 지니면서 학생의 학업성취에 영향을 미치고 있으며, 그중에서도 학교풍토 요인들이 학업성취도의 강력한 예언력을 지니고 있다고 지적하였다. 즉, 학교풍토가 다른 요인에 비해서 학생의 학업성취에 더 큰 영향을 미친다는 것이다.

브루코버 연구 팀은 68개 초등학교에 대한 통계 분석을 보충하기 위하여 성취 수준이 서로 다른 4개의 낮은 SES 학교의 사례 연구를 수행하였다. 사례 연구는 면접과 교실 관찰을 통해서 이루어졌다. 연구자들은 학업성취에서 학교 간의 차이를 설명하는 요인들을 다음의 여덟 가지 영역으로 요약하였다(Brookover, 1979).

1. **수업 시간**: 성취 수준이 높은 학교가 낮은 학교보다 교수와 학습에 더 많은 시간을 썼다. 성취 수준이 높은 학교에서는 교사와 학생이 교수와 학습활동에 각자 많은 시간을 쓰는 반면, 성취 수준이 낮은 학교에서는 교사들이 행정 업무에 신경을 쏟기 때문에 학생들이 혼자서 공부하는 경우가 많았다.
2. **교육과정을 완전히 마치지 못할 것으로 생각되는 학생의 비율(write-off)**: 성취 수준이 높은 학교에서는 교육과정을 완전히 마치지 못할 것으로 여기는 학생의 비율이 낮은 반면, 성취 수준이 낮은 학교에서는 그 비율이 높았다.
3. **교사의 기대**: 성취 수준이 높은 학교에서는 교사들의 학생에 대한 학업 기대 수준이 높은 반면, 성취 수준이 낮은 학교에서는 교사의 기대가 낮았다.
4. **강화**: 성취 수준이 높은 학교에서는 학생 행동에 대한 강화를 교사들이 적절하게 사용한 반면, 성취 수준이 낮은 학교에서는 교사들이 강화를 부적절하게 사용하였고, 종종 학생들이 잘못했을 때 정적 강화를 사용하였다.
5. **집단 편성 절차**: 성취 수준이 높은 학교에서는 집단 편성이 학습과정과 연계되어 학과별 · 수준별로 다양하게 사용되고 있었지만, 성취 수준이 낮은 학교에서는 주로 관리적 수단으로 사용되고 학습과정과의 연관성을 별로 가지지 못하였다.

6. **교수 게임(teaching game)**: 성취 수준이 높은 학교일수록 개별 학습보다는 팀 학습을 강조하는 학구적 게임을 더 많이 사용하였다.
7. **교장의 역할**: 성취 수준이 높은 학교의 교장들은 주로 학구적 문제에 관여하였고, 교실을 자주 방문하였으며, 보다 적극적으로 수업지도성을 보였다. 반면에 성취 수준이 낮은 학교의 교장들은 주로 행정가와 감독자처럼 행동하였고, 좀처럼 교실을 방문하지 않았다.
8. **교직원의 관여**: 성취 수준이 높은 학교에서는 교직원들이 학생들에게 긍정적 태도를 보인 반면, 성취 수준이 낮은 학교에서는 교직원의 관여가 별로 논의되지 않았고, 교사들은 학생의 성취에 관해 그들이 할 수 있는 것이 적다고 믿었다.

4) 에드먼즈의 연구

학교효과성 연구의 대표적인 초기 연구로는 미국의 에드먼즈(Edmonds, 1979)와 영국의 루터 등(Rutter et al., 1979)의 연구가 있다. 이 두 연구 모두 학교는 학생들의 학업성취에 작지만 중요한 차이를 나타내는 영향을 미친다는 결론을 내리고 있다. 학교효과성 연구의 선구자라 할 수 있는 에드먼즈(1979, 1982)는 학생의 학업성취와 관련된 요인을 도출하여 소위 학교효과성의 '다섯 가지 요인 이론(five factor theory)'을 제시하였다. 효과적인 학교의 다섯 가지 특성 요인은 다음과 같다.

1. 학교장의 강력한 지도성(특히 수업 문제에서)

2. 학업성취에 대한 교사들의 높은 기대
3. 기초 기능의 강조
4. 질서 정연한 환경
5. 빈번하고 체계적인 학생 진도의 평가

에드먼즈와 그 동료들은 효과적 학교의 특성 요인을 기술하는 것보다 학교, 특히 도시 빈민 지역에 있는 학교들을 '효과적 학교'로 만드는 데 더 큰 관심을 가졌다. 그래서 에드먼즈를 학교효과성 연구뿐만 아니라 학교개선 연구의 선구자라 평가한다.

5) 루터 등의 연구

학교효과성에 대한 종단적 연구로 잘 알려진 루터와 그의 동료들(Rutter et al., 1979)의 연구는 런던에 있는 12개 중등학교를 대상으로 하였다. 연구자들은 학교의 과정 변인들과 학생들의 시험 성적 간의 관계를 상관계수와 회귀분석을 사용하여 분석하고, 학교의 과정 변인은 학생의 시험 성적에 의미 있는 영향을 준다고 결론을 내렸다. 루터 등의 연구에서 나타난 효과적인 학교과정에는 다음과 같은 것이 포함된다.

- 상벌체제: 보상, 칭찬, 격려를 많이 사용
- 학교환경: 좋은 근무 조건과 보살핌 그리고 좋은 학교 건물
- 책임 있는 위치에 있는 학생들의 높은 수준
- 학업적 압력: 숙제, 분명한 학업목표 설정과 높은 기대
- 교사의 모범적 행동
- 효과적인 학급경영: 수업 준비, 신중한 훈육, 좋은 행동에 대

한 보상과 수업 방해 행위의 최소화

• 확고한 지도성과 교사 참여의 결합

6) 퍼키와 스미스의 연구

퍼키와 스미스(Purkey & Smith, 1983)는 학교효과성에 관한 그동안의 문헌을 종합적으로 분석하여 효과적 학교의 특성을 조직-구조적 차원과 과정 차원의 두 가지 차원으로 나누어 모두 13개의 변인으로 분류하였다. 퍼키의 연구는 학교효과성의 다른 연구와는 달리 학교조직의 측면이 학교효과성의 중요한 요인임을 밝히고 있다. 즉 학교의 규범, 관습, 가치, 기술, 교육과정 등이 결합되어 형성된 학교문화 혹은 풍토가 학교효과성과 밀접히 관련된다는 것이다. 두 가지 차원의 효과성 변인은 다음과 같다.

조직-구조적 차원

1. 학교단위(자율적) 경영
2. 수업지도성
3. 교직원 안전성
4. 교육과정 계획과 조직
5. 전 교직원의 개발
6. 학부모의 참여와 지원
7. 학업성취에 대한 전교적 인정
8. 학습시간의 극대화
9. 지역 교육청의 지원

과정 차원

1. 동료 간 협동적 계획과 동료 간 협동적 관계
2. 공동체의식
3. 분명한 목표와 높은 (학습)기대
4. 질서와 훈육

3. 효과적인 학교의 특성

효과적인 학교의 특성에 관한 연구를 가장 포괄적으로 검토·종합한 최근의 연구로는 레빈과 레조트(Levine & Lezotte, 1990)의 연구와 새먼스, 힐먼과 모티모어(Sammons, Hillman, & Mortimore, 1995)의 연구 두 가지를 들 수 있다. 레이놀즈와 테들리(Reynolds & Teddlie, 2000)는 이 두 연구를 다시 종합하여 효과적인 학교의 과정 특성을 아홉 가지 특성 요인으로 정리하였다. 그것은 (1) 효과적인 지도성, (2) 효과적인 교수, (3) 학습에 초점, (4) 긍정적 학교문화, (5) 높은 기대, (6) 학생의 책임과 권리 강조, (7) 모든 수준에서 진보의 점검, (8) 교내 교직원 개발, (9) 건설적인 학부모 참여 문화 등이다(〈표 6-1〉). 각 특성을 좀 더 자세히 검토해 보겠다(Reynolds & Teddlie, 2000).

〈표 6-1〉 효과적인 학교의 과정 특성

과정	과정의 요소
1. 효과적인 지도성 과정	• 단호하고 유목적적임 • 과정에 다른 사람들을 포함시키기 • 수업지도성 발휘 • 빈번한 개인적 점검 • 교직원 선발과 교체
2. 효과적인 교수과정	• 수업시간의 최대화 • 성공적인 집단화와 조직 • 최고의 교수 실제 제시 • 실제를 교실의 개별 사항에 적용
3. 학습에 대한 초점의 개발과 유지	• 학업에 초점 • 학교 학습시간의 최대화
4. 긍정적인 학교문화 창조	• 공유된 비전의 창출 • 정돈된 환경 조성 • 긍정적 강화 강조
5. 모두에 대한 높은(적절한) 기대 창출	• 학생들에 대한 • 교직원에 대한
6. 학생의 책임과 권리 강조	• 책임 • 권리
7. 모든 수준에서의 진보에 대한 점검	• 학교수준에서 • 교실수준에서 • 학생수준에서
8. 학교 현장에서 교직원의 기술 개발	• 현장 중심 • 운영되고 있는 전문성 개발
9. 생산적이고 적절한 방식의 학부모 참여	• 부정적인 영향 완화 • 학부모들과 생산적인 상호작용 자극

효과적인 지도성

학교효과성 연구에서 교장 지도성의 중요성을 언급하지 않는 연구는 없다. 그만큼 교장 지도성은 효과적인 학교의 핵심 개념이 되고 있다. 효과적인 지도성이 지니고 있는 특성은 다음 몇 가지다.

효과적인 지도성의 첫 번째 특징은 확고하고 목적 지향적인 지도성이다. 이는 학교나 교직원에 대한 외부의 압력이나 급격한 변화를 막아 내고 완충 역할을 할 수 있는 강력하고 확고한 지도성이다. 이런 지도성을 지닌 교장은 과업 지향적이고, 학교발전을 위한 변혁적 지도성을 발휘한다.

효과적인 지도성의 두 번째 특징은 다른 사람이 과정에 참여하게 하는 참여적 지도성이다. 참여적인 지도성은 의사결정과정에 중간관리자와 교사를 참여시키고, 그들의 의견을 존중한다. 이런 지도성을 가진 교장은 교직원들과 함께 전문적 지도성을 공유하고자 한다(Teddlie & Stringfield, 1993).

효과적인 지도성의 세 번째 특징은 수업지도성이다. 수업지도성은 수업이 학교의 목적이라고 생각하는 교장의 신념과 관계된다. 머피(Murphy, 1990)가 종합 검토한 수업지도성의 네 가지 영역은 다음과 같다.

- **목표의 개발과 전달** 제한된 수의 잘 정의된 목표를 개발하고, 그것을 모든 학교 구성원에게 전달하는 것
- **교육 생산 기능 관리** 수업장학을 하고, 수업시간을 배정하고 보호하며, 교육과정을 조정하고, 학생진보를 점검하는 활동들을 통해 학교의 교육 생산 기능을 관리하는 것
- **학구적 학습풍토 조성** 학생에 대한 긍정적 기대를 포함하

여 높은 수준의 개인적 만남을 유지하고, 교사와 학생들에게 동기 유발을 위한 유인가를 제공하며, 교사의 전문성 발달을 촉진하는 활동들을 통해서 학구적인 학습풍토를 조성하는 것
- **지원적 근무환경 개발** 안전하고 질서 있는 환경 조성을 비롯하여 의미 있는 학생 참여의 기회를 제공하고, 교직원 협력 체제를 개발하며, 학교를 지원하는 외부 자원과 가정, 학교 간의 연계를 확고히 하는 활동들을 통해서 지원적인 근무환경을 조성하는 것

효과적인 지도성의 네 번째와 다섯 번째 구성 요소는 학교생활에서의 두 가지 직접적인 참여로 이루어져 있다. 그것은 교직원의 과업수행에 대한 빈번한 개인적 점검과 교직원의 선발과 교체다. 개인적 점검은 수시 교실 방문, 일상적인 활동에서 교직원의 비형식적인 대화, 의사결정 현장에서 지도 조언, 그리고 더 일반적으로 '순시에 의한 경영'으로 특징지어진다. 딜과 페터슨(Deal & Peterson, 1990)은 개인적 점검을 교장이 실질적으로 학교문화를 형성하는 방식이라고 지적하고 있다. 또한 유능한 교사의 신규 채용, 무능한 교사에 대한 개선 또는 퇴출 압력으로 나타나는 교직원 선발과 교체는 효과적인 지도성의 특성이다.

교사와 교수 효과성

효과적인 학급 학습환경 조성은 효과적인 학교들의 특성이다. 학습 수준 또는 학급 수준의 변인들은 학교 수준의 변인들보다 학교 성과의 질을 결정하는 데 더 중요하다는 사실이 분명하기 때문이다(Creemers, 1994). 학생들의 학습에서 교사와 같이 직접적으로 영

향을 주는 요인들이 학교나 학군처럼 간접적으로 영향을 주는 요인보다 더 중요하다(Stringfield, 1994).

수업의 효과성을 결정하는 데 중요한 것은 첫째로 시간 관리다. 즉, 수업시간을 극대화하고, 낭비되는 시간을 최소화하는 것이다. 수업을 정시에 시작하고 정시에 마치는 것이 중요하며, 행정적 사무나 훈육 또는 수업 내용과 무관한 주제, 화제, 활동 등으로 수업시간을 낭비하지 않는 것이 중요하다(Brookover et al., 1984; Mortimore et al., 1988; Alexander, 1992; Slavin, 1996). 특히 학생들과 상호작용하는 시간 비율을 극대화하는 것이 중요하다(Rutter et al., 1979; Alexander, 1992).

둘째로, 효과적인 수업은 효과적인 학급조직으로 특징지어진다. 특히 미리 수업 준비를 하는 것이 중요하며, 수업목표를 분명하게 설명하고, 실제 교육과정과 학습 내용 자료를 명확히 하는 것이 모두 중요하다. 또한 수업의 구조화가 중요하다. 수업의 구조화에는 학생들이 수행할 과업을 분명하게 알려 주고, 교육과정 자료를 학습단위에 맞추어 분할 사용하며, 기본적인 기능 습득을 가능케 하는 구조의 확립이 포함된다.

셋째로, 학급수준에서의 효과적인 학습은 효과적인 수업 실제와 관련된다. 효과적으로 질문하기, 낭비 없는 학습시간 관리, 학급에서 과업 중심 유지, 신속한 수업 진행, 훈육 문제의 예방과 질서유지, 온정적이고 수용적인 학급풍토 조성 등은 효과적인 교사의 수업 행동들이다.

넷째로, 학습자의 특성에 맞는 실제의 적용은 효과적인 수업의 마지막 구성 요소라고 할 수 있다. 효과적인 교사는 학습자 수준에 적합하게 수업 및 교육과정을 운영한다.

학습에 초점

학구적인 목표와 과정의 중요성에 초점을 두어 학업을 강조하는 것은 효과적인 학교의 핵심적인 특징이다. 이것은 다음과 같은 요인에서 나타난다.

- 상급 학교의 입학시험 합격률이 높다.
- 숙제를 활용하고 학습상태를 정기적으로 점검한다.
- 학구적인 경쟁이 권장되는 학생문화 또는 학교풍조가 있다.
- 핵심적인 학습기능 숙달에 노력한다. 이를 위해 교수–평가–재교수의 과정을 반복하는 교수 방법을 활용한다.
- 교과영역 내 또는 교과영역 간의 다양한 교육과정 활용을 제공함으로써 학생들이 폭넓은 교육과정 내용 또는 학습 기회를 갖게 한다.

그 외 학습에 초점을 두는 학교는 가용한 학습시간을 극대화하려고 한다.

긍정적인 학교문화 형성

연구에 의하면, 효과적인 학교는 교직원들이 공유하는 비전 또는 임무를 지니고 있다. 홉킨스 등(Hopkins et al., 1994)은 동료 간의 협력과 원활한 의사소통, 그리고 목표에 대한 폭넓은 동의로 나타나는 공동체의식의 중요성을 지적하고 있다. 많은 연구들은 학교의 목표에 대한 합의가 효과성과 밀접히 관련되어 있음을 시사하고 있다.

실제에서는 일관성 또한 중요하다. 모티모어 등(Mortimore et al., 1988)은 학교교육과정에 대한 일관된 접근은 학생의 학업 향상에 긍정적 영향을 미친다고 하였다. 루터 등(Rutter et al., 1979)은 규칙의 적용과 훈육 통제에서 일관성은 보다 효과적인 학교에서 나타나는 특징이라고 하였다.

교직원 간의 동료정신과 협력 역시 중요하다. 학교 의사결정과정에 교사 참여가 긍정적인 효과를 낳는다는 것은 앞에서도 지적한 바 있다. 실로 학교 교직원의 '주인의식'의 중요성은 많은 학교개선 문헌에 언급되고 있다(Fullan, 1991; Hopkins et al., 1994). 모든 구성원들이 좋은 실제를 공유하고, 서로 중요한 친구로서 행동하며, 전문성 향상을 위한 동료 장학 또는 상호 교육에 참여하는 동료 교사 간의 학습공동체 형성은 긍정적인 학교문화의 창조뿐만 아니라 그 유지에도 핵심적인 것이 분명하다.

학교 내의 질서 또한 긍정적인 풍토 형성에 중요하다. 효과적인 학교를 어떻게 형성할 것인가에 관한 초기 이론들은 효과적인 학교의 핵심 요인 중의 하나로 질서유지에 초점을 두고 있다(Edmonds, 1979). 이는 학교수준에서 질서, 훈육 및 사회적 통제가 이루어지지 않으면 교실에서 교사가 학생들의 주의를 집중시켜서 밀도 있는 학습활동을 전개하기가 어렵기 때문이다. 학교안전에 관한 많은 연구들은 학생통제를 학습의 선행 조건으로 파악하고 있다.

학생을 위한 긍정적인 학교풍토는 매우 중요하다. 엄한 벌, 지나치게 엄격한 통제, 그리고 이에 따른 긴장과 학생의 교사에 대한 부정적인 태도는 적대적인 학생문화를 만들어 낸다(Mortimore et al., 1988; Rutter et al., 1979).

올바른 행동, 성취, 노력과 특성에 대한 보상은 생산적인 풍토를 조성한다. 교사효과성에 관한 많은 연구들은 보상이 행동 후에 즉각적으로 주어지고, 개인 간 차별을 두지 않고 공정하고 구체적이며 다양하게 주어질 때 효과적이라고 제안한다.

성취와 행동에 대한 높은 기대

학생에 대한 높은 기대와 이런 기대를 학생이 인식하도록 전달하는 것은 거의 모든 효과적인 학교 연구에서 발견되는 일관된 결과다. 실제로 학교효과성에 관한 많은 문헌들은 이 요인의 중요성을 지적하고 있다. 기대는 말뿐만 아니라 행동이나 보상을 통해서 확실하게 학생들에게 전달되어야 한다. 학생에 대한 높은 기대는 앞에서 설명한 학교효과성의 요인들, 예컨대 시간 관리, 교장 지도성, 긍정적인 학교풍토 등과 밀접히 관련되어 있고, 또한 적극성, 통제에 대한 분별력, 학교교육에 대한 신념과 같은 또 다른 교사 변인과 관련을 맺고 있음이 연구들에 의해 나타난다.

학생에 대한 높은 기대는 또한 교장의 교직원 집단에 대한 높은 기대와 연계된다. 교장의 교직원에 대한 기대는 다음과 같은 영역에서 나타난다.

- 신규 임용 교직원이 근무하기 전에, 특히 신규 교직원 연수과정에서 학교를 이해하기를 기대
- 교직원 개발활동에 높은 수준의 참여를 기대
- 학생 점검, 숙제 등의 영역에서 세부적인 관심 갖기를 기대
- 교직원들이 학생의 학업성취를 최우선순위의 목표로 삼기를 기대
- 교직원들이 낭비되는 시간이 없이 시간 관리를 잘하기를 기대

테들리 등(Teddlie et al., 1989)은 효과적인 교장은 "교실의 본래 모습을 지켜 준다."라고 언급하고 있다. 모든 교직원이 학생들에게

높은 수준의 학업성취와 행동을 기대하는 것은 분명히 효과적인 학교를 유지하는 요소임이 분명하다.

학생 책임감과 권리의 강조

좀 더 효과적인 학교에서는 학생들이 클럽활동, 자치제 활동 등 여러 학내 활동에 적극적으로 참여한다는 연구들이 있다. 학내 공식적인 조직활동에 관여하고 참여함으로써 학생들은 학교가 지향하는 가치와 목적을 이해하게 되고 책임감을 갖게 된다. 책임감은 학생들이 더욱 친사회적인 행동을 하게 한다. 또한 학생들에게 그들 자신의 과업에 책임감을 부여하고, 그들의 학습 상황을 자신들이 보다 더 통제하게 하는 것은 긍정적인 효과를 가져오리라고 본다.

모든 수준에서 학생진보의 점검

학생진보에 대한 점검은 학교효과성 연구에서 흔히 발견되는 요인이다. 빈번한 학생진보의 점검은 앞에서 소개한 에드먼즈(1979)의 다섯 가지 요인 이론 중의 한 요인이다. 학생진보의 점검이 긍정적인 효과를 내는 이유에는 다음과 같은 것이 있을 것이다.

- 학생진보의 점검은 프로그램의 영향과 질을 평가하기 위한 자료로 활용된다.
- 학생진보의 점검은 학생들에게 교사가 그들의 진보에 대해 관심을 가지고 있다는 것을 보이기 때문에 학생의 자아존중감과 동기에 긍정적인 효과를 미친다.
- 학생진보의 점검은 학교가 평가받는 핵심 목표에 초점을 두도록 한다.

- 학생진보의 점검은 보충수업과 재교육이 필요한 학생을 확인하는 데 사용될 수 있다.
- 학생진보의 점검은 학생진보를 분석하는 데(예를 들면 교과별 진보) 활용될 수 있다.

학생점검은 학교의 중심적 과업이 되어 계속되어야 하겠지만, 빈번한 시험이 부정적인 효과를 나타낼 수 있듯이 빈번한 점검은 역효과를 낼 수도 있다는 점도 유념할 필요가 있다.

더 나은 수업경영을 위한 학교수준에서의 점검과 평가체제의 활용은 효과적인 학교의 특징이기도 하며, 최근에는 학교개선 문헌에서 학교발전의 필수적인 요건으로 자주 언급되고 있다(Hopkins et al., 1994). 머피(1990)는 수업지도성 문헌의 분석을 통해서 수업지도자는 다음과 같은 점검활동을 포함하여 폭넓고 다양한 점검 행동을 한다고 하였다.

- 프로그램 검사
- 학생 수행에 관한 자료를 교사, 과, 학교에 피드백
- 학교목표를 성취하는 데 학교의 성공 수준 평가

교직원 개발

단위학교를 기반으로 한 교직원의 질 개발은 효과적인 학교의 중요한 특성이다(Austin & Holowenzak, 1985; Hallinger & Murphy, 1985; Mortimore et al., 1988). 교직원 개발 프로그램은 실제적이고 학교활동에 통합된 부분으로, 그리고 현장 중심으로 이루어지는 것이 중요하다. 학교의 핵심 임무와 관계없는 연수에 무분별하게 참가하는 것은 별 효과를 거두지 못한다. 학교가 계획한 발전과업의

우선순위에 따라 맞추어 이루어지는 교직원 개발 교육과 상호 학습, 점검, 협력정신으로 형성된 교직원 문화는 모두 중요하다.

학부모 참여

학부모 참여가 효과적인 학교의 특징적 요소라는 것은 연구에 의해 일반적으로 지지되고 있다(Armor et al., 1976; Levine & Lezotte, 1990). 하지만 학부모 참여의 효과는 그 형태에 따라 달라질 수 있다. 교실이나 여행에서 학생들을 직접 도와주는 학부모 참여는 효과가 있으나, 학교운영회 참여와 같은 간접적인 참여는 별로 효과가 없다(Sammons et al., 1995). 학부모 참여의 잠재적 유용성은 다음과 같은 영역에서 나타날 것이다.

- 학생에 대한 학교와 가정의 요구를 일치시키는 것
- 무보수 보조 교사의 역할
- 학교를 위한 모금 또는 자원 조달
- 숙제에 도움 주기
- 학생진보와 문제에 대한 정보를 학교에 제공
- 학생 개별 교사들 간의 연락

학교에 대한 비판 또는 불만을 말하기 위해 학교를 방문하는 것과 같은 형태의 학부모 참여는 비효과적이다. 그러나 많은 연구들은 학부모 참여의 긍정적 효과를 밝히고 있다. 효과적인 교장의 지도성은 학부모 참여를 촉진시키는 견인차 역할을 한다. 특히 학부모 참여가 일상화되어 있는 중류층 지역사회에서보다 학부모 참여가 적고 사회경제적 지위가 낮은 지역사회에서 학부모 참여가 나타나는 잠재력은 더 클 것이다.

4. 학교효과의 크기

학교가 어느 정도 학생들의 학업성취에 기여하는가 하는 학교효과의 크기는 효과적인 학교 연구의 중요한 과제였다. 그러나 학교효과의 크기에 대한 연구 결과를 요약하는 것은 어려운 일로 여겨진다. 그것은 학교효과성 연구들의 표집, 독립변인, 종속변인 그리고 통계적 분석 방법이 각기 다르기 때문이다. 그런데도 최근에는 학교효과의 크기에 대하여 종합적으로 검토한 연구 결과들이 보고되고, 이들은 학교효과의 크기에 대해 어느 정도 공통된 결론에 도달하고 있다.

학교효과에 대한 한 가지 분명한 사실은 학교효과의 크기는 몇 가지 주요한 상황 변인에 따라 달라진다는 사실이다. 그 상황적 변인은 학생의 사회경제적 지위(예: 중산층, 낮은 계층), 학교 급별(예: 초등, 중등), 그리고 연구가 수행된 국가들이다. 즉 학교수준의 효과의 크기는 학생의 사회경제적 지위에 따라, 학교 급별에 따라, 그리고 국가에 따라 차이가 난다는 것이다.

여기에서는 최근에 수행된 셰렌스(Scheerens, 1992), 셰렌스와 크리머스(Scheerens & Creemers, 1995), 레이놀즈(1992), 보스커와 비치어스(Bosker & Witziers, 1996)의 연구 결과들을 테들리, 레이놀즈와 새먼스(Teddlie, Reynolds, & Sammons, 2000, ch.3)가 정리한 내용을 중심으로 살펴본다.

셰렌스(1992)는 학교효과의 크기를 추정한 12개의 미국과 영국의 학교효과성 연구와 16개의 네덜란드 학교효과성 연구들의 결과를 종합 분석하여 다음과 같은 결론을 내리고 있다. 그는 네덜란드의 학교효과성 연구를 살펴보았을 때 학교 간 평균 변량은 총변량의 11% 또는 12%에 이른다고 결론을 내리고 있다. 그는 또한 이 퍼센트는 미국과 영국 연구의 결과들과 별로 차이가 나지 않는다고 하였다(Scheerens, 1992: 70). 말하자면, 학생학업성취 총변량의 11~12%는 학교요인의 차이에 기인한다는 것이다.

셰렌스와 크리머스(1995)의 42개의 네덜란드 연구(29개의 초등학교 수준 연구; 13개의 중등학교 수준 연구) 결과도 기본적으로 같은 결론에 도달하고 있다. 그들은 초등학교 수준에서 개별 학생 변량의 9.5%는 학교 간 요인들에 기인하는 반면에, 중등학교 수준에서는 개별 학생 변량의 13.5%가 학교 간 효과에 기인한다고 결론을 내리고 있다. 영국 문헌을 종합 분석한 레이놀즈(1992)는 지난 5년 동안의 많은 연구들은 학교 간의 차이로 기인되는 학생 산출에서 변량의 8~15%만 보여 주고 있다고 하였다.

보스커와 비치어스(1996)는 학교효과를 추정하기 위해 다면분석(multi level analysis)한 103개 연구 결과를 요약하는 통계적 메타분석을 하였다. 다면분석을 한 학교효과 연구의 결과만을 분석 대상에 포함하기 때문에 초기 20년간(1966~1986)의 학교효과성 연구들은 자동적으로 제외되었다. 이 연구는 두 가지 전반적인 결론을 내리고 있다. 첫째, 메타분석은 검토된 모든 연구를 통해서 학교수준 요인들이 학생수준 성취에서 총(조정되지 않는(unadjusted)) 변량의 18%를 (학교수준 요인들이) 설명하고, 학생수준 성취에서 잔여(학생 배경 변인에 대해 조정된) 변량의 8%를 설명한다고 지적하였다. 둘째, 메타분석은 제3세계 국가들의 학교효과성 연구들이 가장 큰 학교효과를 보고하고, 다음으로 북미 연구들이, 그 다음으로는 영국, 네덜란드, 태평양 연안의 산업국가의 연구 순으로 학교효과의 크기를 보고하였다. 따라서 학교수준에 귀인할 수 있는 변량 퍼센트의 추정치는 일반적으로 보고되는 학교효과 크기에 비해 제3세계 국가들의 연구에서 가장 높게 나타났다. 미국의 연구만을 표집으로 한 연구에서 보스커와 비치어스(1996)는 학교요인이 학생수준 성취에서 총(조정되지 않은)변량의 평균 21%를 설명하고 잔여 (학생 배경에 조정된) 변량의 10%를 설명한다고 결론을 내리고 있다.

크리머스, 레이놀즈, 스트링필드와 테들리(Creemers, Reynolds, Stringfield, & Teddlie, 1996)는 최근에 학교효과성의 종단적 국제 연구 자료를 토대로 국가별 학교효과성의 크기를 보고하고 있다. 이 자료는 학생성취에서 학교수준 요인에 귀인되는 변량이 미국 표집(16~17%)이 영국 표집(8~11%)이나 다른 나라의 표집(0~11%)보다 많음을 보였다.

5. 학교효과성 연구의 공헌

학교효과성 연구가 거둔 다음과 같은 성과는 학교효과성 연구의 공헌이라 할 수 있다(Harris, 2001).

첫째로 학교효과성 연구는 학교가 학생의 교육적 그리고 사회적 성취에 차이를 만들어 낼 수 있다는 것을 증명해 보였다. 학교효과성 연구의 가장 큰 공헌은 학생들의 학업성취나 생애 기회에 학교는 별 영향을 미치지 못하고 사회경제적 가정환경이 더 큰 영향을 미친다고 하는 학교교육에서 사회학적 결정론과 학습에 관한 개인적 심리학 이론을 물리치고, 모든 학생들은 그들의 사회 · 경제적 상황과 관계없이 학습할 수 있다는 낙관적 결론을 제시하였다는 것이다.

둘째로 학교효과성 연구는 일관되게 효과적인 학교는 덜 효과적인 학교보다 구조적, 상징적 그리고 문화적으로 더 단단히 결합되어 있다는 사실을 보여 주고 있다는 점이다. 효과적인 학교는 개별적으로 흩어진 하위 체제들의 느슨한 집합체로서가 아니라 보다 유기체적인 전체로서 작동한다. 따라서 많은 학교개선 프로그램은 학교의 구조적 그리고 문화적 변화를 촉진하는 데 초점을 둔다.

마지막으로 학교효과성 연구의 가장 강력하고 지속력 있는 교훈은 교사가 학생의 교육적 그리고 사회적 성취의 가장 중요한 결정인자라는 것이다. 학교효과성의 연구자들은 계속적으로 교사효과성이 학교효과성에 미치는 기여를 증명하여 왔다.

하지만 학교효과성 연구에 대한 비판도 제기되고 있다. 그것은 학교효과성이 목표 모형에 의거하여 학교의 효과성을 학업성취로 국한하고 있으며, 학교효과성 연구가 구조적이고 기술적인 측면만 다룬 채 문화의 과정을 무시하고, 학교 밖의 환경과 학교제도의 틀 속에서 다른 체제와의 관계를 고려하지 않았다는 것이다(Creemers, 1994).

제7장

학교개선

1. 학교개선
2. 학교개선을 위한 프로그램
3. 성공적인 학교개선 프로그램의 특성
4. 학교개선을 위한 내부 조건: 학교의 발전능력
5. 상황에 적합한 학교개선 전략
6. 학교개선 연구의 공헌

학교개선 연구는 학교효과성 연구와 더불어 교육정책과 실제에 많은 영향을 미쳐 왔다. 이 장에서는 학교개선의 역사와 의미를 살펴본 후 대표적인 학교개선 프로젝트, 성공적인 프로젝트의 특성, 학교의 발전능력으로서 학교개선을 위한 내부 조건, 개선 전략의 상황 적합성, 그리고 학교개선 연구의 시사점과 공헌을 살펴보겠다.

1. 학교개선

1) 학교개혁과 학교개선

과거 30년간 학교개선(school improvement) 연구는 교육정책과 실제에 많은 영향을 끼쳐 왔다. 학교효과성 연구에서 입증된 바와 같이 학교는 차이를 만들 수 있다는 메시지는 학교개선의 노력을 촉진하였으며, 다양한 학교개선 프로그램의 개발과 연구가 활발히 이루어졌다. 그런데 학교효과성 연구와는 대조적으로 학교개선 연구는 학교교육의 과정에 관심을 집중하였다. 학교개선 연구의 초점은 학교변화의 과정과 그런 변화를 성취하는 데 필요한 개선 전략에 있었다. 학교개선 연구자들의 관심은 성취 결과보다는 과정 처치를 강조하는 학교발전에 있다. 즉 그들의 주된 관심은 어떻게 학교가 변화하고, 보다 효과적으로 되는가를 이해하는 데 있었다.

제3장에서 서술한 바와 같이 학교를 변화시키려는 학교개선의 노력은 역사적으로 다양한 활동을 통해서 전개되어 왔다. 1960년대 중반, 미국을 위시한 여러 나라들이 학생의 학업성취를 위하여 새로운 교과서와 학습자료를 개발하여 학교에 보급한 사례는 계획적인 학교개선의 초기 노력으로 평가된다. 그 당시 개발되었던 학습자료의 질은 매우 높았지만, 교사의 준비와 참여의 결여로 실제적인 효과는 거두지 못했다. 1970년대는 조직개발(OD)이 학교에 활발히 적용되었던 시기이기도 하다. 1960~1970년대의 학교개선은 대부분 외부에서 개발된 프로그램을 학교에 강제적으로 적용하는 '위에서 아래로'의 접근 방식이었다. 이러한 접근 방식은 학교 현

장의 호응을 얻지 못해 효과를 거두지 못했으나 변화과정의 복잡성을 이해하는 계기가 되었다.

1980년대의 학교개선은 각국이 추진한 교육개혁의 큰 틀 속에서 추진되었다. 각국이 추진한 교육개혁은 그 나라의 실정에 따라 달랐지만 교육개혁의 초점은 공통적으로 교육과정(교육과정 요구의 강화, 기본 교과의 강조), 책무성(학생평가와 평가 결과 공개, 학교의 외부평가), 분권화(하위 행정기관으로 권한 이양, 단위학교로 의사결정 권한의 분권화, 단위학교책임경영제), 학부모의 참여(학부모의 학교 지배 구조 참여), 시장 요소(시장의 경쟁 요소 도입, 학부모의 학교선택권), 교사의 지위(교사와 교직단체에 대한 정부의 일방적 결정, 교사 권한의 부여) 등이었다. 이러한 폭넓은 개혁의 범위 내에서 학교개선이 추진되었다.

이 시기에 추진된 교육개혁은 학교개선의 측면에서 보면 한계를 지니고 있었다. 홉킨스(Hopkins, 2001)는 그 한계를 다음의 세 가지로 설명하였다(pp. 4-5). 첫째, 많은 개혁이 학생들의 행위에 직접적으로 영향을 미치는 변인보다는 간접적으로 영향을 주는 변인들, 예컨대 분권화, 외부 평가, 조직개발(OD), 교사평가 등에 초점을 둠으로써 학생의 학업성취에 긍정적인 영향을 미치지 못했다. 둘째, 비록 교수-학습에 초점을 두었더라도 그것만으로는 학교개선의 충분조건이 되지 못한다. 성공적인 학교개선을 위해서는 교수-학습 실제의 개선과 더불어 이를 지원하는 학교의 조직적 조건의 개선이 동시에 이루어져야 한다. 셋째, 대부분의 개혁은 체제적 관점이 결여되었다. 개혁이 단일 요인의 변화에 국한되고, 개혁과 관련되는 요인들의 변화가 일관성 있게 수반되지 못함으로써 체제 전체에 의미 있는 변화를 가져오지 못했다. 달리 말하면 개혁이 수평적으로 확장되지 못하고, 수직적으로도 심화되지 못했다. 이와 비슷한 결과는 학교재구조화에서도 나타나고 있다.

1980년 중반부터 학교개선은 학교재구조화를 통해서 추진되었다. 그래서 많은 학교들은 학교개선을 학교재구조화와 동일시하였다(Harris, 2002: 6). 학교재구조화는 학생의 학업성취를 향상시키기 위하여 기존 학교의 구조와 기능을 변화시켜서 새로운 학교조직과 경영체제를 구축하고자 한 것이다. 학교재구조화의 방향은 분권화, 내적 조건의 분화, 그리고 자율적 활동 단위를 특징으로 하는 유기체적인 조직 형태다. 학교재구조화의 요소에는 직무역할과 조직풍토, 학교와 환경과의 연계를 포함하여 조직과 지배 구조, 그리고 교육과정과 교수·학습과정이 포함된 핵심 기술체제 등의 체계적인 변화가 포함된다. 학교재구조화에는 또한 학교의 교육적 과정에 참여하는 구성원들 간의 관계에서 근본적인 변화가 포함된다(Murphy, 1991: 15). 이와 같은 시기에 학교효과성 연구 결과들이 발표되었으며, 대규모 학교개선 프로젝트들이 실시되었다. 또한 이 기간에 변화과정의 역동성, 학교개선을 위한 전략, 연구 결과들의 종합 등 학교개선에 관한 많은 연구들이 수행되었다(Reynolds et al., 2000: 209). 이러한 학교효과성 연구와 학교개선 연구의 결과는 학교재구조화에 활용되었다.

그러나 학교재구조화에서도 체제적 관점의 결여에 의해 관련 요인들 간에 일관성 있는 변화가 이루어지지 못했다. 엘모어(Elmore, 1990)는 진정한 학교교육의 변화를 위해서는 학교재구조화에 세 가지 측면이 공통적으로 포함되어야 한다고 제안하였다. 그것은 (1) 학교에서 교수하고 학습하는 방식을 변화시키는 것, (2) 학교의 조직과 내적 특성, 즉 근무활동의 조건을 변화시키는 것, (3) 학교와 조직 고객 간의 권력 배분을 변화시키는 것이다. 엘모어는 이 세 가지가 동시에 이루어지지 않으면 학생 성과에서 괄목할 만한 향상이나 학교의 핵심 목표를 성취하기가 어렵다고 주장한다. 성공적인 학교재구조화를 위해서는 학교구조의 심층적 변화가 수반되어야 한다.

최근 들어 학교개선은 변화경영에 초점을 두고 있다. 변화과정과 효과적인 학교에 영향을 주는 요인에 대한 지식은 학교교육의 질 향상을 위해서 필요하지만 충분조건은 아니다. 성공적인 학교개선을 위해서는 변화의 관리가 요구된다(Fullan, 1991). 학교개선 전략과 연구 결과를 학교 현실에 실제적이고 체계적이며 적합하게 적용하는 변화과정에 대한 경영은 오늘날 학교개선의 관심사다.

2) 학교개선의 정의

학교개선이라는 말은 여러 가지 의미로 사용된다. 가장 일반적인 의미는 학교를 아동과 학생들이 학습하기에 보다 좋은 장소로 만들려는 일반적인 노력과 관련된다(Hopkins, 2001: 11). 이 의미에는 임시방편적인 접근에서부터 원칙에 입각한 체계적인 전략에 이르기까지 다양한 형태의 학교개선활동이 광범위하게 포함된다. 이 책에서 소개되는 여러 가지 학교개선 전략, 이론, 기법 등도 이 범주에 속한다.

한편 학교개선은 보다 기술적으로 또는 구체적으로 정의된다. 국제 학교개선 프로젝트(ISIP)에서 반 벨젠 등(van Velzen et al., 1985)은 학교개선을 "교육목표를 보다 효과적으로 성취하려는 궁극적인 목적을 지니고, 학교의 학습조건과 여타 관련되는 내적 조건들의 변화를 목적으로 하는 체계적이고 지속적인 노력"(p. 3)이라고 정의하였다. 홉킨스(1996)는 학교개선을 "변화를 경영하는 학교의 능력을 강화하는 것과 더불어 학생의 학습결과를 증진시키는 교육적 변화를 위한 전략"(p. 32)이라고 정의하였다. 이러한 정의들은 교수-학습과정과 그것을 지원하는 조건의 변화를 통해 학생의 학업성취를 향상시키는 데 관심을 갖는다.

학교개선은 기본적으로 학교가 변화와 발전의 중심이 되는 자기쇄신적 접근 방법이다. 자기 쇄신적 접근 방법으로서 학교개선은 다음과 같은 가정에 근거한다(van Velzen et al., 1985; Hopkins, 1987, 1990).

- 학교는 자신을 향상시킬 수 있는 능력을 가지고 있다는 신념
- 학교개선은 문화적 변화가 수반되어야 한다는 신념
- 학교의 문화적 변화는 개별 학교 내의 내적 조건을 변화시킴으로써 가장 잘 성취할 수 있다는 신념

이러한 가정들은 학교 구성원들의 일하는 방식에 영향을 줌으로써 학교의 내적 실제를 변화시키는 데 큰 관심을 갖는 학교개선을 강조한다. 이 가정들에는 학교문화는 변화될 수 있고, 문화적 변화는 학교의 내적 조건의 변화를 통해서 성취할 수 있다는 믿음이 내포되어 있다(Harris, 2002: 11). 이러한 핵심적 가정은 다음 절에서 설명되는 OECD의 ISIP 프로젝트에서 보다 구체적으로 제시되고 있다.

2. 학교개선을 위한 프로그램

과거 20년 동안 이론적 기반, 접근 방식, 강조점 등이 다른 다양한 학교개선 프로그램들이 개발되어 사용되어 왔다. 여기에서 소개하는 프로그램들은 1980년 중반 이후 실시된 종합적이고 원리 실천적인 대규모 프로그램들이다. 이들 프로그램들은 교수-학습 개선과 조직경영 개선을 함께 추구하는 종합적인 성격을 지니고 있고, '모두를 위한 성공(SFA)' 프로그램을 제외한 모든 프로그램이 구체적이기보다는 학교 스스로가 '원리'를 실천하는 원리 실천적인 프로그램이다. 또한 '원리'에 동조하는 많은 학교들이 참여하여 네트워크를 구성하여 운영되는 대규모 프로젝트의 특징을 지니고 있다. 원리 실천적인 프로그램을 유기체적(organic) 프로그램으로, 구체적이고 처방적인 프로그램을 기계적(mechanistic) 프로그램으로 범주화하여 구별하기도 한다(Hopkins, 1994). 주요 학교개선 프로그램을 소개하겠다.

1) 본질적 학교연합(CES)

본질적 학교연합(Coalition of Essential School: CES)은 1986년 사이저(T. Sizer)가 설립한 중등교육 개선을 위한 전국 규모의 학교 연합체다. 이 학교연합(CES)은 학생의 학업성취 향상과 보다 교육적이며 인간적인 학교공동체 형성을 지향하는 '10가지 공동 원리'를 실천한다(Sizer, 1992). 이 10가지 원리는 학교가 학교계획의 우선순위, 학급 실제, 지도성, 지역사회와의 관계를 검토하고 관련 프로그램을 개발 · 운영하는 데 도움이 되는 지침이다. CES 프로그램에 참여하는 학교들은 공식적으로 문서화된 이 원리들을 그들의 학교 실정에 맞게 적용한다. 특히 이 프로그램에 참여한 학교 간에는 학부모, 행정가 그리고 교사들 간에 원칙의 공유, 정보 교환, 상호 격려와 조언, 우애 등 동료적 협력 관계가 강조된다.

각 학교의 실정에 맞게 적용되는 본질적 학교연합의 '10가지 공동 원리'는 다음과 같다(Snowden & Gorton, 2002: 149-152).

1. 학교는 젊은이들이 자신의 정신(mind)을 잘 개발할 수 있도록 학습하는 것을 돕는 데 초점을 두어야 한다.
2. 학교의 목표는 단순해야 한다. 각각의 학생들은 제한된 수의 기본적인 기술과 지식 영역을 습득해야 한다.
3. 학생들의 개인차에 따라 지도 방법은 다를지라도, 학교의 목표는 모든 학생들에게 적용되어야 한다.
4. 교수-학습은 최대한 실행할 수 있는 범위까지 개별화되어야 한다.
5. 교사는 교수 내용의 전달자로서의 교사이기보다는 연구자로서의 학생이 되어야 한다.
6. 중등학교에 입학한 학생들은 언어능력과 초등 수학능력을 갖추어야 한다.
7. 학교의 분위기는 적절한 기대, 신뢰, 품위의 가치를 강조해야 한다.
8. 교장과 교사들은 스스로를 첫째로는 교육자로, 둘째로는 교과 전문가로 인식해야 한다.
9. 최종적인 행정과 예산목표는 중 · 고등학교에서는 교사당 총

학생을 80명 이하로, 초등학교 수준에서는 20명 이하로 하는 것과 더불어 교사들 간의 협력적인 기획을 위한 실제적인 시간, 경쟁적인 체제로 지불되는 교직원 임금, 그리고 최종적인 학생당 비용이 전통적인 학교의 10% 이상을 초과하지 않게 하는 것이 포함되어야 한다.

10. 학교에서는 차별적이지 않고 포괄적인 정책, 실천 그리고 교육이 이루어져야 한다.

2) 학교발전 프로그램(SDP)

학교발전 프로그램(Comer School Development Program: SDP)은 1968년부터 오랜 기간에 걸쳐서 코머(J. Comer)와 그의 동료들이 예일 대학 아동연구센터에서 지역사회 정신치료와 아동발달 연구 경험을 토대로 개발한 프로그램이다(Comer et al., 1996). 미국의 많은 학교들이 채택하여 사용하고 있는 이 학교발전 프로그램은 전통적인 학교조직과 경영을 협력적 지배구조와 경영 팀으로 바꾸고, 학교와 지역사회의 봉사 프로그램을 통합하여 학교생활의 모든 측면에서 학부모의 참여를 확대하였다. 이 프로그램의 목적은 학생들의 학업성적을 향상시키고, 사회적 · 심리적 · 정서적 발달을 촉진하는 것이다. 학교발전 프로그램은 특별한 교육과정이나 수업방법을 제공하지는 않는다. 이 프로그램은 학교경영을 비롯하여 학교활동 전반에 걸쳐서 모든 학부모들을 참여시키는 데 그 특징이 있다.

코머의 학교발전 프로그램 과정은 (1) 세 개의 팀, (2) 세 가지 운영, (3) 세 가지 원리를 포함한다(Joyner, 1998: 862-864).

학교를 운영하는 세 개의 팀은 (1) 학교계획과 경영 팀, (2) 학생과 교직원 자원봉사 팀, (3) 학부모 팀이다. 학교계획과 경영 팀은 학교의 다양한 구성원 집단(교직원, 학부모, 때로는 학생)의 대표로 구성되며, 중요한 학교정책을 결정한다. 학생과 교직원 자원봉사 팀은 개별 학생들의 심리 · 사회적 필요와 신체적 건강에 관심을 가지고, 이와 관련된 학교 실제의 문제점을 찾아 개선책을 마련한다. 또한 이 팀은 학부모 그리고 지역사회와 협력하여 학생들의 정신적 · 육체적 건강을 위한 봉사활동을 한다. 학부모 팀은 모든 학부모들, 특히 과거에 학교 일에 참여하지 않았던 학부모도 참여하여 학교활동의 모든 수준에 걸쳐서 어떤 형태로든 참여하는 팀이다. 학교에는 다양한 활동을 하는 학부모 팀들이 형성되고, 학부모는 그들이 원하는 학부모 팀에 참여한다. 학부모 팀은 가정과 학교의 협력 관계를 강화함으로써 학생의 교육을 지원한다. 학부모의 참여는 학교발전 프로그램 성공의 관건으로 간주된다.

학교계획과 경영 팀은 세 가지 운영을 관리하는 책임이 있다. 이 팀은 합법적인 교장의 권한을 초월할 수는 없지만 학교지도자와 협력하여 학교개선의 전략을 개발한다. 이 팀의 첫 번째 운영 책임은 수업목적을 설정하고 학생들의 발달적 요구를 충족시킬 수 있는 프로그램을 개발하는, 1년 내지 2년 간의 중 · 단기 종합적 학교계획을 세우는 일이다. 두 번째 운영은 계획된 목표의 성취를 점검하고 평가하는 일이다. 세 번째는 교직원 개발 프로그램을 운영하는 것이다. 교직원 개발은 학교수준과 지역수준으로 이루어진다.

학교발전 프로그램의 지침이 되는 세 가지 원리는 (1) 협력적 진단과 계획, (2) 잘못을 따지지 않는 문제 해결, (3) 합의에 의한 의사결정이다. 협력(collaboration)은 이해 집단을 대표하는 사람들이 여러 가지 역할을 통해서 학교개선과 관련된 주요한 의사결정을 하는 것이다. 이 전략은 의사결정 참여자들이 학교 구성원들의 폭넓은 의견을 수렴하여 학교발전을 위한 계획을 수립하게 한다. 잘못을 따지지 않는(no-fault) 문제 해결이란 참여자들이 잘못한 사람이나 잘못된 사항을 찾아서 비판하는 대신 문제 해결에 초점을 두는 것을 말한다. 이 전략은 에너지를 소모적이고 비건설적인 데 쓰지 않고 문제 해결에 쓰게 한다. 합의(consensus)는 학교경영의 참여자가 조직 전체의 구성원에게 지지를 받을 수 있는 의사결정을 하게 한다. 소수에 의한 결정은 다수의 지지를 받지 못한다. 모든 사항에서의 합의에 의한 결정은 참여자가 문제에 대해 보다 깊이 이해하고 탐색하는 기회를 제공한다.

3) 모두를 위한 성공(SFA) 프로그램

'모두를 위한 성공(Success For All: SFA)' 프로그램은 슬래빈(R. Slavin)과 그의 동료들이 존스 홉킨스(Johns Hopkins) 대학에서 개발한 포괄적인 프로그램이다(Slavin et al., 1996). 미국에서 널리 사용되고 있는 이 프로그램은 초등학교 졸업 시기까지 학업에 실패한 학생들을 대상으로 읽기와 언어 기술을 향상시키는 프로그램이다. SFA는 두 가지 핵심적인 원리에 기초한다. 그것은 예방과 즉각적이고 집중적인 개입이다. 학교는 아동들에게 최적의 학습 프로그램을 제공하고, 학부모들은 그들의 아동이 학교에서 성공할 수 있도록 지원함으로써 학습문제를 예방한다. 학습문제가 나타났을 때는 교정을 위한 개입이 즉각적이고 집중적으로, 그리고 성공할 때까지 지속적으로 실시된다. 이때 교정 프로그램의 실시가 정규 프로그램에 참여하고 있는 학생들의 진로에 방해가 되지 않게 한다.

SFA는 다음과 같은 수업요소와 조직요소가 결합되어 있다.

- 읽기 프로그램: 연령에 관계없이 읽기 수준에 따라 수준별 읽기 프로그램을 실시한다. 프로그램에서 협력 학습이 사용된다.
- 읽기 개인교사: 개인교사가 학생을 1:1로 지도한다. 개인교습은 이 프로그램의 가장 중요한 요소 중의 하나다.
- 정기적 평가: 8주마다 프로그램의 진도를 평가하고, 그 결과를 반 재편성을 비롯하여 프로그램 운영에 활용한다.
- 입학 전 프로그램: 유치원 아동들에게 아동의 발달과 학습경험에 적합하고 읽기 학습과 예능 학습이 결합된 학습준비도 프로그램을 실시한다.
- 프로그램 촉진자: 프로그램 촉진자는 프로그램의 운영, 훈련, 실시 등 프로그램 전반을 관리하고, 프로그램 운영과 관련하여 교장, 교사, 학생을 돕는다.
- 교사와 현직 연수: 교사와 개인교사는 프로그램에 대한 장·단기 훈련을 받는다.

4) OECD의 국제학교개선 프로젝트(ISIP)

후속되는 학교개선 프로그램의 초석이 되는 국제학교개선 프로젝트(International School Improvement Project: ISIP)는 1982년에서 1986년까지 4년 동안 OECD 교육연구발전센터(Center for Educational Research and Development)의 후원하에 14개국의 학교와 관련 전문가 집단이 참여하여 추진된 대표적인 학교개선 프로젝트다(van Velzen et al., 1985; Hopkins, 1987, 1995). 이 국제학교

개선 프로젝트(ISIP)는 학교 자체 평가를 학교개선의 중요한 전략으로 간주하지만, 교육변화에 대해 보다 전체적이고 체계적인 관점을 갖는다. 교육변화를 시도할 때 ISIP는 교육변화의 중간 수준이라고 할 수 있는 학교개선에 초점을 두고, 교수-학습 과정을 향상시키는 것과 더불어 문제를 해결할 수 있는 학교의 능력을 강화시키며, 변화에 대해 학교가 보다 성찰적이 되게 하는 데 초점을 두었다.

ISIP는 '상부에서 하부로'의 보편적인 접근 방식과는 전혀 다른 새로운 변화 전략을 제안하였다. 그것은 학교가 변화의 중심이 되는 것이고, 학교가 변화의 중심에 설 때 새로운 관점의 변화 전략이 요청된다. 예를 들어 ISIP에서는 학교개선을 "교육목표를 보다 효과적으로 성취하는 궁극적 목적을 지니고, 학교의 학습 조건과 여타 관련되는 내부 조건에서의 변화를 목적으로 하는 체계적이고 지속적인 노력"으로 정의하였다(van Velzen et al., 1985: 48).

ISIP에 의하면, 교육변화의 접근으로서 학교개선은 다음과 같은 가정에 기초한다(Hopkins, 1994: 69).

- **변화의 중심으로서의 학교** 모든 학교는 똑같다고 가정하기보다 외부에서의 개혁은 개별 학교의 상황에 민감하여야 할 필요가 있다는 것을 의미한다. 이것은 또한 학교개선 노력은 학급을 무시하지 않으면서 '학급을 넘어서는(classroom exceeding)' 관점을 지닐 필요가 있다는 것을 함축한다.
- **변화에 대한 체계적인 접근** 학교개선은 오랜 기간에 걸쳐 면밀하게 계획되고 운영되는 과정이다.
- **변화의 핵심으로서 학교의 내부 조건** 변화를 위해 핵심이 되는 초점은 학교의 내부 조건이다. 학교의 내부 조건에는 학

교에서 수행하는 교수-학습활동뿐만 아니라 교수-학습과정을 지원하는 데 사용되는 학교 절차, 역할 배분, 자원 활용이 포함된다.

- **교육목표를 보다 효과적으로 성취하기** 교육목표는 학교의 특수한 임무를 반영하며, 학교 자체가 무엇을 바람직한 것으로 여기는가를 나타낸다. 이것은 교육의 산출이 학생의 시험 점수보다 더 폭넓게 정의되어야 함을 시사한다. 학교는 또한 학생의 보다 일반적인 발달 욕구, 교사의 전문적 발달, 그리고 지역사회의 요구에 이바지한다.
- **다면 수준의 관점** 비록 학교가 변화의 중심이라고 하더라도 학교 단독의 노력만으로 변화가 이루어지는 것은 아니다. 높은 수준의 질적 변화를 성취하기 위해서 학교는 협력적이고 공생적인 관계로 일하는 교육체제 속에서 다른 기관과 함께 변화를 추구하여야 한다.
- **통합적인 실행 전략** 이것은 '위에서 아래로'와 '아래에서 위로'의 전략 간의 연계를 의미한다. 물론 이 두 가지 접근은 체제 내에서 여러 상이한 수준에 적용될 수 있다. 이상적으로 '위에서 아래로' 접근은 정책목표, 전반적인 전략 그리고 운영 계획을 제공하고, '아래에서 위로' 접근 반응은 진단, 목표의 우선순위 설정과 실행 보충을 제공한다. 전자는 준거의 틀, 자원, 대안목록을 제공하고, 후자는 에너지와 학교 단위 실행을 제공한다.
- **제도화 추진** 변화는 그것이 학교에서 교사의 자연적인 행동의 일부가 되어야만 비로소 성공할 수 있다. 단순한 실행만으로는 부족하다.

5) 모두를 위한 교육의 질 개선(IQEA) 프로젝트

'모두를 위한 교육의 질 개선(Improving the Quality of Education for All: IQEA)' 프로젝트는 영국 케임브리지 교육대학(University of Cambridge Institute of Education)이 1991년부터 현재에 이르기까지 영국을 비롯한 몇 나라의 지방 교육청 및 학교와 협력하여 추진하는 프로젝트로서, 영국에서 가장 성공적인 학교개선 프로그램으로 평가되고 있다(Hopkins et al., 1997). IQEA는 학생들의 학업성취를 향상시키기 위하여 학교의 발전능력을 증대시키는 것을 목적으로 한다.

'모두를 위한 교육의 질 개선' 프로젝트(IQEA)는 학교개선에 대한 처방을 제시하기보다는 학교가 계속적으로 발전을 추진할 수 있는 학교의 내부 능력 또는 조건을 갖추는 데 초점을 둔다. 학교개선을 위한 학교의 능력 또는 조건은 학교 수준과 학급 수준, 이 두 개의 축으로 구축된다. 학교 수준에서는 발전을 유지하고 지속시킬 수 있는 조직적 · 경영적 조건을 마련하는 것이며, 학급 수준에서는 효과적인 교수-학습과정의 교실 조건을 마련하는 것이다. IQEA는 학교에 이러한 능력을 증대시킬 수 있는 원리가 포함된 개념적 틀을 개발하여 제공하고, 각 학교는 이 틀 안에서 자체의 필요를 분석하며, 우선순위를 정하고, 행동 계획을 수립하여 실천한다. 이러한 개선과정에서 IQEA 팀은 파트너로서 지원활동을 한다.

이 프로젝트에 참여하는 학교들이 실천해야 할 IQEA의 다섯 가지 원리는 다음과 같다(Hopkins, 2001: 64-65).

1. 학교개선은 학생 학습의 질을 향상시키는 데 초점을 두는 과

정이다.

2. 학교의 비전은 학교 지역사회의 모든 구성원을 학습자로서 그리고 지원자로서 포용하는 것이어야 한다.
3. 학교는 변화에 대한 외부 압력에서 학교의 내적 우선순위를 확인하는 중요한 기회를 발견한다.
4. 학교는 구조를 발전시키고, 협력을 권장하며, 개인과 집단에게 권한을 부여하는 조건을 형성하는 데 노력한다.
5. 학교는 점검과 평가의 질은 모든 구성원이 공유해야 할 책임이라는 생각을 갖게 한다.

이러한 IQEA의 접근 방식은 프로젝트에 참여하는 파트너들—학교, 교사, 지원 행정기관, IQEA 팀—사이의 계약에 기초한다. 계약은 프로젝트의 기본 지침과 참여자들 상호 간의 의무를 규정한다. 계약은 기대를 분명히 하고, 성공에 필요한 조건들을 확실히 하려는 것이다. 특히 계약에서는 모든 교직원이 자문받는 것, 학교 조정자를 지명하는 것, 비판적인 다수 교사들이 적극적으로 개발 작업에 참여하는 것, 학급과 교사 개발을 위한 충분한 시간을 확보하는 것 등이 강조된다. IQEA 팀은 지원체제를 조정하고, 정규적으로 학교를 방문하며, 교직원 훈련에 기여하고, 교직원 개발 자료를 제공하며, 각 학교의 프로젝트의 실행을 점검한다. 그리고 교직원 개발활동에 필요한 지침서와 비디오 등을 제작한다(Ainscow et al., 1994; Hopkins et al., 1997; Beresford, 1998; Harris, 1999; Hopkins and Harris, 2000; Hopkins, 2001).

3. 성공적인 학교개선 프로그램의 특성

학교개선의 접근 방식은 다르더라도 효과적인 학교개선 프로젝트들은 몇 가지 공통된 특성 또는 속성을 지니고 있다. 해리스(Harris, 2002)는 매우 성공적인 개선 프로그램들의 비교 분석을 통해서 밝혀진 효과적인 학교개선 프로그램의 특성을 다음과 같이 기술하였다(p. 29).

- 학급개선에 초점을 둔다.
- 구체적인 수업 또는 교수 전략을 활용한다. 그 전략들은 처방적 교수 모형에서 분명하게 기술된 것이다.
- 실행 단계에서 프로그램 착수를 확실하게 하는 외부 압력을 이용한다.
- 학교와 학급에 미치는 영향에 관해 체계적이고 평가적인 증거를 수집한다.
- 조직 내 여러 수준, 예컨대 학급, 과, 교사 수준에서 변화를 함께 일으킨다.
- 구조적 변화와 더불어 문화적 변화를 일으킨다.
- 교사들이 전문적 대화와 개발에 참여하여 활동한다.
- 외부 촉진자(agency)와 지원을 제공한다.

해리스(2002)는 성공적인 학교개선 프로그램들의 비교 분석은 개선 프로그램과 프로젝트들이 내용, 본질, 접근 방식에서 다를지라도 비슷한 특성을 공유하고 있음을 보여 준다고 하였다. 따라서 그 특성들의 핵심은 학교를 변화의 중심으로 보고, 교사를 학급의 변화와 발전을 위한 촉매자로 여기는 것이라고 하였다. 또한 그는 매우 효과적인 학교개선 프로그램에는 다른 것과 타협할 수 없는 요소가 있는데, 그것은 교수-학습에로의 초점, 전문성 개발에 대한 헌신, 그리고 권한의 위임으로 확산된 지도성이라 하였다(p. 29).

뉴먼 등(Newmann et al., 1996)은 1990년대에 학교재구조화 연구에 참여했던 수많은 교육구를 통해서 성공적인 학교를 이끈 핵심적인 특성으로서 다음과 같은 요인들을 들었다(Newmann & Wehlage, 1995; Newmann et al., 1996).

- 학생의 학습에 초점
- 높은 수준의 교수활동
- 학교 전체의 공동체적인 능력과 역량 계발
- 외부 환경의 적극적인 지원

앞에서 지적한 바 있듯이 엘모어(1990)는 진정한 학교개선을 위해서는 세 가지 변화, 즉 교수-학습과정의 변화, 학교조직의 내부 특성의 변화, 학교와 관련 집단 간 권력 배분의 변화가 동시에 이루어져야 한다고 하였다.

홉킨스(2001)도 새로운 학교개선 전략은 학습과정을 촉진시키고, 학업성취를 향상시키며, 효과적인 경영 실제를 구축하는 데 초점을 두어야 한다고 하였다. 그리고 그는 과거의 학교개선 전략들이 어느 것 하나에만 초점을 두었기 때문에 효과를 거두지 못하였다고 하였다(p. 63).

이처럼 학교개선 연구자들은 학교개선의 핵심 요인들을 지적하였을 뿐만 아니라 개선의 효과를 더욱 충실하게 거두기 위해서는 관련 요인들을 동시에 변화시키는 체제적 접근이 필요하다고 강조하였다.

홉킨스(2001)는 성공적인 학교개선 프로그램들의 특성을 종합하여 그가 말하는 '진정한(authentic)' 학교개선 프로그램의 특성을 다음과 같이 제시하고 있다(pp. 16-17).

- **학업 성취에 초점**: 진정한 프로그램들은 단순한 시험 성적이나 검사 점수보다 더 넓은 의미에서 학생의 학습과 성취에 초점을 둔다.
- **포부의 강화**: 진정한 프로그램들은 변화과정에 참여하는 사람들에게 학습 기술과 교육계에서 기대와 신뢰 수준을 높이는 '변화 임무(change agentry)'를 제공한다.
- **풍부한 이론과 연구에 근거**: 진정한 프로그램들은 효과에 대한 검증 연구가 꾸준히 이루어지고 있고, 다른 영역의 지식·이론과도 관계를 맺고 있는 프로그램과 프로그램 요소들에 근거하여 전략을 세운다.
- **상황의 구체성**: 진정한 프로그램들은 학교상황의 고유한 특성에 주목하고, 그 특정 상황의 분석을 토대로 하여 전략을 세운다.
- **조직의 능력 구축**: 진정한 프로그램들은 계속적인 개선을 지원하는 조직 조건들을 구축하는 것을 목적으로 한다.
- **꾸준한 검토**: 진정한 프로그램들은 프로그램을 실행하면서 계속적으로 검토하는 일을 전체 과정의 통합된 부분으로, 그리고 프로그램을 유지하는 과정으로 중요하게 여긴다.
- **실행 지향**: 진정한 프로그램들은 학급 실제와 학생 학습의 질에 직접적인 초점을 둔다.
- **개입적이고 전략적임**: 진정한 프로그램들은 학교 또는 체제의

현재 상황의 개선을 위하여 장기적인 관점에서 변화의 경영을 유목적적으로 설계하고, 그것에 따라 발전을 계획하고 우선순위를 정한다.

- **외부 자원 확보**: 진정한 프로그램들은 프로그램을 지원해 주는 기관을 학교 주변에서 확보하고, 프로그램을 확산하고 유지하는 네트워크를 구축하여 발전시킨다.
- **체계적**: 진정한 프로그램들은 중앙집권화된 정책 상황의 현실을 인정하지만 내적 목적을 위해서 외적 변화에 적응할 필요를 인식하고, 체제 내에 존재하는 창의성과 협동력을 발휘한다.

4. 학교개선을 위한 내부 조건: 학교의 발전능력

학교개선 연구는 학생의 교육적 성취를 위한 학교의 내부 조건의 중요성을 강조한다. 학교의 내부 조건이란 개선을 지원하고 추진하는 학교의 조직적 · 경영적 장치의 배열을 말한다. 학교개선은 단순히 그것을 시작하는 것만으로는 불충분하다. 개선을 지속시키고 정착시키기 위해서는 이를 가능케 하는 학교의 내부 조건이 갖추어져야 한다. 왜냐하면 이런 내부 경영체제가 갖추어지지 않으면 학교개선은 점점 약화되어 지속되지 못하기 때문이다. 이러한 학교의 조직적 · 경영적 내부 조건들은 학교의 조직능력(organizational capacity)이며, 그것은 학교의 발전능력(development capacity)을 나타낸다. 다시 말하면 학교개선을 위해서는 학교의 조직능력이 필요하고, 학교의 조직능력은 학교의 조직적 · 경영적 내부 조건들로 구성되어 학교의 발전능력을 나타낸다. 이런 관점에서 학교의 발전

능력은 곧 학교의 조직적 · 경영적 내부 조건들로 정의된다 (Hopkins, 2001: 161).

홉킨스와 웨스트(Hopkins & West, 1994)는 학교개선을 위해 갖추어야 할 학교 내부 조건으로 여섯 가지를 제시하였다. 그것은 (1) 교직원 개발, (2) 교직원, 학생, 지역사회의 참여, (3) 지도성 실제, (4) 조정 전략, (5) 탐구와 성찰, (6) 협력적 기획이다. 이 여섯 가지 내부 조건을 홉킨스(2001)의 견해를 바탕으로 살펴보겠다 (pp. 96-103).

교직원 개발

현장 중심의 교직원 개발(staff development)은 성공적인 학교개선의 관건이다. 교사들의 전문성 학습에 초점을 두고, 교실을 교사 개발의 센터로 삼는 체계적이고 통합적인 교직원 개발 접근은 진정한 학교개선의 핵심이다. 즉, 교사개발은 학교개선에 참여하는 교사들을 실질적으로 돕는 핵심 전략이다. 교사개발을 위한 교사의 학습은 학생의 학습과 직접적으로 연계되어 이루어져야 한다. 그러나 많은 교사 교육 프로그램이 교사의 교수 기술 향상이나 학생의 학업 성취 향상에 크게 기여하지 못하고 있다. 그 주된 이유는 교사 교육과 교실의 실제 상황과의 연계가 부족하기 때문이다(Fullan, 1991). 따라서 매일 매일의 학교 근무 상황에서 교사개발의 하부 구조를 구축하는 일이 중요하다. 이러한 하부 구조에는 일주일 중 일정 시간을 할애하여 교육과정 개발과 실행, 교수방법에 대한 토의, 정기적인 수업관찰, 현장지도 등을 실시하는 것이 포함된다.

죠이스와 샤워스(Joyce & Showers, 1995)는 몇 가지 중요한 교사 훈련 요소들을 확인하였다. 이들 요소들은 단독으로 사용될 때보다 다른 요소들과 결합되어 사용될 때 그 효과가 커진다. 교사훈련의 주된 요소들은 다음과 같다.

- 이론의 제시 또는 기술이나 전략의 기술(記述)
- 기술이나 교수모형의 모델링 또는 시연
- 모의상황과 교실상황에서 실제 수행
- 구조화되고 개방적인 피드백(수행에 대한 정보 제공)
- 적용에 대한 지도(기술과 전략의 교실 적용에 따른 교실 내에서의 직접적인 조력)

죠이스(1992)는 이러한 교직원 개발의 다양한 형태가 가장 잘 훈련될 수 있는 장소를 워크숍과 교육현장으로 구분하였다. 워크숍(workshop)에서는 교사들이 그들이 획득하기를 원하는 교수 전략을 이해하고, 그것의 시연을 보며, 모의상황에서 실제로 수행해 보는 기회를 갖는다. 그러나 이러한 기술을 교실이나 학교의 교육현장(workplace)에 적용하는 것이 목적이라면, 단순히 워크숍에 참석하는 것만으로는 불충분하다. 기술의 습득과 실제 상황에 직접적으로 적용하는 능력 획득에는 '현장 지원(on-the-job-support)'이 요청된다는 사실을 연구들은 밝히고 있다(Joyce & Shower, 1995). 이것은 교육현장과 교직원 개발 방식의 변화를 시사한다. 특히 이것은 '즉각적이고 지속적인 실제', '협력과 동료 지도', '개발과 실행에 대한 연구' 등의 기회를 의미한다.

교육현장의 변화는 학교가 조직되는 방식의 변화를 의미하기 때문에 쉬운 일은 아니지만, 교육현장의 변화 없이는 새로운 기술의 적용 또한 어렵다. 결과적으로, 교직원 개발은 학교개선을 위한 조건들을 발전시키는 데 결정적인 역할을 한다.

참여

효과적인 학교 연구 문헌은 교직원의 범위를 넘은 확대된 일체감과 참여감을 성공적인 학교의 특징으로 지적하고 있다. 이것은 교직원뿐만 아니라 학생, 학부모 그리고 지역사회의 다른 모든 구성원들의 참여를 의미하는 것이다. 폭넓은 지역사회와 긍정적 관계를 수립할 수 있는 학교는 학습을 위한 지원적 풍토를 조성할 수 있다. 특히 학생 참여와 후원적 역할을 하는 학부모 참여는 학교참여에서 중요한 의미를 갖는다.

학생 참여는 학교개선에서 특히 중요한 요소다. 이것은 조직 수준에서 학생들을 의사결정에 참여하게 하고, 일상적인 과업에 책임을 갖게 하는 것이다. 교실 수준에서 학생들은 참여를 통해 자신의 학습에 대해 책임을 지며 조직, 기획, 토의, 의사결정, 지도성 기술을 학습한다(Stoll, 1991; Rudduck et al., 1996). 학생들의 참여가 부족할 때 그들의 학교에 대한 태도는 부정적으로 된다. 또한 혁신 프로그램이 도입될 때 그들은 변화의 장애가 된다. 그들의 저항이 공개적이고 가시적이지 않더라도, 그들의 직관적인 반응은 부정적인 풍토를 조성하여 학교개선을 어렵게 한다.

참여는 학교 이외에 학부모, 지역사회 구성원, 교육청 관료들로 확대된다. 여기에서 교직원의 태도는 중요한 요소다. 그러나 일부 교직원은 학부모를 방해물로 생각하는 경향이 있다. 또한 교사나 학교에 대한 학부모의 태도도 다양하다. 교사에 대한 학부모들의 관점은 그들이 학교에서 겪은 경험에 기초한다. 그들의 학교 경험이 부정적이면 학교가 학생들을 가르치는 데 실패하고 있다고 여긴다. 따라서 학교와 학부모들 간의 전반적인 의사소통 사항은 효과적으로 다루어질 필요가 있으며, 특히 주의 깊은 계획과 숙련된 면담 기술을 통해 의사소통이 효과적으로 이루어져야 한다.

학부모들은 학교에 솔직하고 간결한, 그리고 유용한 정보를 원한다. 그들은 당면한 문제에 대한 실제적인 조언을 바라며, 그들의 아동들에 대한 어느 정도 장기적인 성취에 관한 전망을 듣기를 원한다. 전문가들은 학부모와 관계하는 가장 좋은 방법에 대해 다음과 같이 조언한다.

- **솔직하고 개방적인 태도를 가져라** 전문가 입장에서의 핑계 또는 모호한 변명은 종종 방어적 태도나 진실에 대한 단순한 기피로 해석된다.
- **경청하라** 교사들은 그들이 가질 수 없는 학생에 대한 지식을 모든 학부모들이 가지고 있다는 점을 인정해야 한다. 이러한 지식은 학생들이 어려움을 극복하도록 돕는 데 가치가 있을 수 있다.
- **'모른다' 라고 말하는 것에 대해 두려워하지 말라** 학부모들은 정직한 반응을 높이 평가한다. 이것은 가정과 학교 간의 파트너십을 촉진하는 데 도움이 될 것이다.
- **격려하라** 학부모들은 비난받기보다는 교사에게서의 격려와 안심이 필요하다고 느낀다.

지도성 실제

학교효과성 연구에서 지도성은 학교의 성공을 결정하는 핵심적인 요소로 간주된다(Mortimore, 1999). 최근 학교에서의 지도성 연구는 단순히 학교장의 지도성을 규명하는 것에서 벗어나, 경영구조를 통해 지도성이 어떻게 학교공동체 내의 모든 수준으로 확산될 수 있는지에 관심이 모아지고 있다(Gronn, 1999). 지도성 사고에서도 전통적이고 관료적이며 위계와 통제 개념을 고수하는 '거래적(transactional)' 접근보다는 권한을 위임하고 분배하는 '변혁적(transformational)' 접근에 대한 요청이 증대되고 있다(Leithwood, 1993).

학교개선 노력이 성공적으로 이루어지는 학교에서는 지도성을 분배적 기능으로 간주할 뿐만 아니라 지도성 유형에 대한 토의를 촉진하고, 학교 내의 상이한 수준에 있는 교직원들이 지도성이 어떻게 작용하는지에 대한 인식을 공유하게끔 한다. 홉킨스 등(1996)은 지도성 역할의 핵심적인 측면 몇 가지를 다음과 같이 확인하였다.

- 첫 번째 측면은 명료한 '비전'이나 또는 학교의 목표를 설정하는 데 학교지도자의 책임을 강조하는 것이다. 교직원의 헌신을 창출하는 데는 비전 자체와 마찬가지로 비전이 개발되는 방법이 중요하다. 관련 문헌들은 '비전을 만드는 것' 대신에 비전이 과해지는 것에 대해 우려를 나타낸다.
- 두 번째 측면은 개인의 지식, 기술, 경험을 동원하는 방법과 학교가 지위 계층 또는 역할에 관한 전통적인 관념을 초월하여 '과업을 위한 최선의 팀'을 구성할 수 있는 정도와 관련된다. 관련 지식 또는 경험에서 나타나는 지도성이 권위에 의한 지도성보다 더 성공적이다.
- 세 번째 측면은 지도성이 집단과 팀 협의에서 활용되는 방식이다. 지도성 행동은 명백하게 집단효과성의 중요한 결정 요소이지만, 집단성이 지나치게 강조되면 때로는 과잉 일체감이 나타나고 개인의 비판적 정신이 줄어든다.
- 네 번째 측면은 효과적인 학교에서는 교직원 집단 전체에 지

도성 기능을 확산시킨다는 것이다. 이것은 지도성이 소수의 개인 또는 직무에 귀속된 일련의 책임이라기보다는 많은 교직원이 기여하는 기능으로 받아들이는 것을 의미한다.

조정 전략

'느슨하게 결합된 체제(loosely coupled system)' 로서 학교의 특징은 웨이크(Weick, 1976)가 이미 지적하였다. 느슨한 결합은 학교가 서로 고립되어 작용하는 단위, 과정, 행동, 개인들로 구성되어 있기 때문에 발생한다. 이러한 느슨한 결합은 학교교육의 특징이라고 할 수 있는 목표 모호성에 의해 더욱 촉진된다. 교육과정의 목적과 목표가 있는데도 학교는 매우 다른 가치와 학교교육의 목적에 대해 상당히 다른 신념을 가진 사람들의 집단으로 구성된다. 이런 느슨한 방식도 어떤 이점, 예컨대 교사가 자율성을 가지고 의사결정을 하는 이점을 갖고 있겠지만, 대부분의 학교개선 노력은 전반적인 개선 전략의 한 부분으로서 느슨한 결합을 '견고하게' 하려고 한다. '견고한 결합' 의 중요성은 '견고한 결합' 이 효과적인 학교의 일관된 특징이라는 사실에서 확인되고 있다.

합의된 정책이나 목표 이면에서 교사들의 행동을 조정하는 학교의 역량은 변화를 촉진하는 중요한 요소다. 이러한 전략의 핵심은 전체 학교 수준에 걸쳐서 개선 노력을 조정할 수 있는 집단을 형성하고 유지할 수 있는 의사소통체제와 절차, 그리고 방식을 확립하는 일이다. 특히 중요한 전략 중의 하나는 교직원 모두에게 개선의 목표와 활동을 숙지하게 하는 것이다. 이것은 학교 구성원 개개인이 그들의 행동 방향을 스스로 결정하는 데 중요하기 때문이다.

의사소통은 전체 학교의 조정에 필수적이다. 목표를 성취하고,

좋은 근무 질서를 유지하며, 동시에 변화하는 환경에 적응하도록 학교가 조직되기 위해서는 효율적인 의사소통 절차가 중요하다. 회의, 문서작성과 유통, 보고체제 등 효율적인 의사소통 채널이 개발되어야 한다. 의사소통 네트워크는 교직원의 일원이 동료들에게서 받아들이는 정보의 양과 유형을 결정한다.

퓰란(Fullan, 1991)은 학교개선 프로젝트를 착수하는 동안에 학교 내부의 효과적인 의사소통의 중요성을 강조하였다. 변화과정에서 교직원 간의 의사소통 문제는 항상 존재한다. 변화는 아주 개인적인 경험이고, 학교는 상이한 경험을 가진 많은 개인과 집단으로 구성되어 있기 때문에 단일 의사소통 채널로는 모든 사람들에게 변화의 의미를 분명하게 전달하기가 어렵다. 새로운 변화에 대해서 사람들이 그 목적과 실행을 잘못 해석하거나 오해하는 것은 지극히 당연한 현상이라고 하겠다. 변화의 이론은 성공의 관건으로서 빈번한 개인 간 상호작용의 중요성을 지적한다.

또 다른 요소는 '비공식적 조직'이다. 모든 학교에는 공식적인 업무 단위와 거의 일치하지 않는 수많은 비공식적 또는 자기 선택적 집단이 존재한다. 이러한 집단이 갖는 태도와 행동은 종종 공식적인 과업을 수행하는 개인의 자발적 의지에 중대한 영향을 미친다. 결과적으로, 비공식 조직이 공식적인 구조에 미치는 영향을 간과하지 않는 것이 중요하며, 학교개선 노력의 질에 영향을 미치는 비공식적인 관계를 고려하는 조정 전략이 필요하다.

특히 개별 교사들의 재량권을 축소시키지 않는 방식으로 협력 방식을 수립하여야 하기 때문에 과업 수행의 협력 방식을 수립하는 것은 단순한 문제가 아니다. 교사들은 학생들의 개별성과 그들과의 만남의 독특성을 고려한 즉각적인 의사결정을 내리기 위해 충분한 자율성을 가져야 한다. 개별 교사들이 자신감을 가지고 상황에 적합한 행동을 할 수 있는 조정과 협력의 근무 방식이 필요하다. 달리 말하자면, 학교의 느슨한 결합의 이점을 잃지 않으면서 더 견고한 결합체제를 만드는 것이 중요하다.

탐구와 성찰

오늘날 교육개혁의 이름으로 학교에 가해지는 변화의 압력은 전례가 없을 정도로 크다. 교육과정, 교육방법, 평가에서의 변화 등 법으로 제정하여 요구하는 변화들을 실행하기에는 학교의 능력이 부족한 경우가 많다. 교사가 과업을 수행해야 하는 환경의 비전문성, 변화의 실행을 지원하는 지원체제의 미비 등은 변화의 실행을 어렵게 한다. 그래서 많은 교사들이 '불가피' 하게 요구되는 변화를 수용하는 데 상당한 시간과 노력을 소비하고 있는 시점에서 학교개선활동을 적극적으로 채택하여야 한다고 주장하는 것은 고집스러운 요구로 여겨질 것이다.

역설적으로 탐구와 성찰, 즉 반성적 사고를 학교개선의 중요한 과정으로 인식하는 학교들은 설정된 우선순위를 중심으로 개선 노력을 지속하는 것이 용이하다는 것을 알게 된다. 이런 학교들은 변화의 기간 동안에도 정책들이 실질적으로 학생들의 성취를 어느 정도 달성했는지를 잘 점검한다. 단위 학교 자료의 체계적인 수집과 활용의 중요성은 점점 증가하고 있다. 한 연구에 의하면(Wilson & Corcoran, 1988) 좀 더 효과적인 학교들은 분명한 그들의 성공 지표를 갖고 있었고, 그들의 진보를 보다 빈번하게 평가하는 자료를 사용하며, 학생에 대해 정기적인 진단평가를 더 많이 실시하였다.

또 다른 아이러니는 외부자, 예를 들면 장학사 또는 자문가에 의해 수집된 정보가 종종 학교공동체 내에서 일상적으로 사용되는 정보보다 더 중요한 것으로 여겨진다는 것이다. 그러나 학교의 실태와 문제에 대해 내부에서 수집·작성된 정보의 잠재력을 이해하는 학교들이 기회를 활용하고 문제를 극복하는 데 더 유리하다. 왜냐하면 학교 내부에서 이루어지는 일상적인 자료 수집이 외부에 의뢰한 조사보다 의사결정에 더 유용하고 지속적인 데이터베이스를 제공하기 때문이다. 그러나 단순히 체계적이고 일상적인 자료 수집 자체만으로는 학교를 개선할 수 없다. 이러한 자료를 면밀히 검토하고, 자료를 해석하여 의미를 부여하며, 자료 활용의 결과로 다르게 기획하고 행동하는 노력이 있어야 한다.

발달적 도구로써 탐구와 성찰의 효과적인 사용을 촉진하는 조건의 핵심적인 부분은 다음과 같다.

- 학교 자체의 체계적인 자료 수집, 해석 그리고 의사결정에의 활용
- 학교의 정책과 변화 시도의 진보와 영향을 검토하기 위한 효과적인 전략
- 자료 수집과 분석과정에 교직원의 광범위한 참여
- 학교 자체 자료의 수집, 통제 그리고 사용에 관한 분명한 근거 규칙

학교의 특정한 측면 또는 특정한 의사결정과 관련된 정보의 수집, 분석, 해석을 위한 분명한 체제와 절차를 가지고 있다는 것만으로는 충분하지 않다. 학교발전에 관한 탐구와 반성적 사고가 깊고 넓게 이루어져야 한다. 이것은 이슈가 확인된 다음에 정보를 수집하기보다는 무엇이 이슈가 되어야 하는가를 알기 위해서 자료를

수집하는 것과 같다. 개선 프로그램의 효과에 대한 탐구와 반성적 사고의 습관이 학교개선의 중요한 원동력이다.

협력적 기획

발전 기획(development planning)은 그 자체로 학교개선의 핵심 전략이다. 이는 발전 기획이 변화를 추구하고 관리하는 유용한 수단이기 때문이다. 또한 발전 기획은 협력적(collaborative)으로 이루어져야 한다.

기획은 단순히 계획을 산출하는 것 이상이다. 흔히 기획은 문서로 된 '계획'의 질을 말하지만, 질적으로 중요한 것은 기획과 행동과의 연계, 즉 기획활동에 투입되는 노력이다. 기획과정을 통해서 행동의 우선순위를 작성한다. 이는 행동의 우선순위에 대한 의사결정이 이루어져야 한다는 뜻으로, 이것은 다시 우선순위에 대한 개인 및 집단 간의 서로 다른 의견, 나아가서 갈등까지도 극복하여 학교공동체 전체의 전반적인 요구가 반영된 우선순위를 체계적으로 작성한다는 것을 의미한다. 다음은 행동의 우선순위 선택과정을 안내하는 원칙들이다(Hargreaves & Hopkins, 1991: 42; Hopkins et al., 1994).

- **관리력**(manageability): 현실적으로 얼마만큼 성취할 수 있는가?
- **일관성**(coherence): 실행을 용이하게 하는 절차는 있는가?
- **합의**(consonance): 내부적으로 확인한 우선순위가 외부적 개혁 압력과 어느 정도 일치하거나 중복되는가?

학교수준에서 사용되던 발전 기획은 최근에는 학생들의 진보와 성취를 직접적으로 향상시키는 교실 전략으로 사용된다. 현재의 발전 기획의 접근 방식이 과거의 것과 근본적으로 다른 점은 현재의 발전 기획이 교실에 뿌리를 내리고 있다는 것이다. 학생들의 진보와 성취, 그리고 그들의 학습을 향상시키는 데 필요한 것이 무엇이며, 지원할 것은 무엇인가에 초점을 두고 있다. 계획은 학생의 학습목표로 시작한다. 그런 다음 이것을 성취하기 위한 수업전략을 고안한다. 다음으로, 이 전략을 지원하기 위해 필요한 학교경영 절차상의 조정이 이루어진다. 예를 들면 교육과정의 정책과 활동 계획의 수정, 교직원 개발 프로그램의 변화, 시간표 변경, 예산, 역할 및 책임의 재배분 등 목표 달성에 필요한 모든 행정적 조치들이 이루어진다. 이것은 교실 실제에 직접적인 영향력을 갖지 않을 수 있는, 외부에서 주어진 변화의 실행이나 또는 학교 전반에 걸친 정책과 실제의 개발에 단순히 초점을 둔 계획의 형태와는 근본적으로 다르다.

협력은 성공적인 기획의 핵심이다. 기획에 참여하는 것은 계획을 세우는 것보다 더 중요하다. 집단적 기획을 통해 목표가 도출되고, 서로 다른 의견이 해소되며, 행동을 위한 기초가 형성된다. 계획은 실제로 이 같은 활동의 부산물이며, 계획은 대부분 이러한 집단적 활동을 통해 여러 번 수정될 필요가 있다. 기획활동의 이점은 계획을 산출함으로써 계획의 사용을 오랫동안 지속시키는 데 있다.

지금까지 학교개선을 위해 갖추어야 할 여섯 가지 학교의 내부 조건에 대해 살펴보았다. 홉킨스와 웨스트(1994)는 학교개선 프로그램의 실천 연구를 통해서 학교가 이들 여섯 가지 조건에 접근하는 방식과 그 효과와의 관계에 대해 [그림 7-1]과 같은 명제를 발전시켰다(pp. 192-193).

명제 1
교사들이 개인적으로 그리고 집단적으로 발전하지 않으면 학교는 개선되지 않을 것이다. 교사들은 종종 개인적인 차원에서 그들의 실무를 발전시킬 수 있지만, 전체 학교가 발전하려면 교사들이 함께 학습할 수 있는 교직원 개발 기회가 많이 있어야 한다.

명제 2
성공적인 학교는 다수의 이해 관련 집단, 특히 학생들에게 참여의 감정을 북돋우는 방법을 가지고 있다.

명제 3
개선에 성공한 학교는 그들 스스로 명확한 비전을 확립하고, 지도성을 한 개인에게 부여된 책임이라기보다는 직원들이 기여하는 기능으로 여긴다.

명제 4
조정활동은 특히 정책변화가 시도되었을 때 사람들을 참여하게 하는 중요한 방법이다. 교사들 간의 비형식적인 상호작용과 같이 학교 내에서의 의사소통은 조정의 중요한 측면이다.

명제 5
탐구와 성찰을 학교개선의 중요한 과정으로 인식하는 학교들은 발전의 우선순위에 대해 명확히 인식하고, 공유된 의미를 확립하며, 학생을 위한 의도된 성과를 어느 정도 실제로 산출하였는지를 점검하는 데 보다 좋은 위치에 있게 된다.

명제 6
학교발전을 위한 계획과정을 통해 학교는 그의 교육적 포부를 설정된 우선순위 및 우선순위의 시간 계열성과 연결시킬 수 있고, 학급 실제(교수-학습)에 초점을 맞추는 것을 유지할 수 있다.

[그림 7-1] 학교개선을 위한 조건의 형성: 명제들

5. 상황에 적합한 학교개선 전략

모든 상황의 학교에 적용되는 유일한 개선 전략은 있을 수 없다는 점은 부정할 수 없는 사실이다. 학교들은 그 나름대로 독특한 특성을 지니고 있고, 학교 상황에 맞는 개선 전략을 필요로 한다. 말하자면 효과성 수준이 다른 학교들은 다른 개선 전략이 요구된다(Hopkins, 2001: 162). 따라서 학교 특성 분석을 토대로 학교 상황에 적합한 개선 계획을 세우는 일이 중요하다. 학교 특성 분석의 요소에는 학부모의 사회경제적 배경, 교육과정 운영과 학습집단의 편성, 학습집단 간 학습효과의 차이, 지역의 지리적 상황과 경제적 상태, 학교에 영향을 미치는 사회적 · 역사적 요인 등이 포함된다(Teddlie & Strinfield, 1993).

홉킨스(2001)는 학교의 유형을 세 가지, 즉 실패하는/비효과적인(failing/ineffective) 학교, 성취에 미달하는(underachieving) 학교, 좋은/효과적인(good/effective) 학교로 구분하고, 각 유형의 학교에 가장 적합한 세 가지 학교개선 전략을 다음과 같이 제시하였다(pp. 166-173).

유형 I의 전략은 실패하는 학교를 적당한 수준의 효과적인 학교가 되도록 돕는다. 실패하는 학교는 자력으로 개선할 수 없는 학교다. 이런 학교들에는 강력하고 광범위한 개입과 지원 그리고 새로운 리더십이 요구된다. 이 전략은 한정된 수의 학교의 조직적 쟁점, 예컨대 교복 규칙, 출석, 학생 행동, 학교의 외관과 같은 문제의 해결에 초점을 둔다. 또한 이 전략은 한정된, 그러나 구체적인 효과적 교수 전략을 교사들이 개발하도록 도움으로써 그들의 능력과 자신감을 키우는 데 집중한다.

유형 II의 전략은 성취에 미달하는 학교를 좀 더 효과적인 학교가 되도록 돕는다. 홉킨스는 이런 학교들은 교수-학습의 특정한 영역에서 개선이 이루어질 수 있도록 교사들의 능력을 키우는 것이 필요하다고 말한다. 기존의 리더십과 학교 자체의 자원으로 많은 성취를 이룰 수 있지만, 약간의 외부 도움이 일반적으로 필요하다. 이런 학교들에서 우선적으로 해야 할 일은 혁신적인 수업을 위해 외부 지원을 받는 것, 교사 리더십을 확대시키는 것, 학생들과 그들의 관심에 귀 기울이는 것, 환멸을 느끼는 교직원에게 동기를 부여하는 것, 그리고 가치와 목적에 중심을 두는 것을 계속 유지하는 것 등이다.

유형 III의 전략은 좋은 학교를 계속 효과적인 학교로 유지하게 한다. 이런 학교들은 자체의 네트워크를 만들고 유지할 수 있기 때문에 외부적 지원은 덜 필요하다. 외부적 파트너십과 새로운 아이디어를 경험하고 실행하는 활동은 학교를 계속 자극하여 성취에 대한 기대를 고양하는 노력을 지속하게 하고, 동료 간의 협력을 증진시키는 구조적 변화를 하게 하며, 성공을 경험하는 즐거움을 갖게 한다.

이러한 홉킨스의 모형은 학교들은 효과성의 수준이 다르고 개선의 필요성도 다르므로 개선 전략도 달라야 한다는 사실을 인정하는 모형이라 할 수 있다.

6. 학교개선 연구의 공헌

새로운 학교개선의 방향

학교개선에 관한 연구들은 학교개선 전략의 변화 추이와 더불어 새로운 학교개선의 패러다임을 제시하고 있다. 홉킨스(2001)는 새로운 학교개선의 사고 내지 접근 방식을 나타내는 '새로운 학교개선의 패러다임'을 다음과 같이 기술하고 있다(Hopkins, 2001: 70).

1. 학생의 교육적 산출의 중요성에 큰 초점을 둔다. 초기에는 학교과정의 변화가 강조되었으나, 최근에는 이러한 학교과정의 변화가 학생 산출에 영향을 줄 만큼 강력한 것인지를 파악하는 데 초점을 두고 있다.
2. 학교수준 및 학습수준과 함께 교사의 교수 행동이 점점 관심의 초점이 되고 있다. 현재의 교수활동을 확장하고, 설정된 학생의 학습목표에 직접적으로 초점을 두는 교육과정과 수업의 구체화가 채택되고 있다.
3. '최선의 실제'와 연구 결과의 양면에서 지식 기반을 활용하는 하부 구조를 구축한다. 이것에는 교사가 실제를 탐구할 수 있게 하는 교직원 개발의 협력적인 형태와 보급 및 네트워킹을 구축하는 외부 전략이 포함된다.
4. '능력 구축'의 중요성에 대한 인식이 점증하고 있다. 이것에는 교직원 개발뿐만 아니라 외부 지원기관의 적절한 활용, 중기 전략계획의 수립, '압력과 지원'을 활용하는 변화 전략 등이 포함된다.

5. 질, 효과, 결함을 측정하는 데 양적 자료와 더불어 질적 자료를 사용하는 혼합된 방법론의 채택이 보편화되고 있다. 여기에는 학급, 학교과정, 산출의 점검과 바람직한 결과상태, 특히 상이한 학생 집단의 교육 경험 비교가 포함된다.
6. 진정한 학교개선은 프로그램이 학교 내의 모든 조직 구성원들에게 확실하고 충실하게 실행되고 있다는 것을 보증하는 중요성을 강조한다. 이것은 개선 프로그램이 학교조직과 단단하게 결합될 필요가 없다고 여겼던 과거와는 확연히 다른 점이다.
7. 학교개선에 이 같은 접근을 적용하고 유지하기 위해서는 문화적 변화의 중요성에 대한 인식이 있어야 한다. 비전을 세우는 것과 이러한 포부를 지원하는 구조를 개조하는 일 사이에는 적절한 조화가 있어야 한다.

이상의 특성을 지닌 학교개선체제를 개발하는 것이 앞으로의 과제라고 할 수 있다.

학교개선 연구의 공헌

학교개선 연구는 학교에서 변화가 어떻게 이루어지는가를 이해하는 데 공헌하였다. 이 분야의 연구들은 성공적인 학교수준의 변화과정에 관한 몇 가지 중요한 연구 결과를 제시하고 있다(Harris, 2001).

첫째, 학교개선 연구는 학교수준의 변화에서 교사개발이 지극히 중요하다는 점을 증명해 보이고 있다. 이 분야의 연구들은 교사개발이 학교발전과 매우 밀접히 관련되어 있으며, 학교개선의 근본적인 부분이라는 것을 일관되게 보여 주고 있다.

둘째, 학교개선 연구는 학교수준의 변화를 확실히 하는 데는 지도성이 중요하다는 것을 강조하고 있다. 연구들은 단일 지도성의 한계를 지적하면서, 위에서 아래로의 위임형 지도성보다는 분권화되고 참여적인 지도성을 강조한다.

셋째, 학교개선의 경험은 모든 형태의 학교의 변화나 개선을 위한 유일한 행동 프로그램은 없다는 것을 보여 준다. 연구들은 학교 형태에 맞는 개선 전략의 중요성을 증명해 보임으로써 모든 학교에 적용되는 단일한 개선 접근 방식은 없다는 것을 보여 준다.

넷째, 학교개선 운동은 변화의 노력이 구체적인 학생 산출과 관계되어야 할 필요성을 강조한다. 즉 학교개선 운동은 학생수준에 초점을 두고, 학급 내 교수와 학습 조건을 향상시키는 중요성을 강조한다.

다섯째, 학교개선 운동은 학교문화의 이해와 작용의 중요성을 증명해 보였다. 학교개선 운동은 동료 협동심, 신뢰, 동료 간의 협력적 관계를 촉진하고, 교수와 학습에 초점을 두는 학교문화가 보다 자기 쇄신적이고 개선의 노력에 잘 반응한다는 사실을 일관되게 보여 주고 있다.

마지막으로, 학교개선 연구는 학교효과성 이론을 검증할 수 있는 연구 분야를 제공하고, 과정과 결과의 연계를 탐색할 수 있는 수단을 제공한다.

제8장

교육철학과 이념

1. 교육철학 이론
2. 이념
3. 철학적 · 이념적 갈등

학교발전과 변화를 포함하여 모든 교육 논의의 중심에는 교육철학적, 이념적 사고가 위치해 있다. 이는 교육 현상에 대한 의미 있는 검토를 위해서는 교육 이론이 필요하기 때문이다. 이 장에서는 교육철학적 이론으로 본질주의, 항존주의, 진보주의, 재건주의 교육 이론과 정치 · 사회적 이념으로 보수주의, 자유주의, 급진주의 관점을 살펴보고, 철학적 · 이념적 갈등을 효과적으로 다루는 방법을 살펴보겠다.

1. 교육철학 이론

교육 이론은 교육을 설명하고 해석하는 방식이다. 그것은 교육을 이해하는 관점이며 개념의 틀, 사고방식, 명제들이다. 구체적으로 교육 이론은 교육 현상을 정의하고 설명함으로써 의미를 부여하고, 교육 현상을 구분하고 식별하고 분석하는 틀을 제공하며, 교육정책 및 활동을 구안하고 실천하는 지침을 제공한다. 이러한 교육 이론은 여러 학문 분야에서 도출된다. 철학과 이념에서, 심리학에서, 사회학에서, 기타 여러 학문에서 교육 이론은 도출될 수 있다. 우리는 이들 이론을 통해서 교육의 의미를 다각적인 측면에서 이해하고 분석할 수 있다. 여기에서는 교육철학에서 도출된 교육 이론을 살펴보고자 한다.

교육철학은 교육 현상을 설명할 뿐만 아니라 교육 실제에 대해 특정한 입장을 제안하고 권장한다. 교육 실제에 대한 교육철학적 설명과 제안은 교육 실제에 대한 질문, 즉 교육은 무엇인가, 그것의 목표는 무엇인가, 아동들은 어떻게 배워야 하는가, 그들은 어떻게 훈련되고 통제되어야 하는가, 누가 교육받아야 하며, 그리고 교육적 이익은 어떻게 분배되어야 하는가에 대답하는 방식으로 제시된다. 바꾸어 말하면 그들은 교육과정, 가치 있는 지식, 교수방법, 교육에서의 평등, 자유, 권위 및 민주주의의 필요와 같은 사회적 논의에 관한 질문에 대답하려 한다(Moore, 1982; 정영홍 역, 1985: 32-33). 이러한 질문에 대한 대답은 교육 실제를 결정하는 교육철학의 이론 속에 명백하게 또는 암시적으로 담겨져 있다. 이러한 교육철학 이론으로는 본질주의, 항존주의, 진보주의, 재건주의 교육 이론이 있다. 이들 이론들을 구텍(Gutek, 1988)의 설명을 바탕으로 살펴보겠다.

1) 본질주의 교육 이론

본질주의(essentialism) 교육 이론은 과거에도 유용하였고 미래에도 유용할 수 있는 기본적인 기능과 지식이 있고, 이를 학생에게 가르쳐야 한다고 주장한다. 본질주의자들은 그 이름이 시사하듯이 문명화된 삶을 영위하는 데 필요한 본질적인 또는 기본적인 도구적 기능이 있다고 믿는다. 읽기, 쓰기, 셈하기, 문명화된 사회적 행동은 인간 복지에 기여하는 도구적 기능으로서 초등학교에서 가르쳐야 한다고 믿는다. 중등학교 수준에서는 인문, 사회와 자연을 다루는 역사, 수학, 과학, 언어학, 문학이 기본 교육과정에 포함되어야 한다. 대학에서는 교양과목을 전공과목과 함께 수학하여야 한다. 이러한 과목들은 학생들이 문명화된 사회에서 효과적으로 살아가는 데 필수적으로 요구되는 지식과 기능을 담고 있기 때문이다.

본질주의 교육의 다른 이름이기도 한 기초교육은 '생성적 힘(generative power)'을 갖는 과목에 관심을 갖는다. 과목이 갖는 '생성적 힘'이란 그 과목의 더 고차원적이고 더 복잡한 발달 수준의 학습을 할 수 있는 능력은 물론, 다른 영역의 과목을 학습할 수 있는 능력을 학생들에게 부여하는 잠재력을 의미한다. 기초교육주의자들은 기본 과목들이 이러한 생성적 힘을 지니고 있으므로 학교에서 가르쳐야 한다고 주장한다(Fadiman, 1959: 5-6). 그들은 진보주의 교육자들이 주장하는 '생활적응(life adjustment)' 교육과정을 반대하고, 교과 또는 학문중심 교육과정을 주장한다.

본질주의 교육 이론은 학교의 일차적 기능은 인류 문화의 본질적이고 기본적인 요소를 보존하고, 이를 젊은이에게 전수하는 데 있다고 본다. 생활적응이나 직업교육은 학교의 비본질적인 기능으로 간주한다. 본질주의자들은 지적 도야와 학업적 수월성을 추구하고, 높은 수준의 학업적 기준을 요구한다. 그래서 그들은 유급제를 주장한다. 또한 학습자에게는 엄격한 훈육과 노력—복종, 근면, 성실—을 요구한다. 본질주의 교육 이론가들은 학습자의 흥미를 무시하지는 않지만, 장래의 목적을 위하여 흥미와 관심을 유보할 줄 알아야 한다고 생각한다. 학생에 대한 허용적인 태도는 교육적으로 역기능을 초래할 수 있다고 믿는다. 교사는 지식의 전달자로서의 역할을 잘 수행해야 한다. 본질주의자들은 학교와 사회의 정당한 권위가 학생들에 의해서 존중되어야 한다고 믿는다.

본질주의 교육 이론의 철학적 · 이념적 관계를 살펴보면, 본질주의 교육 이론은 교과교육을 통해 인류 문화유산의 보존과 전수를 강조한다는 면에서 보수주의적 입장을 나타내며, 사회적 · 경제적 효율성을 향상시키는 지식, 기술, 가치를 강조한다는 면에서 고전적인 자유주의적 이념을 어느 정도 반영하고 있다.

본질주의 교육 이론은 자연주의, 실용주의, 실존주의와는 반대되는 입장이다. 사람의 감정과 정서의 교육적 잠재력을 강조하는 자연주의자들과는 다르게 본질주의자들은 지적 도야를 통해서 인간 마음(mind)의 중요성을 일차적으로 강조한다. 실용주의자들이 끊임없이 변화하는 개방적이고 진화하는 세계를 강조하는 반면에, 본질주의자들은 교육, 특히 학교교육이 인간에게 확실하고 안정적인 판단기준 또는 참조체제를 제공하기를 바란다. 또한 실존주의자들이 인간의 주관성과 자아 정의를 강조하는 반면에, 본질주의자들은 전래되는 교육과정을 학생에게 전달하는 것에 더 관심을 갖는다. 그들은 문화유산에서 도출된 본질적이고 기본적인, 그래서 유용한 생성적 기능과 보편적 지식으로 잘 조직된 교과 교육과정을 강조하고, 분화되지 않고 조직화되어 있지 않은 학습 경험을 배척한다.

요약하면, 본질주의 교육 이론에서는 학교의 일차적인 기능은 인류 문화의 기본적 요소를 보존하고 전수하는 것으로 본다. 본질주의 교육 이론이 강조하는 것은 (1) 체계적인 교과교육, (2) 기본 기능과 지식의 완전 학습, (3) 문화의 성숙한 대변자로서 그리고 교과와 수업에 능통한 사람으로서의 교사, (4) 직업인과 시민이 되기 위한 준비로서의 교육, (5) 학교의 학문적 기능의 보존 등이다. 무엇보다도 본질주의자들은 학교를 보잘것없는 기관으로 전락시키는 무원칙적이고 일시적 유행에 동조하는 풍조를 반대한다(Gutek, 1988: 269).

2) 항존주의 교육 이론

본질주의 교육 이론과 관련된 교육 이론으로 항존주의(perennialism) 교육 이론을 들 수 있다. 형이상학적으로 우주와 우주 속에 있는 인간 세계는 지적이고 정신적인 특성을 지니고 있다고 항존주의자들은 믿는다. 그들은 인간은 이성적인 동물이라는 아리스토텔레스학파의 명제를 믿으며, 학교를 인간의 지적 잠재력을 개발하기 위해서 특별히 조직된 사회기관으로 본다. '항존주의'라는 용어에는 교육의 중요한 원칙은 변하지 않은 인간 본성을 함양하고 진리를 추구하기 때문에 교육의 기본적 형태는 변하지 않는다는 기본 가정이 내포되어 있다.

항존주의자들에게서의 교육철학자의 첫 번째 과제는 인간 본성을 논구하고, 인간 본성의 보편성에 기초하여 교육 프로그램을 구안하는 일이다. 항존주의자들은 인간 본성의 보편적 특성은 이성이라고 믿는다. 이성은 인간에게 여러 가지 대안을 구안하고 선택할 수 있게 한다. 인간은 대안을 만들고 선택할 수 있기 때문에 자유인이 된다. 이성은 인간에게 자기 결정을 하게 하고, 자아실현을 성취할 수 있게 한다. 인간의 가치는 이성에서 도출되므로, 무엇보다도 교육은 인간의 이성적인 힘을 개발하는 것을 목적으로 하여야 한다.

기본적으로 교육의 보편적 목적은 진리에 있다. 인간의 본성은 변하지 않기 때문에 교육의 기본 형태도 변하지 않으며, 진리는 보편적이고 항상적이기 때문에 진정한 교육은 보편적으로 계속 재현되는 주제를 강조한다. 학교 교육과정은 이성을 함양하는 인지적인 학습자료를 강조한다. 인지적인 자료는 논리적 수준이 높아야 하고, 학생으로 하여금 사고와 의사소통에서 상징적 형태를 사용하게 하여야 한다. 또한 학교 교육과정은 윤리적 원칙을 개발하고 도덕적, 미적, 종교적 비평력과 감식력을 배양하고자 한다. 항존주의 교육 이론은 교과 교육과정을 통해서 아동의 지적, 정신적 가능성을 최대로 개발하는 것을 목적으로 하며, 이러한 과목에는 역사, 언어학, 수학, 논리학, 문학, 교양과목, 과학이 포함된다. 이런 과목들은 문명화된 사람의 도구이며, 마음을 도야하는 효과를 갖는다고 보았다.

항존주의 교육 이론가들은 진 · 선 · 미를 들여다보는 통찰을 제공해 주는 인문학을 강조한다. 인문학은 영원불변한 진리와 가치의 세계를 접할 수 있게 한다. 이러한 통찰은 과학, 철학, 문학, 역사, 예술과 같은 인문학에서 찾을 수 있으며, 세대를 걸쳐서 전승된다.

항존주의자들은 특수적인 것을 배격하고 시공을 초월하여 가치를 지니는 아이디어를 추구할 것을 권장한다.

교육의 방향을 규정하는 항존주의의 주요 원리는 다음과 같다(Gutek, 1988: 283). (1) 항상성은 변화보다 더 큰 실재(reality)다. (2) 우주는 질서 있고 형태화되어 있다. (3) 인간 본성의 기본 특성은 본질적인 특성에서 보편적이다. (5) 인간 본성과 같이 교육의 기본 목표는 보편적이며 변하지 않는다. (6) 인간의 특성은 합리성(rationality)으로 규정되고, 그 합리성을 함양하는 것이 교육의 과업이다. (7) 인류의 축적된 지혜는 고전에 기록되어 있다.

본질주의와 항존주의의 부흥

1970년대 이후 본질주의는 '기초교육'의 강화 형태로 부활되고 있다. 기초교육을 강조하는 배경에는 학생들의 학력 저하에 대한 우려가 반영되어 있다. 국제 비교에서 미국 학생의 낮은 학력 수준은 국가 위기로 인식되었고, 진보주의 교육에 대한 비판으로 이어졌다(이에 따라 학생의 학업 성취 향상을 위한 기초교육의 강화가 교육개혁의 주제가 되었다.). 기초주의자들의 진보주의 교육에 대한 주된 비판은 다음과 같다(Gutek, 1988: 264-265).

1. 허용적, 개방적, 진보적 교육방법은 읽기, 쓰기, 산수 등의 기초적인 기능을 등한시하여 문맹률을 높였다.
2. 학교는 근면성, 정확성, 노력, 도덕성, 애국심 등의 가치를 강조하지 않았다.
3. 학업적 능력보다는 사회적 진급정책을 사용함으로써 사회생활에 진출할 준비가 되어 있지 못하고, 교육도 제대로

받지 못한 졸업생을 사회와 산업체에 배출하고 있다.

4. 교사의 질을 저하시켰다.
5. 허용적 정책은 학교폭력과 파괴의 원인이 되었다.

이러한 미국의 공교육에 대한 비판은 기초교육을 강화하는 교육개혁을 추진하게 하였다.

3) 진보주의 교육 이론

진보주의(progressivism) 교육 이론은 전통적인 학교교육의 형식주의, 언어주의, 학생 억압에 대한 비판적 대응으로 시작되었다. 진보주의는 여러 단계의 국면으로 전개되지만, 기본적으로 인간 조건의 개선과 개혁은 가능하고 또 바람직하다고 믿는 입장이다. 18세기 계몽주의까지 그 연원이 거슬러 올라가는 진보주의는 인간은 지적 능력과 과학적 방법을 적용하여 사회적, 정치적, 경제적 문제들을 해결함으로써 그들의 환경을 개선하고 완전하게 할 수 있다고 주장하는 '진보'라는 개념을 강조한다. 이러한 사상적 배경 아래 듀이(Dewey)를 비롯한 많은 진보주의 교육자들은 학교를 사회적, 제도적 개혁을 위한 한 기관으로 믿는다.

진보주의 교육은 아동은 그들의 흥미와 욕구에 따라 자유롭게 발달되어야 한다는 루소(Rousseau)나 페스탈로치(Pestalozzi)의 자연주의적 교육관과, 욕구의 억압은 정서적 문제의 원인이 된다는 프로이트(Freud)의 정신분석학의 영향을 받았다. 루소는 그의 교육소설 『에밀』(*Emile*)에서 아동은 본래 선하며, 그들의 흥미와 욕구에 따라 교육이 이루어질 때 가장 효과적이라고 주장한다. 루소의 영향을 받은 페스탈로치는 교육은 지적 측면뿐만 아니라 정서적 측면과 신체적 측면을 포함한 전인교육이 되어야 하며, 교과서 중심에서 벗어나 정서적, 신체적 교육이 자연환경에서 이루어져야 한다고 주장한다. 권위주의 부모와 가정은 아동의 욕구를 억압하고, 이 같은 억압은 아동의 성격 문제의 원인이 될 뿐만 아니라 이후의 성인 생활에 해로운 영향을 미친다는 프로이트의 정신분석학적 이론은 진보주의 교육에 큰 영향을 미쳤다. 즉, 진보주의 교육은 아동의 에너지를 해방시키고자 한다.

진보주의 교육의 대표적 이론은 듀이의 경험주의 또는 실험주의 교육 이론이다(듀이의 이론에서 '실험'과 '경험'은 거의 동의어로 사용된다). 듀이(1916)는 그의 저서 『민주주의와 교육』에서 교육은 경험, 곧 인간과 환경과의 상호작용에 근거한다고 주장한다. 개인행동의 지적, 정서적 성향의 변화는 개인과 사회환경과의 상호작용, 즉 경험의 결과라는 것이다. 교육은 이러한 경험의 질을 당시의 정치·사회적 체제에 합당하게 변형시키고자 한다.

경험주의 교육은 외재적 목적을 갖지 않는다. 교육의 산출 결과는 '성장'이다. 성장은 다음에 겪게 될 경험을 지도하고 통제하는, 현재 겪고 있는 경험을 말한다. 듀이의 진보주의 교육은 과거를 무시하지 않으며, 오히려 과거의 경험은 현재의 경험을 재구성하도록 인도하고, 이후에 나타날 경험의 방향을 결정하는 도구로 사용된다. 듀이에게 교육은 과거와 현재의 경험을 결합하고 미래 경험을 형성하는, 진행되는 경험의 연속에 기초한다. 교육은 계속적인 경험의 재구성을 의미하며, 그것은 경험에 의한 학습을 의미한다. 교육의 결과로서 성장은 개인이 여러 가지 경험 간의 연계와 상호 관련성을 이해하는 것을 의미한다. 지능은 문제 해결능력이고, 그것은 경험 간의 관계를 도야하는 능력이다.

듀이는 진보주의 교육이 활동의 본질을 생각하지 않고 활동만을 강조해서는 안 된다고 경고한다. 단순한 활동은 가치가 없으며, 문제 해결을 지향하는 활동, 유목적적인 활동, 학습자의 성장에 기여할 수 있는 사회적, 지적 가능성을 지닌 활동이어야 한다.

진정한 진보주의 교육자는 학생의 필요, 흥미, 목적, 잠재력, 욕구와 같은 학습자 경험의 내적 조건을 역사적, 물리적, 경제적, 사회적 환경 요인과 같은 경험의 객관적 조건과 관련시키는 기술을 지닌 교사다.

아동 중심의 진보주의에 반하여 듀이는 진보주의가 아동 본성에 대한 순진한 낭만주의적인 생각에서 벗어나야 한다고 주장한다. 비록 아동의 흥미와 욕구 등이 학습의 시작 단계에서는 항상 필요하더라도, 그것들이 학습의 결과는 아니다. 아동의 본능과 충동은 정제되고, 성찰적인 사회적 지능으로 발달될 필요가 있다. 어떤 충동은 성장과 발달을 위한 잠재력을 가지고 있지만, 다른 충동은 성장을 해치는 반대되는 결과를 가져올 수도 있다. 학습자가 충동에 따라 행동한 결과를 예측할 수 있을 때 충동은 성찰적인 것이 된다. '결과의 관점'을 발달시킴으로써 학습자는 행동에 의해 나타나는 결과를 상상할 수 있다. 특정한 행동의 목적을 이해한다는 것은 그 행동 결과를 예견한다는 것을 포함한다. 따라서 진보주의 교육은 학습자에게 유목적적이고 성찰적인 형태의 탐구력을 함양하는 것을 권장하여야 한다.

위에서 살펴본 바와 같이 진보주의는 본질주의, 항존주의와 대립된다. 따라서 두 입장을 각각 지지하는 교육자 간에는 교육적 입장을 달리한다. 전통적이고 보수적인 본질주의와 항존주의가 신봉하는 기초주의 교육자의 교육 지도 입장은 다음과 같다(Gutek, 1988: 296).

1. 다른 종류의 학습에 근본이 되는 일반적인 문화적 도구 기능을 학습한다. 예를 들어 읽기, 쓰기, 셈하기는 다른 교과를 학습하고 사회활동을 하는 데 기초적이고 근본적인 수단이 된다. 기초교육을 주장하는 사람들은 학교교육은 문자와 언어 그리고 교과서 중심이 되어야 한다고 주장한다.
2. 교육과정을 한정된 수의 잘 정의된 필수적 기능과 교과목을 중심으로 조직한다. 열린 교육, 현장 경험, 프로젝트, 활동을 통한 학습 및 기타 비구조화된 학습을 강조하는 정의가 잘 되어 있지 않고 분화가 되어 있지 않은 무정형 형태의 교육과정을 일반적으로 반대한다.
3. 학교, 학교 행정가, 교사를 수업의 내용과 방법에 대한 지식을 가진 학업 전문가로 규정한다. 학교가 사회변화, 개혁, 실험의 수단이 되는 것을 반대한다. 학급은 교사에 의해서 운영되어야 한다고 본다.

진보주의 교육자의 교육 지도 입장은 다음과 같다(Gutek, 1988: 296).

1. 기초 기능을 직접적으로 가르치기보다는 아동들이 그들의 문제를 해결하고 욕구를 만족시킴으로써 학습과 탐구의 방법을 습득하는 것이 더 좋은 방법이다. 예를 들면 듀이는 아동들은 문제를 해결하는 데 과학적 방법을 사용함으로써 사고력을 학습한다고 주장한다. 킬패트릭(Kilpatrick)은 프로젝트 방법을

사용하는 데 집단활동을 수단으로 하는 학습을 강조한다. 이것은 학습, 교육과정, 수업은 아동의 흥미에서 출발한다는 것을 의미하는 것이다.

2. 학교는 사회적 이슈에 관여하여야 하며, 사회적 변화를 촉진시켜야 한다. 학교행정가와 교사는 학교와 사회를 분리시키는 이론적 그리고 정치적 장벽을 허물어뜨려야 한다. 또한 교과영역, 학년, 학과 등으로 구분되어 있는 학교조직의 내부 벽을 허물어야 한다고 주장한다.
3. 교사는 정보의 전달자이기보다는 프로젝트 운영자, 학습의 촉진자, 심리치료사, 학습상담자가 되어야 한다. 수업 방법은 다양하고 주로 비지시적이어야 한다.

요약하면, 진보주의 교육은 암기·암송 학습과 교과서의 권위를 강조하는 전통적인 교육에서 아동을 해방시켜야 한다고 주장한다. 진보주의 교육은 교과서 중심의 전통적인 교육과정을 반대하면서 활동, 경험, 문제 해결, 프로젝트 방법 등과 같은 교육과정 조직의 대안적 형태를 권장한다. 진보주의 교육의 특성은 (1) 교과보다는 학습자인 아동에 초점을 두며, (2) 언어와 문자 기술 그리고 지식에 전적으로 의존하기보다는 직접적인 활동과 경험을 강조하고, (3) 경쟁적인 개별화된 수업과 학습보다는 협동적인 집단 학습활동을 권장한다. 폭넓은 사회적 방면에서 진보주의는 공동체 참여의식과 사회적 개혁을 도모하는 데 민주주의적 절차의 사용을 권장한다. 진보주의는 또한 전래의 전통, 태도, 가치를 비판적으로 평가하거나 거부하는 문화적 혹은 윤리적 상대주의를 추구한다(Gutek, 1988: 297).

4) 재건주의 교육 이론

재건주의(reconstructionism)는 본질주의나 항존주의와는 대립되는 이론으로서 새로운 사회의 건설, 즉 사회개혁을 주장하는 이론이다. 재건주의는 개인적 경험과 사회적 경험의 재구성을 주장하는 듀이의 실험주의 또는 진보주의 사상과 맥을 같이하면서, 특히 사회적 경험의 재구성과 문화 개조를 강조한다. 재건주의 교육 이론은 인간의 삶과 가치를 고양하는 사회변화와 사회개혁을 추구하는 이론이다.

재건주의 교육철학자로는 카운츠(G. S. Counts, 1832)와 브라멜드(T. Brameld, 1956)를 들 수 있다. 이들 재건주의자들은 학교의 일차적 기능은 현대 사회의 위기의 문제를 진단하고 이를 해결할 수 있는 기술과 태도를 함양하는 데 있다고 주장한다. 실제로 현대 사회는 빈곤, 빈부 격차, 정치적 갈등, 전쟁 위협, 환경 파괴, 폭력 등 각종 문제에 직면해 있으며, 그 뿌리는 인간 가치가 사회적 · 경제적 현실에서 절연되어 있기 때문이라고 그들은 믿는다. 따라서 재건주의는 인간과 삶의 가치를 사회적 측면에서 고양시키고자 하며, 사회적 참여를 통한 사회적 자아를 실현하고자 한다. 그래서 교육은 (1) 문화적 유산을 검토하는 비판적 의식, (2) 의도적인 사회개혁을 위한 활동에의 참여, (3) 문화 개조의 코스를 구상할 수 있는 계획 지향적 태도, (4) 의도적인 사회개혁 프로그램의 실시를 통한 문화적 계획의 검증 등을 함양하여야 한다.

본질주의자나 항존주의자들은 재건주의가 전통의 힘을 부인하고, 사회 불안정성을 조장하며, 기본적인 기능과 교과목을 무시하면서 학교를 그들의 사회 이론을 실험하는 도구로 사용한다고 비판

한다. 그러나 재건주의자들은 모든 교육은 특정한 문화의 산물이라고 주장하면서 현대 사회의 위기를 일깨우고, 교육을 통한 새로운 사회 건설의 아이디어를 제시하고자 하였다.

2. 이념

중요한 교육정책 논의는 교육학적 논의에 국한되지 않고 이념적 검토를 필요로 한다. 이념(ideology)은 사람들 자신이 좋아하는 사회를 설명하고 정당화하는 신념체제다. 그것은 사회의 본질과 목적 그리고 이와 관련된 인간의 본성에 대한 가정들을 포함한다(Shils, 1968). 이념은 사회적, 경제적, 정치적 체제가 조직되고 운영되어야 할 방식에 대한 일관된 가치와 신념체제이며, 이러한 가치와 신념이 어떻게 실행되어야 하는가에 대한 제안들이다(Issak, 1987). 이념은 일상생활과 사회를 판단하는 준거를 제공한다(Lane, 1962). 그것은 현재의 사회적 상황에 대한 분석, 이상적 사회에 대한 비전, 그리고 이상적 사회로 접근하는 계획을 제공한다(Iannaccone, 1988).

철학과 이념은 유사점이 많지만, 후자는 상황적이고 행동 지향적인 특성으로 구별된다. 철학은 보편적, 추상적, 형이상학적인 반면, 이념은 역사적, 경제적, 사회적, 정치적 상황에서 생성되고, 이러한 실제 상황에서 의미를 추구하고 정책 방향을 제시한다(Gutek, 1988). 이념은 행동의 기본적인 논리인 것이다. 따라서 상이한 각 이념은 학교교육에 대해 서로 다른 견해를 가지고 있고, 이념에 따라 학교교육에 대한 문제 제기와 정책 방향이 달라진다. 즉, 학교교육에 대한 다양한 견해는 이념의 스펙트럼으로 이해할 수 있다.

이념을 보수적 관점, 자유주의적 관점, 급진주의 관점으로 구분하여 살펴보겠다.

1) 보수주의 관점

보수주의(conservatism)는 다윈(C. Darwin)의 진화론을 사회 분석에 적용하는 19세기 사회적 다윈주의자 사상에 그 기원을 두고 있다. 따라서 사회적 진화를 가장 강한 개인이나 집단이 생존할 수 있게 하는 과정으로 보고, 인간과 사회적 진화를 환경의 변화에 대한 적응으로 본다. 보수적 관점의 두 번째 특징은 자유시장 또는 자본주의의 시장경제가 경제적으로 가장 생산적이며, 동시에 인간 욕구(예를 들면 경쟁과 자유)를 가장 존중하는 체제라는 신념이다. 보수주의자들은 자유시장 자본주의가 잠재적 오용(誤用)을 최소화시킬 수 있는 경쟁을 수단으로 하여 경제적 성장과 개인의 자유를 극대화한다고 주장한다. 사회 문제에 대한 보수주의적 견해는 일차적으로 개인을 강조한다. 시장경제체제 내에서 자신의 위치를 확보하는 것은 개인의 능력에 달려 있으며, 문제의 해결은 개인 수준에서 이루어져야 한다고 보수주의자들은 본다(Kinsler & Gamble, 2001: 33).

보수주의는 변화보다 계속성을 강조하고, 기존의 확립된 제도의 보존과 문화적 전통의 유지를 강조한다. 보수주의 관점에서 인간은 능력과 재능이 다르며, 계층적으로 조직화된 사회를 좋은 사회로 본다. 보수주의 이념은 교육에 관해 본질주의 교육철학과 맥을 같이한다. 이에 따라 보수주의자들은 교육을 일차적으로 문화적 전승과 보존의 과정으로 본다. 그리고 교육 기회는 계층화된 기존의 사회 질서 속에서 경쟁으로 배분되어야 한다고 주장한다(Gutek, 1988: 194-200).

2) 자유주의 관점

자유주의(liberalism) 관점은 듀이의 20세기 저술과 1880년대에서 1930년대에 이르는 미국의 진보주의 사상에 그 기원을 둔다. 자유주의 관점은 비록 자본주의 시장경제에 대한 보수주의의 견해를 수용하지만, 자유시장은 규제하지 않고 내버려 두면 경제적으로 그리고 정치적으로 불이익 집단에게 심하게 악용될 수 있다고 믿는다. 자유주의자들은 경제적, 정치적, 사회적 영역에서의 정부의 관여는 건강한 경제활동을 위해서 모든 시민들을 공정하게 처우하는 것을 보장하는 데 필요하다고 주장한다. 그래서 자유주의 관점은 자본주의의 경제적 생산과 국민 다수의 사회적 · 경제적 욕구와의 균형에 관심을 갖는다. 자유주의자들은 평등 문제를 크게 강조하여 자본주의 체제가 부와 권력을 가진 사람들에게 종종 불공정한 이득을 제공한다고 보고, 특별히 기회 균등(equality of opportunity)을 강조한다. 또한 정부의 역할은 모든 시민에게 공정한 처우를 보장하고, 기회 균등을 보장하며, 부자와 가난한 자 간의 생애 기회와 생애 산출에서 커다란 차이를 최소화하는 것이라고 주장한다. 그들은 때로는 개인의 노력만으로는 불충분하기 때문에 정부는 필요로 하는 사람을 위하여 개입하여 조정하여야 한다고 주장한다(Sadovnik et al., 1994: 25).

자유주의는 계속성보다 변화와 진보를 강조하고, 인간의 자유와 권리 그리고 복지를 강조하며, 사회보다 개인을 우선시한다. 자유주의는 대의정치체제를 신봉하며, 이해 집단이 정치적 · 경제적 · 사회적으로 균형을 이루는 균형 잡힌 사회를 좋은 사회로 본다. 자유주의자들은 교육을 개인과 사회발전의 핵심적인 수단으로 여기고, 일반교육과 시민교육을 강조하며, 국가가 교육 기회의 불평등을 초래하는 정치적 · 경제적 · 사회적 장애를 제거함으로써 모든 계층에 교육 기회를 균등하게 보장하여야 한다고 주장한다(Gutek, 1988: 173-189).

3) 급진주의 관점

급진주의(radicalism) 관점은 자유시장 자본주의가 가장 좋은 경제 조직의 형태라는 신념에 반대하고, 대신에 민주적 사회주의를 선호한다. 마르크스(K. Marx)의 저술에 기반을 두는 이 관점의 추종자들은 자본주의 체제는 근본적인 모순을 낳고, 그 모순은 궁극적으로 자본주의를 사회주의로 전환하도록 이끌 것이라고 말한다. 이 모순들의 분석은 매우 복잡하므로 여기에서의 논의의 범위를 넘어선다. 다만 여기에서 지적해 두고자 하는 것은, 급진주의자들에 의해서 지적되는 주된 모순은 부의 축적의 법칙(예를 들면 사적으로 통제되는 것)과 대중의 일반적인 사회적 복지 간의 모순이다. 사회는 음식과 주거를 포함하여 모든 시민에게 최소한으로 만족할 수 있는 생활기준을 보장하여야 한다. 그래서 급진주의자들은 민주적 정치체제를 기반으로 구축된 사회주의 경제가 모든 국민에게 품위 있는 생활 수준을 보다 적절하게 제공해 준다고 믿는다. 이 관점의 핵심은 빈곤과 교육 문제와 같은 가난한 시민의 사회 문제는 자본주의의 고유한 병폐이며, 현재의 경제체제하에서는 해결될 수 없는 것이라고 믿는다(Sadovnik et al., 1994: 25-26).

급진주의는 보수주의와 자유주의를 반대하는 이념으로서 계속성이나 진보보다는 사회적 변혁을 주장한다. 급진주의자들은 혁명적 방법으로 자본주의 체제가 사회주의 체제로 전환되어야 한다고 주장한다. 급진주의는 교육을 정치적 이념을 실천하는 도구로 본다. 급진주의자들이 볼 때 자본주의 국가에서의 교육은 지배 계급이 통제를 강화하는 수단이므로 비판의 대상이 되지만, 사회주의 국가에서는 국가를 형성하는 수단이 된다(Gutek, 1988: 226-233).

3. 철학적 · 이념적 갈등

과거에는 당연시되었던 학교교육의 실제가 오늘날에는 철학적 · 이념적 검토의 대상이 되고 있다. 교과 편성, 교과서 채택, 입시제도는 물론 교복정책, 학생의 두발 지도에 이르기까지 학생 교육의 모든 결정들은 철학적 · 이념적 논쟁의 대상이 되고 있다. 특히 교육개혁이 논의될 때, 철학적 · 이념적 입장을 달리하는 사람들의 논쟁은 치열하다. 예컨대 평준화 정책에 대한 찬반 주장은 보수주의자와 자유주의자 간의 이념적 갈등을 반영하고 있다. 문제는 심각한 갈등은 교육개혁을 어렵게 한다는 사실이다. 따라서 변화경영자는 변화를 추진할 때 어떤 종류의 철학적 · 이념적 갈등에 직면하게 되고, 어떻게 그것을 효과적으로 다룰 수 있는가를 알아야 한다.

파울러(Fowler, 2004)는 이념적 갈등을 효과적으로 다루는 방법을 제시하였다(pp. 132-137). 이를 변화추진자의 입장에서 요약하면 다음과 같다.

첫째, 변화추진자는 먼저 자기 자신의 이념적 입장이 무엇인지를 인식하여야 한다. 그렇지 않으면 자신의 신념이 참이라고 믿기 때문에 다른 관점을 이해하는 것이 불가능해진다. 따라서 변화추진자는 자신의 철학적 · 이념적 관점을 객관적인 평가 방법으로 파악하고 있어야 한다.

둘째, 변화추진자는 이념적 갈등을 인지하고 있어야 한다. 즉, 다른 사람과의 이념적 불일치를 인식해야 한다. 갈등의 뿌리가 되는 이념적 불일치를 나타내는 다음과 같은 증후를 민감하게 감지함으로써 갈등을 인지한다. 첫째 증후는 쟁점에 대해 표출되는 정서적 강도다. 이념적 신념은 개인의 인생관, 세계관, 가치관과 같은 심층적 심리와 밀접하게 관련되어 있기 때문에 강력한 정서를 동반하여 표현된다. 쟁점에 대한 사람들의 정서적 반응을 통해서 그들의 이념을 인지할 수 있다. 둘째 증후는 잘못된 의사소통 양태다. 사람들은 흔히 자신과 반대되는 이념을 가진 사람의 말에 대해서 적절한 말로 대응하지 못한다. 그들은 반대되는 사람의 말을 완전히 잘못 해석하거나 또는 무시한다. 또는 "너는 광신자야." 혹은 "네가 하는 말은 믿을 수 없다."와 같은 말로 반응한다. 이러한 반응을 통해 이념적 갈등을 인지한다. 셋째 증후는 사실과 다르고 일관성이 없는 모순된 생각이라도 끝까지 변명하려고 한다. 즉, 잘못된 관점을 바꾸려 하지 않는다. 이상과 유사한 행동이나 증후가 나타날 때는 그 뿌리에 이념적 갈등이 있다는 것을 인지하고, 어떤 이념이 갈등상태에 있는가를 파악하여야 한다.

셋째, 변화추진자는 이념적 갈등에 관한 정보를 수집하여야 한다. 정보의 수집은 갈등을 파악하고 효과적으로 다루는 데 필요하다. 먼저 반대되는 입장에 있는 사람들을 만나 대화하고 토론하는 것이 순서일 것이다. 그들과 솔직하고 진지한 토론을 통해 이념의 주된 개요와 갈등의 주된 부분을 파악하는 것이 중요하다. 또한 가능한 타협점을 확인하는 것도 중요하다. 모든 경우에서 이념을 달리하는 사람들에게 말할 수 있는 기회를 제공하고, 설혹 해결책을 찾지 못하더라도 그들의 의견을 경청하고 존중하여야 한다. 반대 입장에 있는 사람과의 대화 외에 다른 방법을 통해서도 정보를 수집한다. 이러한 정보 수집은 쟁점을 파악하는 데 통찰력을 제공하고, 갈등을 다루는 최선의 방법을 시사해 줄 것이다.

넷째, 민주적 과정을 통해 갈등을 해소하고 최소화한다. 목소리가 큰 강경한 반대 집단을 상대할 때 경영자가 저지르기 쉬운 실책은 그들에게 굴복하거나 아니면 굴복시키려 하는 두 가지 방법 중의 하나를 선택하여 대응하려고 하는 것이다. 굴복하는 방법은 목소리가 크고 강렬하게 반대하면 소수 의견이라도 관철시킬 수 있다는 선례를 남길 수 있으며, 굴복시키려는 방법은 불만 세력을 더 확대시킬 가능성이 있다. 따라서 이 두 가지 방법은 모두 이념적 갈등을 해소하는 데 바람직한 방법이 되지 못한다.

이념적 갈등이 나타날 때 가장 좋은 방법은 민주적 방식을 통해서 갈등을 해소하는 것이다. 객관적 정보의 제공, 여러 채널을 통한 의사소통, 이해 관련 집단의 참여와 그들 간의 대화와 토론, 민주적 절차에 의한 의사결정 등 민주적 절차에 의해서 이념적 갈등을 해소하도록 노력하는 것이 가장 좋은 방법이라고 할 수 있다.

제9장

학교체제의 발전 단계

1. 발전 단계의 의미
2. 학교구조의 발전 단계
3. 교수-학습과정의 발전 단계
4. 교사 경력의 발전 단계
5. 학교문화의 발전 단계
6. 학교체제의 발전 단계

학교발전의 대상으로 구조, 과정, 사람, 문화에 대해서는 제3장에서 언급한 바 있다. 각 대상 영역의 발전 방향과 전략을 수립 · 실행하고 점검하는 데는 이를 인도할 수 있는 안내 지도가 필요하다. 발전 단계는 이러한 안내 지도의 역할을 한다. 이 장에서는 학교의 구조, 교수-학습과정, 교직원 경력, 문화 그리고 학교체제 각각의 대표적인 발전 단계 모형을 살펴보고자 한다.

1. 발전 단계의 의미

발전이론가들은 발전은 발전 단계에 따라 진행된다는 생각을 갖고 있다. 하지만 제1장 2절에서 언급한 바와 같이 유기체의 발달과정을 해석하는 데는 두 가지 견해가 있다. 하나는 발달을 서서히 적은 비율로 연속적으로 증가해 가는 변화과정으로 보는 견해로서 발달의 시간성, 누적성, 방향성을 인정하지만 새로운 형태의 출현을 의미하는 발달 단계의 이행으로는 보지 않는다. 즉, 이 견해는 발달을 직선적인 발달 경로에 따라 눈에 보이지 않을 정도로 조금씩 증가되는 연속적인 과정으로 보기 때문에 발달 단계를 가정하지 않는다. 이와 다른 견해는 발달을 질적으로 구분되는 하나의 발달 단계에서 다음의 발달 단계로 이행하는 과정으로 본다. 이 견해에서의 발달은 발달 단계를 거쳐서 진행된다고 보기 때문에 발달 단계의 설정이 이론의 핵심이 된다. 사회제도의 발전이론가들은 발전의 단계설을 일반적으로 적용하고 있다.

발달 단계를 조직발전에 적용한다면 다음과 같은 물음을 통해 조직발전 단계가 설정될 것이다.

- 발전 단계 또는 수준은 어떻게 정의할 것인가?
- 발전 단계를 몇 개의 단계로 나누고, 각 단계의 특성을 어떻게 기술할 것인가?
- 어떠한 발전 측면 또는 차원으로 각 단계의 특성을 기술할 것인가?

이 장에서는 학교조직의 구조, 교수-학습과정, 교직원 경력, 문화 등 학교의 하위체제와 전체 학교체제의 발전 단계를 살펴보고자 한다. 각각의 학교체제들의 발전 단계는 각 체제의 발전 방향을 제시해 주고, 발전 단계에서 수행해야 할 활동을 시사해 줄 것이다. 여기에서 학교체제의 발달 단계란 체제 유형의 발달적 또는 발전적 순서를 말한다. 즉 특성에 따라 유형화된 체제 유형들을 발달적 순서로 배열한 것을 뜻한다. 구체적으로 체제의 발전 단계 설정은, 우선 체제를 특성을 기준으로 유형화하여 분류한다. 이렇게 분류된 체제 유형은 발전 단계를 나타낸다. 다음에, 분류된 체제 유형들을 발전적 순서에 따라 배열한다. 여기에서 발전적 순서란 체제가 바람직한 방향으로 진행되는 순차적 단계(유형)를 의미한다. 결국 체제의 발달 단계는 체제 유형의 발전적 순서가 된다.

학교의 구조, 교수-학습과정, 교직원 경력, 문화 그리고 학교체제의 대표적인 발달단계모형을 다음 절부터 각각 살펴보겠다.

2. 학교구조의 발전 단계

호이(Hoy)와 미스켈(Miskel)은 학교조직구조를 유형화하고 학교구조의 발달 단계를 제안하였다(Hoy & Miskel, 2001: 100-104, 김형관 외(역), 2003: 145-150). 그들은 먼저 조직구조의 특성을 기준으로 관료적 유형과 전문적 유형으로 구분하였다. 관료적 유형은 권위의 위계, 규칙, 절차의 상세화, 몰인정성의 조직 특성을 지니고, 전문적 유형은 기술적 능력과 전문화의 조직 특성을 지니고 있다. 그리고 그들은 이 두 가지 유형의 정도를 상하로 구분하고 조합하여 [그림 9-1]과 같이 학교조직구조를 베버(Weber)형 구조, 권위주의형 구조, 전문형 구조, 혼돈형 구조의 네 가지 유형으로 분류하였다(p. 10).

		전문적 패턴	
		높음	낮음
관료적 패턴	높음	베버형	권위주의형
	낮음	전문형	혼돈형

[그림 9-1] 학교조직구조의 네 가지 유형

베버(Weber)형 학교구조

베버형 학교구조(Weberian structure)는 전문화와 관료화가 상호 보완적인 관계에 있는 구조다. 양 차원이 모두 높은 이 패턴은 베버가 기술한 이상적 형태와 비슷하다. 호이와 미스켈은 이 패턴을 베버형 구조(Weberian structure)라고 명명한다.

권위주의형 구조

권위주의형 구조(authoritarian structure)는 관료적 권위를 강조한다. 권위는 직위와 위계에 토대를 두고 있다. 규칙, 규제 및 명령에 대한 복종이 조직 운영의 기본 원리가 된다. 권력은 집중되어 있고 위에서 아래로 흘러온다. 규칙과 절차가 객관적으로 적용되며, 상급자가 항상 최종 결정을 한다. 일반적으로 조직과 상급자들에게 충성을 해 온 사람들이 행정직으로 승진한다. 이러한 권위주의형 구조는 굴드너(Gouldner, 1954)가 제시한 처벌 중심적 관료제와 유사하다.

전문형 구조

전문형 구조(professional structure)는 실질적인 의사결정이 전문 직원들에게 위임되어 있는 구조다. 직원들은 조직의 중요한 의사결정을 할 수 있는 전문 지식과 능력을 갖춘 전문가로 간주된다. 규칙과 절차는 동일하게 적용되는 엄격한 형태가 아닌, 가이드로서 봉사한다. 특수한 사례들은 예외로 취급되는 것이 아니라 규칙이 되는 것 같다. 교사들은 조직의 의사결정과정에 상당한 영향력을 행사한다. 요약하면, 결정은 지식과 전문 기술을 가지 사람들에 의해 이루어진다. 호이와 미스켈은 이러한 유형의 학교구조를 전문형 학교 구조라고 명명한다.

혼돈형 구조

혼돈형 구조(chaotic structure)는 전문화와 관료화 정도가 모두 낮으며, 따라서 혼란과 갈등이 일상의 조직 운영에 나타난다. 모순, 반목 및 비효과성이 조직 전반에 퍼져 있으며, 다른 구조 유형으로 이동하려는 강력한 압력이 늘 제기된다.

학교의 구조를 네 가지 구조 유형으로 분류하는 것은 여러모로 도움이 된다. 이러한 유형 분류는 학교발전을 위한 이론적인 토대를 마련해 줄 수 있다. 호이와 미스켈은 학교조직이 혼돈형 구조에서 권위주의형, 베버형, 그리고 전문형 구조를 향해서 단계적으로 변화하는 발전 모형을 다음과 같이 기술하였다(Hoy & Miskel, 2001: 102-104; 김형관 외(역), 2003: 148-150).

혼돈형 구조는 비효과적이며 신속한 조치를 취할 대상이다. 교육위원회는 현재의 혼돈과 무질서에 질서를 가져오도록 조직 안팎에서 상당한 압력을 받게 될 것이다. 이에 대응하는 전형적인 방법은 '새로운 리더십'을 구하는 것이다. 새로운 리더십은 질서를 가져오기 위해 엄한 관료적 및 권위주의적 절차에 의지할 것이다. 즉, 혼돈형 구조는 권위주의형 구조로 옮겨 갈 것이다.

권위주의적 구조는 기계적이다. 권력과 권위는 견고하게 연결되어 있는 조직 구조에 거의 전적으로 안주하고 있다. 행정가들은 일방적인 의사결정에 몰두하고 있으며, 교사들에게는 이러한 행정가들의 지시에 반론 없이 복종하도록 기대되고 있다. 일반적으로 각종 관계는 공식적, 몰인정적, 수직적이다. 관료적 권위에 의해 유지되는 일련의 명확한, 공식적인 목적들이 조직 행동을 이끌어 간다. 스케줄, 규칙 및 절차 등의 행정적 집행에 의해 수업이 조정된다. 권위주의적 구조에서의 갈등은 혼돈형 구조에서 나타나는 것보다 더 낮은 수준일 것으로 기대되나, 베버형 및 전문형 구조에서보다는 더 높을 것이다. 환경이 지원적이고 안정적이며 단순하다면, 학교 효과성은 중간 정도일 것으로 예상된다.

학교구조의 발전으로 보아 다음에 올 논리적 단계는 베버형 구조다. 이 유형에서는 집권화와 전문화의 요인들이 균형을 유지하고 있다. 위계, 규칙, 절차 및 몰인정성과 같은 관료적 속성들이 교사들의 기술적 능력과 전문성을 보완해 준다. 공동의 이익과 공유된 목적을 위해 행정가들과 교사들은 의사결정에 동참하고 있고, 공동의 이해에 집중하며, 단일한 공유목적에 헌신한다. 교사들과 행정가 간의 갈등은 제한되어 있으나, 조직의 각 부분들은 다소 견고하게 연결되어 있다. 요약하면, 베버형 구조에는 공식적 및 비공식적 특징들이 통합되어 있다. 학교효과성은 높을 것으로 예상되며, 이러한 구조는 단순하고 안정적인 환경하에서 가장 효과적으로 기능

할 것이다.

대부분의 사람들은 무질서보다는 질서를 선호한다. 따라서 혼돈형 구조에서 권위주의형 구조로의 이동은 비교적으로 간단하게 이루어진다. 그러나 권위주의형 학교구조에서 베버형 구조로의 이동은 훨씬 더 어렵다. 호이와 미스켈에 의하면, 대부분의 학교들은 기본적으로 권위주의형에 머물러 있고, 베버형 구조로 쉽게 변화하지 않는다. 그런데도 현재의 교육개혁이 교사들에 대한 권한 부여를 강조하고 있기 때문에 그들은 베버형과 전문형 구조로 이동하도록 압력이 가해질 것이라고 기대한다.

교직이 보다 충실히 전문화되어 감에 따라 일부 학교구조는 베버형에서 전문형 구조로 변화될 것이다. 전문형 구조는 이완되고 유동적이며 비공식적이다. 전문가인 교사들이 의사결정을 통제한다. 여러 가지 학교활동들을 통합하는 책임이 교사들에게 있다. 실제로 교사 집단들이 가장 유력한 권력의 근원이다. 행정가의 주된 역할은 교사들에게 봉사하는 것이고, 교수-학습과정을 촉진하는데 있다는 의미에서 행정가들은 교사들에게 종속되어 있다. 전문형 구조는 고도로 전문화된 직원, 다양한 목표, 교사들의 자율성, 수직적이 아닌 수평적 관계를 특징으로 하는 복잡한 조직이다. 결과적으로 이러한 조직의 효과성은 교사들의 전문 기술, 헌신과 봉사에 달려 있다. 전문형 조직은 안정적이고 복잡한 환경에서 높은 효과성을 가져올 수 있다.

호이와 미스켈은 학교가 혼돈형 구조에서 권위주의형, 베버형, 그리고 전문형 구조를 향하여 단계적으로 변화하는 발전 모형을 제시하였다. 그러나 이러한 변화가 자연적으로 일어나는 것은 아니다. 사실 그들은 가까운 장래에 학교가 전문형 구조, 심지어는 베버형 구조로 변하는 것도 어려울 것이라고 생각한다. 혹은 환경이 불안정함에 따라 학교구조가 혼돈형으로 역행할 수도 있다. 또한 여기에 제시된 네 가지 구조 유형은 이상적인 형태라는 것도 유념해야 한다. 대부분의 학교들은 이러한 네 가지 기본적인 유형을 바탕으로 하여 조금씩 차이를 보이고 있다. 그런데도 이러한 기준들은 학교구조를 분석하고 변화시키며, 교사들에게 권한을 부여하려는 행정가들과 학교 조직 연구자들에게 상당한 도움이 될 것이다.

3. 교수-학습과정의 발전 단계

토머스(L. G. Thomas, 1971)는 교육체제를 국가발전의 수단으로 활용하기 위해서는 학교교육의 형태와 정치, 경제, 사회발전과의 관계에 대한 실증적인 연구가 필요하다고 주장하고, 이러한 연구를 위해서 학교교육을 유형화하였으며, 학교교육의 유형과 국가·사회발전과의 관계에 대한 가설을 제안하였다. 그는 학교교육의 유형을 교수이론에 따라 네 가지 교수-학습유형으로 분류하였다. 네 가지 유형은 (1) 암기형(Type M), (2) 훈련형(Type T), (3) 지력개발형(Type D-I), (4) 문제해결형(Type P-S)이다. 각 유형의 학교교육의 특징을 교육과정의 원리, 목표의 성격, 교육과정 내용, 학습활동, 교수방법, 평가, 기대되는 산출 등 일곱 가지 측면에서 기술하였다.

암기형(Type M)

암기형[Type M(Memory)] 학교교육은 기억, 암기의 학습 방법을 강조한다. 이 유형의 학교교육은 과거의 문화유산을 최상의 것으로 여기고, 과거의 문화유산을 담고 있는 모든 과목을 기억하는 것을 교육과정의 기본 원리로 삼는다. 즉 과거 문화유산의 가치를 알고 기억하는 것이 교육의 목표이자 지향점이며, 이러한 목표에 이르기까지는 학습자의 끈기와 복종, 정숙, 노력, 인내하는 태도, 인격이 강조된다. 교육과정은 고전문학, 고대 철학, 역사, 수학, 기술과학, 도덕적 행위를 강조하는 원리들의 내용으로 이루어지며, 학생들은 주로 듣고, 관찰하고, 읽고, 쓰는 활동을 통해 배운 내용을 기억하고 정확히 암기해야 하는 활동을 주로 한다. 교사들은 강의와 학생들의 암기를 유도하는 역할을 한다. 즉 교수-학습활동에서는 토론이나 자유로운 질문이 권장되지 않으며, 교사들의 규제 및 감독에 의해 학생들은 복종, 존경의 태도를 익히고, 외부에서 주어진 지식을 기억하고 암기하는 활동을 주로 한다.

암기형의 학교 유형은 외부 활동에 적극적으로 참여하는 활동가를 배출하기보다는 마음의 수양을 쌓는 데 더 관심을 둔다. 또한 변화에 대한 저항감을 가지고 기존 사회 질서를 유지하는 데 관심을 둔다. 이러한 학교 유형을 유지하는 데는 최소한의 비용이 들며, 학교는 분권화와 집중화가 절충된 통제 방식으로 경영된다.

훈련형(Type T)

훈련형[Type T(Training)] 학교교육은 훈련과 반복 학습을 강조한다. 이 유형의 학교교육은 현재 사회 또는 가까운 미래 사회에서 기대되는 활동이나 요구들을 교육과정을 이루는 근원이라고 여기며, 학생들이 배워야 할 필요가 있는 특정 기술, 태도를 더 잘 배울 수 있게 하는 데 교육의 목표를 두고, 학교를 졸업하는 시점에서 고용이 될 수 있는 능력을 성취하는 것에 초점을 둔다. 이러한 목표를 성취하기 위한 교육과정 내용은 기술을 이루는 구성 요소로 분리되고, 학생들은 특정 기술과 태도를 반복적으로 연습하여 습관화한다. 교사는 기술을 익힐 수 있는 모델을 제공하고 과제를 제시하여 훈련(반복, 연습)을 이끌고 실습을 시키며, 졸업의 시점에서 고용주에게 학생들을 추천하는 역할을 한다.

훈련형의 학교는 유형 유지에 가장 많은 비용이 들며, 권위주의적인 학교 통제 방식으로 경영하는 특징을 보인다.

지력개발형(Type D-I)

지력개발을 강조하는 지력개발형[(Type D-I(Developing intellect)] 학교교육은 학습이란 평생을 통하여 일어나며 마음을 도야하는 것이라고 여기며, 교육과정은 학문 중심의 교과학습을 통하여 이루어져야 한다고 본다. 지력개발을 위한 교과목의 가치는 내재적인 것으로서, 교과목의 학습을 통하여 교과의 기본 원리에 도달하고자 한다. 교육과정 내용은 자연과학, 사회과학, 인문 교과 그리고 대수학, 문법 논리학과 같은 형식 교과, 즉 표준화된 과목의 선택으로 구성된다. 학생들은 읽기, 쓰기, 관찰하기, 암송하기, 토론하기, 실험하기 등의 활동을 통해 핵심적인 아이디어를 기억하고 성찰하며, 체계적으로 조직하고 분석, 해석, 종합하는 활동을 한다. 교사는 강의, 시연, 질문, 해석, 과제 부여, 평가 등의 활동을 한다.

지력개발형의 학교 유형은 조직화된 교과 학습이 학생들에게 지식을 제공하고 마음을 훈련할 수 있게 할 것이므로 모두에게 유익

할 것이라고 생각한다. 또한 이러한 학교교육이 사회의 지도자를 배출할 것으로 기대한다.

문제해결형(Type P-S)

문제해결을 강조하는 문제해결형[(Type P-S(Problem Solving)] 학교교육은 어른과 아이들에게 관련된 현재의 개인적이고 공공적인 범위의 대표적인 문제를 선택하여 해결하는 것을 교육과정의 기본원리로 삼고 있다. 이에 따라 학교교육은 핵심적인 가치를 경험을 통해 문제를 해결해 나가는 것을 지향하며, 문제해결을 위한 학생과 교사의 상호작용과 협동적 비판을 권장한다. 교육과정은 광범위한 문제해결을 경험할 수 있도록 다양한 교과목의 원리들로 구성되며, 문제해결을 하는 데에는 많은 양의 참고자료와 광대한 교실 밖의 자원들을 활용하게 된다. 학생들은 문제를 정의하는 것에서부터 자료를 수집하고 해결 방안을 찾는 등 직접 경험을 통해 문제를 해결해 가며, 특정한 문제해결에 대한 궁극적 책임은 학생이 진다. 교사는 학생들의 탐구를 안내하고 자극하며 토론을 이끌고, 학생들의 문제해결을 돕는 자료 수집가이자, 자원조사자, 제안자, 촉진자로서의 역할을 한다. 특히 문제해결형의 학교에서는 학생의 관심을 필수적인 것으로 간주하여 학생들의 홍미, 재능에 따라 교육과정을 다양화한다.

문제해결형 학교는 비전제적인 학교경영을 지향한다. 또한 사회활동가나 비평가를 잘 배출하며, 변화하는 사회에 대한 문제의식을 가지고 계속적으로 탐구해 나가려는 준비성을 강조한다. 즉 이러한 문제해결형의 학교 유형은 학교 수준이 선진화되어 감에 따라 중요성이 더욱 커진다고 볼 수 있다.

교수 이론의 논리적 발달 순서에 따르면 토머스가 제시한 학교교육의 유형은 암기형, 훈련형, 지력개발형, 문제해결형 순서로 발달해 간다. 학생들의 개별성을 존중하여 흥미, 재능에 따라 교육과정 내용을 다양화시켜 변화하는 사회에 대한 문제의식을 가지고 계속적으로 탐구해 가는 학습을 강조하는 문제해결형은 가장 높은 수준의 학교교육이고, 지적인 탐구활동을 통하여 이해력과 통찰력을 기르고 교과의 기본 원리에 이를 것을 지향하는 지력개발형은 다음으로 높은 수준의 학교교육이다. 반면, 학습활동에서 엄밀하고 정확한 기억과 훈련된 복종을 강조하는 암기형은 가장 낮은 수준의 학교교육이고, 반복, 훈련을 통한 기술의 자동적인 습관, 태도를 형성하고자 하는 훈련형은 다음으로 낮은 수준의 학교교육이다. 따라서 교수 이론의 논리상 학교교육의 발달 단계는 암기형에서 훈련형으로, 훈련형에서 지력개발형으로, 지력개발형에서 문제해결형으로 발전되어 갈 것이라고 추론할 수 있다.

또한 학교교육 유형과 사회발전과의 관계를 보면, 학교교육의 유형은 교수 이론에 의한 발달 단계와 마찬가지로 사회발전에 따라 암기형에서부터 훈련형, 지력개발형, 그리고 문제해결형으로 단계적으로 발전해 간다.

전통, 암기, 복종이 강조되는 암기형 학교교육은 정치, 경제, 사회생활에서 활동적인 사람을 배출하는 것을 의도하지 않는다. 이 유형의 주된 관심은 정신 수양과 관련된 것이다. 그래서 교육은 개인이 활동적인 세상에서 수행하는 기능에 의해서 평가되지 않는다. 교육 이론의 관점에서 이러한 낮은 수준의 교육은 전근대적 사회의 교육 형태다.

훈련형 학교교육은 시민생활에서건 또는 직업적인 생활에서건

활동적인 세상에서 일을 할 수 있는 사람이 되도록 교육한다. 훈련 받은 사람은 그가 무엇을 할 수 있는지를 이해한다. 훈련형 교육이 강조하는 것은 실천적 지식과 기술로서, 일을 숙련되게 수행하는 것이다. 이러한 유형의 교육은 직업과 노동시장이 발달된 사회에서 나타난다.

지력개발형 학교교육은 학문(지리, 역사, 생물 등)이나 기술(읽기, 쓰기, 셈하기 등)과 같이 조직화된 교과학습을 강조한다. 교육과정의 내용은 대부분 개념, 일반화, 이론, 지식과 관련된 것으로 구성된다. 학생은 기본적인 아이디어를 기억하고, 그것을 체계적으로 조직하여, 앞으로의 교과 연구에서 분석하고 해석하는 데 사용한다. 이러한 학교교육은 모든 학생에게 유익하다고 주장한다. 왜냐하면 이 유형의 학교교육은 학생들에게 모든 지식의 기반이 되는 조직화된 교과, 즉 학문을 제공하고, 또한 그들의 정신을 개발하고 수양하기 때문이다. 이러한 교육은 근대사회에서 요구되는 교육이다.

문제해결형 학교교육은 가장 발달된 학교교육의 형태라고 할 수 있다. 학생들의 흥미와 적성을 존중하고, 행동을 통한 지식의 획득을 강조하며, 지식을 조직화하여 학문화하는 문제해결형의 학교교육은 오늘날 학교가 지향하는 교육의 방향이라고 할 수 있다.

4. 교사 경력의 발전 단계

사람들은 비교적 예측 가능한 경력 단계를 거친다. 경력은 한 개인이 일생에 걸쳐 일과 관련되어 얻게 되는 경험을 말한다. 일과 관련된 경험에는 직위, 승진, 직무와 관련된 의무나 활동과 같은 객관적 사건이나 상황이 포함되며, 또한 일에 대한 열망, 기대와 같이 일과 관련된 사건의 주관적 해석도 포함된다(Greenhause et al., 2002, 탁진국 역, 2002: 12). 경력 단계란 이러한 경력의 단계적 변화과정을 말한다. 각 단계는 비교적 독특한 과제 또는 문제로 특징지어진다. 개인은 경력 단계를 성공적으로 거쳐 가기 위해 각 단계에서 요구되는 과제를 달성하여야 하며, 각 단계에서 부딪치는 문제를 해결해 나가야 한다. 즉, 개인은 일련의 경력 단계를 거치면서 각 단계마다의 과제와 도전을 따르면서 경력을 발전시켜 간다. 이러한 경력 단계는 규범적이고 발전적인 성격을 지니고 있다.

여러 가지 경력 단계 모형 중에서 특별히 교사에게 적용할 수 있는 모형 중의 하나가 돌턴과 톰프슨(Dalton & Thompson, 1986)이 개발한 전문직업 교육을 받은 '지식근로자'를 대상으로 한 규범적 모형이다. 돌턴과 톰프슨은 전문직 경력 단계를 (1) 수습 단계, (2) 독립적 공헌자 단계, (3) 멘토 단계, (4) 후원자 단계의 네 단계로 구분하고, 수행해야 할 활동, 발전시켜야 할 인간관계, 겪어야 할 심리적 적응의 세 가지 측면에서 각 단계의 특징을 기술하였다.

1단계: 도제 단계

도제(apprentice) 단계는 개인 경력의 출발점이다. 이 단계 동안 초임 교사들은 좀 더 경험이 있는 교사들과 가깝게 일해야 한다. 즉, 초임 교사들과 이들의 감독 교사들 간의 관계는 도제 관계가 된다. 초임 교사들의 주요 활동은 감독 교사의 지도를 학습하고, 그것을 따르는 자세를 보여 주는 것이다. 도제 단계를 성공적이고 효과적으로 보내기 위해서는 초임 교사들이 의존성의 심리학적 상태를 수용할 수 있어야만 한다. 행정직을 꿈꾸는 교사일지라도 이 단계에서 교수 전문성을 확보하는 것이 매우 중요하다.

활동 1단계는 다음과 같은 세 가지 유형의 학습을 포함한다. 첫째, 초임 교사는 학교조직의 과업을 어느 정도 유능하게 수행하는 것을 배워야 하고, 어떤 과업이 중요한 것이고 어떤 과업이 덜 강조되는 것인가를 결정하는 것을 배워야만 한다. 예를 들면 초임 교사는 수업준비, 학습내용 제시, 학습진단, 학생 행동의 교정, 학습평가 등을 배워야 한다. 둘째, 초임 교사는 공식적, 비공식적 의사소통의 채널을 모두 사용하여 과업 수행 방법을 배워야 한다. 셋째, 초임 교사는 상급 교사들이 지켜보는 가운데 자신의 잠재력과 미래 잠재력을 나타내는 과업들을 수행한다.

관계 1단계에서 초임 교사가 경험하는 기본적인 관계는 종속 관계다. 초임 교사는 학교를 잘 알고 우수한 교사이며 초임 교사와 함께 일하는 것을 훈련받은 멘토에게 배정되는 것이 이상적이다. 멘토는 초임 전문가에게 지원과 안내를 제공해 주는 사람으로서, 학교조직에서 개인의 발전과 전문성 신장을 위한 기술을 개발하는 데 필요한 학습을 도와준다.

심리학적 적용 어떤 초임 교사들은 이러한 종속 관계에 잘 대처하지 못한다. 이들은 자신들이 여전히 감독관에 의해 지시받고 지배받는 것으로 느끼고, 대학 때의 교수-학생 관계와 비슷하다고 느낀다. 이들은 첫 직장에서 더 많은 자율성이 주어질 것으로 기대하게 되다가 막상 발령을 받고 보면 이상과 다른 현실 상황에 종종 좌절하게 된다. 그러나 종속 관계와 주어진 과업들을 효과적으로 처리하는 것은 승진과 보직, 그리고 궁극적으로 성공적인 경력을 형성해 가는 데 매우 중요하다.

2단계: 독립적 공헌자 단계

의존적 관계로 특징지어지는 1단계를 일단 통과하면, 교직원은 더욱 큰 독립성을 특징으로 하는 2단계, 즉 독립적 공헌자(independent contributor) 단계로 이동한다. 교직원은 자신의 분야에서 기술적인 능력을 증명해 보이고, 성과를 나타내기 위해 독립적으로 일할 수 있다. 이러한 사람들은 그들의 직업에서 성공을 위한 필요조건을 이해하고 지시, 지원, 지도와 같은 것을 덜 필요로 한다. 보통 이 기간에 처음으로 진정한 행정 지위를 갖는다.

활동 2단계 동안의 활동의 초점은 학교조직과 전문성에서의 경험을 얻고, 유능하게 업무를 수행하는 데 있다. 이 기간 동안에 행정직을 맡을 기회가 많기 때문에 행정직을 마음에 두고 있는 사람들은 여러 가지 경험을 하면서 그들에게 적합한 행정직을 알게 된다. 사실 많은 교직원들은 한 행정직에서 다른 행정직으로 이동함으로써 더 빨리 승진할 수 있고 처우가 좋아진다는 것을 알고 있다. 전형적으로, 행정직을 꿈꾸는 사람이 카운슬러로 시작하여 이후에 장학사, 교감, 교장 등 더 높은 행정직을 계속적으로 확보할 수 있다.

관계 이 단계에서의 기본적인 관계는 동료들과의 관계다. 사실 어떤 이들은 이 단계를 동료 단계로 규정한다. 멘토 관계가 축소되기 시작함에 따라 멘토링의 대안이 될 수 있는 네트워킹(networking)이 중요하게 된다. 이 단계는 교직원들이 대학 동창회와 같은 네트워킹을 통해 동료들의 지원을 얻는 과정이다. 이러한 연합체는 집단적으로 폭넓은 자원 풀(pool)을 형성한다. 여성 교사들의 경우, 남성 교사들보다 네트워킹과 멘토링 관계 모두가 더 중요하게 된다. 많은 여성들은 '기성 남성들에게 유리한 네트워킹' 또는 기타 다른 장벽의 문화 때문에 행정적 지위로 쉽게 이동할 수 없다. 네트워킹과 멘토링 관계는 전문가들에게 조직이 어떻게 운영되고, 또 학교 상위부의 행정가들과의 접촉(exposure)이 어떻게 이루어지는가에 관한 통찰력을 제공해 준다.

심리학적 적용 2단계 동안 교사는 감독 교직원들에게서 지시를 덜 받고 싶어 한다. 이러한 독립성의 심리학적 상태는 이전 단계에서 요구되었던 의존성의 심리학적 상태와 뚜렷한 대조를 이루기 때문에 독립적 공헌자에게 몇 가지 문제를 야기할 수도 있다. 독립적 공헌자 단계는 교직원의 경력발전을 위해 매우 중요하다. 이 단계에서 실패하는 교직원들은 독립적 수행을 위한 기술적인 행정 기술이 부족하거나 적합한 행정가의 이미지를 보여 주기 위해 필요한 자신감이 부족하기 때문이다.

돌턴과 톰프슨은 많은 교원들이 그들의 경력 전체에 걸쳐 2단계에 머물게 됨을 지적하였다. 그러나 시간이 지남에 따라 2단계에 너무 오래 머물러 있는 사람들에 대해 좋은 업무 평가를 하지 않는 경향이 있다는 점에 주목하였다. 발전적인 사람은 다음 단계의 경력을 생각한다.

3단계: 멘토 단계

3단계인 멘토(mentor) 단계 동안 교직원들은 경험이 적은 교사들을 멘토하는 데 자신들의 에너지를 쏟는다. 이 단계의 교직원들은 자신들의 관심을 넓히고, 조직 밖의 사람들과 일하는 것을 점차 확대한다. 멘토하는 교직원들은 다른 사람들의 일에 대한 책임감을 떠맡는데, 이러한 활동은 심리학적 스트레스를 유발할 수도 있다.

활동 3단계의 교직원들은 다음과 같은 어느 정도 중복되는 세 가지 역할을 수행한다. 첫째, 3단계에 진입하는 교직원은 1단계에 있는 교직원들의 멘토 역할을 하게 된다. 이러한 부가적인 책임감을 완수하기 위해 이들은 2단계에 있는 사람들에게 도움을 구한다.

3단계의 전문가들에 의해 수행되는 두 번째 역할은 '아이디어를 제공하는 사람' 이다. 멘토링하는 사람은 학교조직 내부와 외부의 소집단에게 자문을 해 준다. 이들은 2단계에서의 경험과 성공을 바탕으로 문제를 해결하는 데 필요한 정보와 자원을 동원하는 능력을 가지고 있다. 예를 들면 교육과정의 개정 또는 새로운 프로그램의 개발 등을 하기 위해 여러 학교, 공동체 위원회 등과 함께 일할 수도 있다.

세 번째 역할은 관리자의 역할로서 멘토링 단계에서 발견되는 가장 일반적인 역할이다. 2단계인 독립적인 공헌자 단계의 교직원은 일반적으로 일 그 자체에서 한두 단계 정도 떨어져 있다. 예를 들면 교사와 교장 사이에 한두 단계(부장 교사와 교감)가 있는 것과 같다. 반면에 멘토링하는 교직원은 일 자체에서 더 떨어져 있고, 결과적으로 더욱 개념적인 수준이 된다. 이들은 기술적인 활동보다는 개념적 활동을 더 많이 다룬다. 그런데도 다른 사람들이 수행한 기술적인 일에 대한 책임을 진다.

관계 3단계의 교직원은 더 많은 책임을 갖는다. 직접적인 활동뿐만 아니라 다른 교사들의 훈련과 멘토 역할도 관계에 포함된다. 이 단계의 교직원들은 목표를 설정하고, 조정하고, 위임하고, 감독하고, 또 의사결정 할 때 높은 수준의 인간관계 기술을 보여주어야 한다. 또한 3단계의 교직원들은 학교조직 위계에서 그들보다 높은 지위에 있는 많은 상급자들을 만족시켜야만 한다.

심리학적 적응 앞에서 언급하였듯이 3단계의 교직원들은 다른 사람들의 일에 대한 책임을 맡는다. 이러한 역할은 상당한 심리적 적응의 결과로 나타날 수 있다. 2단계의 교직원들은 자신의 일에만 책임을 지지만, 3단계 멘토에서는 다른 사람의 일에 대해 관심을 가져야 한다. 이러한 요구를 수용할 수 없는 교직원들은 2단계로 되돌아가야 한다.

4단계: 후원자 단계

4단계는 후원자(sponsor) 단계로서 모든 교직원들이 경험하는 것은 아니다. 이 단계에 진입하는 교직원들은 학교조직 자체를 형성하는 데 관여한다. 이런 영향력은 학교조직 안팎의 중요한 인사들과 교류하면서 학교조직의 목적 달성을 위한 새로운 방식을 모색하고, 학교조직의 목적 달성을 위해 인적, 물적, 재정적 자원을 사용함으로써 명백해진다. 이러한 활동들은 학교조직의 성공과 지속적인 성장에 매우 중요하기 때문에, 그런 활동들을 수행하는 사람들은 매우 높게 평가된다. 교육감과 대학 총장이 다른 사람보다 몇 배 높은 대우를 받는 것을 예로 들 수 있다.

활동 4단계에 있는 전문가들은 장기적인 전략적 기획에 관심을 갖는다. 이러한 기능을 성공적으로 수행하기 위해 세 가지 역할, 즉 리더, 경영자, 아이디어 혁신가의 역할을 수행한다. 리더들은 정책을 형성하고 폭넓은 프로그램들을 주도하고 시행한다. 경영자들은 장래에 나아갈 방향에 대해서 잘 안다. 아이디어 혁신가들은 조직의 목적을 성취하기 위한 새로운 아이디어를 가진 사람이다. 이러한 사람은 전문성 성취와 발표를 통해 조직 외부에서 명성을 얻는다. 이러한 외부 명성은 그들에 대한 신뢰성을 높이고 조직 발전에 중요한 역할을 할 수 있게 해 준다.

관계 4단계에 있는 교직원들은 다음과 같은 두 가지의 중요한 관계에 관여하게 된다. 첫째, 이 단계의 교직원들은 학교조직의 방향을 설정하는 데 책임을 진다. 따라서 그들은 조직의 중요한 자원에 대해서 높은 수준의 통제권을 갖는다. 핵심 인물에 대한 인사 및 인력개발이 조직의 방향을 결정하는 기본적인 것 중의 하나다. 두 번째의 중요한 책임은 외부의 조직이나 사람들과의 접촉이다. 이러한 관계는 사건과 경향에 관한 현재의 정보를 조직에 알려 주게 되므로 매우 중요하다.

심리학적 적용 4단계의 교직원들은 구체적이고 기술적인 일에서 많이 떨어져 있다. 이렇게 '일선 현장'에서 멀리 있기 때문에 이들은 의사결정에 대해 사후 비판하는 교직원들을 멀리하게 된다. 후원자들은 아이디어 개발, 인사권, 프로그램 평가, 자원 할당, 조직 설계의 개편 등과 같은 좀 더 간접적인 수단을 통해 다른 사람들에게 영향 미치는 것을 배워야 한다. 이러한 리더십 유형의 변화는 과거에 좀 더 직접적인 리더십 유형을 사용해 왔던 사람들에게는 심리적으로 적응하는 것이 어려울 수도 있다.

돌턴과 톰프슨의 모형은 기술적이면서 규범적인 모형이다. 이 모형은 교직원뿐만 아니라 지식 근로자들이 우수한 표준에 도달하기 위해 노력하고, 그 수준에 도달했을 때 생기는 성장의 진행과정을 기술하고 있다. 개개인들이 경험하는 구체적인 순서와 내용은 환경적 조건—개인적 · 조직적 환경—에 따라 조금씩 차이가 있을 수 있다. 그러나 발달 단계를 통해 순차적으로 나아갈 때 맡은 업무에 대해 목적의식을 가지고 헌신할 수 있으며, 교직에 대한 긍지와 우수성을 유지할 수 있을 것이다. 따라서 교직원들의 지속적인 발달을 조장하기 위해서는 각 단계별로 충분한 지원을 보장할 수 있는 접근법과 적절한 전략을 제시할 수 있어야 한다.

5. 학교문화의 발전 단계

하그리브스(Hargreaves, 1994)는 학교효과성을 향상시키기 위한 프로그램의 일환으로 학교문화 탐구의 중요성을 강조하면서, 학교문화의 '이념형'을 제안하였다. 그는 학교문화를 유형화하기 위한 기준으로 사회적 통제(social control)와 사회적 일체감(social cohesion)을 설정하였다. 사회적 통제는 교사와 학생이 지켜야 할 규율과 협력, 교육과 학습을 통한 학교의 주어진 목표 달성을 강조하고, 사회적 일체감은 교사와 학생이 친목을 다지는 등 만족스럽고 조화로운 사회적 관계 유지를 중시하는 특성을 지니고 있다. 그는 사회적 통제와 사회적 일체감의 정도에 따라 네 가지 학교문화 유형으로 분류하였다. 네 가지 유형은 (1) 형식적 학교문화, (2) 생존주의 학교문화, (3) 복지주의 학교문화, (4) 온실 학교문화로 분류된다([그림 9-2] 참조).

		사회적 통제 높음	사회적 통제 낮음
사회적 일체감	높음	온실	복지주의
	낮음	형식적	생존주의

[그림 9-2] 학교문화의 유형

형식적 학교문화

형식적(formal) 학교문화는 교육과정목표와 시험 성적 등 학생에게 가해지는 학습목표에 대한 달성 압력은 강한 반면, 교직원과 학생의 사회적 단결은 매우 약하다. 학교 생활은 엄격한 직무윤리하에서 규율과 일정에 따라 이루어지며, 학업에 대한 기대가 높아 이러한 기대에 못 미치는 학업 성과는 용납되지 않는다. 또한 조직의 충성도를 중요하게 여기는 교직원들은 학생을 비교적 엄격하게 대하며, 학교는 일반적으로 '전통적 가치'를 육성하는 '통제기관(tight ship)'으로 작용한다.

복지주의 학교문화

복지주의(welfarist) 학교문화는 관대하고 우호적이며 편안한 분위기를 특징으로 한다. 이러한 문화를 지닌 학교에서는 성장을 도모하는 환경에서 아동 중심의 교육철학을 바탕으로 개개인의 학생을 개발하는 데 중점을 두며, 학업 수행에 대한 압력이 낮아 학업 목표에 부여되는 가치가 사회적 단결이 추구하는 목표인 사회 적응 및 살아가는 데 필요한 기술 습득보다 적거나 아예 배제되기도 한다. 이러한 우호적인 분위기나 만족도는 강력한 교회(pastoral) 시스템을 갖춘 도심지의 '돌봄(caring)' 학교에서 찾아볼 수 있다.

온실 학교문화

온실(hothouse) 학교문화는 다소 광적인 특성을 보인다. 모든 구성원을 대상으로 광범위한 학교 생활에 대한 적극적인 참여가 요구되며, '참여하라. 체험하라. 그리고 성공하라(join in, enjoy yourself, and be a success).'가 핵심 모토로 작용한다. 학업, 개인개발 및 팀 정신에 대한 기대가 매우 높으며, 교사는 자신이 쏟는 열정과 헌신만큼 학생들도 열과 성의를 다하기를 바란다. 대놓고 강제적이거나 전제적인 문화는 아니지만, 이 경우 교사와 학생은 자신의 본분을 다하지 못한다거나 기대만큼 잘하지 못한다는 불안에 빠지게 된다.

생존주의 학교문화

생존주의(survivalist) 학교문화는 가장 극단적인 형태로서 '어려움에 처한 학교'나 '무너지는 학교'로 귀결된다. 즉, 사회적 관계가 부실하여 교사는 기본적인 통제 유지에만 애쓰면서 학생들이 학업을 회피하더라도 잘못을 저지르지 않으면 이를 문제 삼지 않는다. 또한 수업이 매우 느슨하게 진행되므로 학생들의 성적이 일정 수준을 밑돌고, 교사는 상부의 지원이 부족하다고 느껴 자신이 하는 일에 만족을 얻지 못한다. 학교 생활은 두서없이 이루어지며, 학생들이 지긋지긋한 학업에서 유리되면서 학교가 불안이나 의욕저하에 휩싸이게 된다.

이처럼 네 가지 학교문화 중 학교가 나아가야 할 바람직한 학교문화는 온실 학교문화다. 하그리브스(1999)도 교직원들이 직접 참여한 학교문화의 진단 기법 연구에서 네 가지 학교 문화 유형 중 가장 실제적인 학교문화로 형식적 학교문화를, 가장 이상적인 학교문화로 온실 학교문화를 대다수 교직원들이 선택하였다고 밝혔다. 이를 바탕으로 네 가지 문화 유형의 발전 단계 정도는 다음과 같이 비교 가능하다. 형식적 학교문화에 비해 사회적 통제의 측면에서 어려움이 있고 붕괴 현상을 보이는 생존주의 학교문화를 형식적 학교문화보다 덜 발전된 단계의 문화로 볼 수 있다. 또 온실 학교문화에 비해 학업 달성에 대한 부담을 적게 주어 낮은 학업성취도 결과를 보이는 복지주의 학교문화를 온실 학교문화보다 낮은 단계의 문화로 파악할 수 있다. 따라서 학교문화는 생존주의 학교문화, 형식적 학교문화, 복지주의 학교문화, 온실 학교문화로 변화하는 것이 바람직하다고 볼 수 있다. 그러면 학교문화의 발전 단계별 특징을 규범론적인 측면에서 살펴보겠다.

생존주의 학교문화는 모든 면에서 비효과적인 상태로, 가장 시급한 문화변화가 요구되는 상황이다. 이와 같은 학교문화의 특징은 학급에서 수업이 이루어지지 않고 학생에 대한 교사의 생활 지도가 전혀 작동되지 않는 상황, 나아가 학교교육의 본질적 기능이 약화되는 현상, 즉 교육적 아노미 또는 학교 붕괴 상황이라고 볼 수 있다. 이는 사토 마나부(2003)가 일본 학교교육의 위기 현상으로 제시하는 학생들의 '배움에서의 도주' 현상과도 유사하다.

생존주의 문화의 학교에서 가장 우선적으로 요구되는 것은 교사에게는 직무 윤리를 강조하고, 학생에게는 엄격한 생활지도와 교칙 준수를 강제하여 학교 질서를 회복하는 것이다. 학교 질서를 회복하기 위해서는 질서유지 및 학습목표 중시와 같은 높은 사회적 통제를 기본 원리로 하는 형식적 학교문화에 의지하게 될 것이다. 즉, 생존주의 학교문화는 형식적 학교문화로 변화할 것이다.

형식적 학교문화는 질서 유지 및 학습목표 달성을 강조한다. 학교는 학교 전체적인 조직의 질서를 유지하기 위해 엄격한 관료제주의에 의존한다. 즉 개인보다는 집단주의를, 의사결정 방식에서는 '위에서부터 아래로' 의 방식을, 형식주의 업무 처리를 중시함으로써 획일적이고 위계적인 학교문화를 형성하게 된다. 또한 학교는 질서를 유지하기 위해 두발 길이의 제한, 교복 착용 등 통제 중심의 엄격한 교칙을 제정하여 학생들에게 준수할 것을 강조한다. 학업 면에서도 수업과정보다 학업 달성 결과를 중시하는 주입식 교수-학습 방법을 바탕으로 체벌을 포함하는 강압형, 전제형 수업도 묵인한다. 이 과정에서 학교는 감옥(Hoy & Miskel, 2003)으로 비유되고, 교사는 하그리브스(1972)가 제시한 세 가지 교사 유형 중 맹수 조련사(Liontamer)에 비유될 수 있다. 이러한 강력한 사회적 통제를 통해 학교는 높은 학업 성과와 구성원들의 안정감 있는 직무수행을 유지하게 된다. 그러나 형식적 학교문화는 낮은 사회적 일체감과 획일성 때문에 구성원들 간의 우호적 관계 형성에 어려움이 있어 개인주의 문화를 형성하게 된다. 특히 학생들은 학업 결과를 강조하는 학교문화 때문에 경쟁 중심의 학생문화를 형성하고, 전제적이고 강압적인 문화에 대한 반발심 때문에 학교 생활에 즐겁게 참여하지 못하며, 학교와 교사를 불신하고, 일탈 행동과 같은 적대적 학생문화를 형성하게 된다.

형식적 문화의 학교에서 가장 시급히 요구되는 것은 교사와 학생 모두가 우호적인 협력적 관계를 형성하고, 학교 가는 것을 즐거

워하며, 학교에 대한 소속감을 가지는 것이다. 구성원 간의 협력 관계와 소속감을 갖기 위해서는 헌신과 돌봄, 참여 강조와 같은 높은 사회적 단결을 기본 원리로 하는 복지주의 학교문화를 기대하게 된다. 따라서 형식적 학교문화의 문제를 해결하고 발전시키기 위한 다음 단계는 복지주의 학교문화다.

복지주의 학교문화는 관대하고 우호적인 사회적 관계를 강조한다. 학교는 높은 사회적 단결을 가져오기 위해 학교행정가나 교사들이 아동 중심의 교육철학을 바탕으로 헌신하고, 돌보고, 배려하는 공동체 문화를 가지고 있다. 학생들은 학교 생활에 자발적으로 참여하고 학업에 대한 부담이 적기 때문에 학교에 등교하는 것이 기다려지고, 설레며, 교사를 보고 싶어 한다. 교사들도 자신들의 직무를 기꺼이 수행하며, 학교의 모든 일에도 적극적으로 참여하고, 서로 도와주며 협력하는 문화가 형성되어 있다. 이러한 학교는 클럽과 같이 압력이나 통제가 없는 사교의 공간으로서 학교행정가, 교사, 학부모, 학생 모두가 만족하는 즐거운 학교다. 그러나 복지주의 학교문화는 학업에 부담이 없기 때문에 학년이 올라갈수록 학생들의 학업 의욕이 낮아지고 학업 성적도 하락하게 되어 학생의 진로에 관심이 큰 학부모에게서 우려의 목소리가 나타나게 된다. 학교의 상급 학교 진학률이 떨어지기 때문에 학교행정가와 교사들도 학력 저하에 대한 교육청과 지역사회에서의 비판에 부담을 느끼게 되고, 학생들은 자신이 원하는 상급학교 진학과 바라는 직업을 얻지 못할 수 있다는 미래에 대한 불안감을 가지게 된다. 이에 따라 학교 구성원 모두가 아동 중심의 학교문화에 대한 한계를 인식하게 된다.

복지주의 학교문화의 한계를 극복하기 위해서는 학교가 학생들의 학업에 대한 높은 기대와 높은 학업 결과를 달성하는 것이다. 따라서 학교 구성원들은 학업에 대한 책무성과 구성원 간 협동을 강조하는 온실 학교문화를 기대하게 된다. 즉, 복지주의 학교문화는 온실 학교문화 단계로 나아가게 될 것이다.

온실 학교문화는 학업에 대한 높은 기대와 그에 대한 책무성, 구성원 간 협동을 중시한다. 온실 학교문화는 높은 학업 수준을 달성하기 위해 학생들 스스로가 자발성을 발휘할 수 있는 협동 학습을 강조한다. 교사들은 가르치는 직무 전반에 걸친 책무성을 중시하고, 교직원 사이에 단결력이 높으며, 학교 일을 자신의 일처럼 적극적으로 수행하는 참여 문화가 형성되어 있다. 학생들도 학교에 대한 자부심과 소속감이 강하여 학습뿐만 아니라 동아리 활동 등 학교 생활 전반에 적극적으로 참여하는 학생문화가 형성되어 있다. 교사와 학생 모두가 서로 배우고 돌보는 공동체 문화가 성숙해 있다. 온실 학교문화의 핵심 모토인 '참여하라. 체험하라. 그리고 성공하라.'와 같은 다소 광적인 특성은 효과적 학교가 가지고 있는 강력한 학교 문화의 특징과 맥을 같이한다. 결과적으로 온실 학교문화는 높은 학업 성취와 구성원들의 열정과 헌신, 협동 문화를 가짐으로써 학교문화의 발달 단계에서 학교문화가 지향해야 할 가장 이상적이고 최종적인 모습이다.

지금까지 학교문화의 발달 단계, 즉 생존주의 학교문화에서 형식적 학교문화로, 형식적 학교문화에서 복지주의 학교문화로, 복지주의 학교문화에서 온실 학교문화로 나아가는 규범적 발달 단계를 살펴보았다. 그러나 이러한 발전 단계는 학교문화 발전 단계의 여러 요인들을 고려하여 인위적으로 배열한 것으로서 필연적이고 자연적인 단계는 아니다. 특히 온실 학교문화는 가장 이상적인 학교문화의 모습을 그려 본 것으로, 실제로는 이러한 문화로의 변화가 대단히 어려울 것이다. 하지만 가장 현실적인 학교문화의 모습인 형식적 학교문화의 한계 때문에 학교행정가나 학교 구성원들이 변화시켜야 할 목표로서 복지주의, 온실 학교문화가 존재한다. 도달하는 과정에 많은 난관이 존재하더라도 노력하는 과정에서 학교문화는 조금씩 장기간에 걸쳐 변화하고, 변화 기간도 단축할 수 있는 것이다.

특히 유념할 것은 학교문화의 변화과정에는 반드시 문화 퇴보 현상도 있다는 것이다. 억압성을 특징으로 하는 형식적 학교문화를 구성원들이 적극적으로 참여하는 복지주의 또는 온실 문화로 변화시키기 위해 획일성을 유지한 채 조급하게 무리한 시도를 하다가 생존주의 학교문화, 즉 학교 붕괴로 퇴보하는 과정을 우리는 수년 전에 지켜보았다. 학교문화를 변화시키는 쉽고 빠른 방법은 없다. 단기적인 유행을 좇는 것보다는 장기적인 체계적 노력이 변화를 가능하게 한다.

6. 학교체제의 발전 단계

비비(Beeby, 1966)는 경제가 경제발전 단계에 따라 발전되듯이 교육도 거쳐야 할 발전 단계가 있다고 가정하고, 발전도상국의 초등학교 교육의 질적 발전을 나타내는 학교체제의 발전 모형을 제시하였다. 그의 발전 모형은 다음과 같은 가정에 기반을 두고 있다. 첫째, 학교발전은 교육의 질적 발전을 나타내야 한다. 둘째, 교육의 질적 발전은 학급수준에서 이루어지는 '의미(meaning)' 학습의 정도로 정의되어야 한다. 셋째, 학급의 질적 교육수준은 교사의 일반교육 수준과 교사교육의 종류와 기간에 의해서 결정된다. 이러한 가정에서 비비는 교사의 교육(일반교육과 교사교육) 수준과 의미학습의 정도를 나타내는 학급교육 형태를 네 가지 수준으로 나누어서 학교체제의 발전 단계를 구성하였다. 네 가지 발전 단계는 (1) 부인학교 단계, (2) 형식주의 단계, (3) 전환기 단계, (4) 의미 단계다.

1단계: 부인학교 단계

1단계인 부인학교 단계(dame school stage)는 교육은 제대로 받지 못했지만 유식한 마을의 부인이 아동을 가르치는 학교 형태다. 우리나라의 서당식 학교라고 할 수 있다. 이 단계의 교사들은 일반교육수준이 낮고 교사 훈련을 제대로 받지 못한 사람들이다.

이 단계에서 교과요목은 모호하고 빈약하며, 교사들은 그들이 아는 좁은 범위의 내용만을 다룬다. 가르치는 내용은 거의 3R의 철저한 기계적인 반복 연습으로 구성되고, 비교적 의미 없는 기호(symbols)의 암기로 대부분의 시간을 보낸다. 이 단계의 학교교육은 교육수준이 낮은 교사들이 의미 없는 기호의 암기와 반복 훈련만을 강조하는, 그야말로 교사들의 독단적이고 비효율적인 형식주의로 특징지을 수 있다.

2단계: 형식주의 단계

형식주의 단계(stage of formalism)의 교사들은 교육수준은 낮지만 교사 훈련은 받은 사람들이다. 이 단계의 교사들은 철저히 형식의 틀 속에서 교육한다. 교사들은 그들의 한정된 지식 범위 내에서만 가르치고, 공식적인 교과요목에 철저하게 의존한다. 교과서 밖의 질문은 받지도 않고 두려워한다. 질서와 훈육을 강조하고, 교실에서 교사의 행동은 매우 엄격하고 형식적이다.

부인학교 단계에서는 기호와 의미 간의 연결이 거의 없지만, 형식주의 단계에서의 기호는 아동에게 의미를 갖는다. 그러나 그 의미는 폭이 좁고 한정적이며 고립되어 있다. 학급에서 다루는 사실들은 아동들의 개인적 삶의 세계와 별 관계가 없는 것들이다. 말하자면 '책 지식'과 실제 세상 지식과의 연관성이 낮다. 또한 학교에서 다루는 사실에는 정서적 의미가 무시되고, 이해보다는 암기가 더 큰 비중을 차지한다.

이 단계의 학급은 통제의 특징적 형태를 띤다. 학급은 일상적 수준에서 매우 조직화되어 있고, 자세하고 경직된 교과요목과 제한된 수의 교과서가 있으며, 엄격한 외부 시험을 비롯하여 학생과 교사를 감독하는 엄격한 감시체제가 있다. 교수방법은 어떠한 과목에도 적용될 수 있는 '가장 좋은 하나의 방법'을 추구하고 고집한다. 이러한 교육 형태는 의무교육제도가 실시된 이후 초등학교에서 흔히 볼 수 있는 교육 형태다.

3단계: 전환기 단계

2단계에서 3단계로의 이동은 교육철학의 변화 없이 지식과 기술의 증대로 이루어지는 반면, 4단계로의 이동은 새로운 교육목표의 수용이 포함된다. 하지만 3단계는 4단계로 진입하는 데 필요한 준비 기간으로 간주할 수 있으므로 전환기 단계(stage of transition)라고 부를 수 있다.

3단계의 교사는 2단계의 교사보다 더 좋은 교육과 교사교육을 정식으로 받은 사람들이다. 이 단계의 교사들은 폭넓은 많은 지식을 갖고 있기 때문에 학생들의 질문에 탄력적으로 대응한다. 아직 고정된 교과서를 사용하지만 부교재를 참고 도서로 활용한다. 학교에 도서관은 있으나 많이 사용되는 편은 아니고, 학생들의 연구 모임의 장소 정도로 사용된다. 수학과 국어는 효과적으로 가르치고, 작문교육은 잘 안 되지만 철자법과 띄어쓰기 등은 철저히 가르친다. 역사와 지리는 좋은 교과서는 있으나 아직 암기에 크게 의존하는 수준이며, 예술과 공예도 교과로 다룬다. 기호에 부여하는 의미의 폭은 2단계보다 넓지만, 그 의미가 풍부한 것은 아니다. 정서적 · 심미적 가치는 교실 내에서는 아직 낮게 평가되고 있으나, 학교 밖에서는 스포츠, 음악회, 전시회, 보이스카우트 등의 활동을 왕성하게 한다. 즉, 학교 밖에서 정서적 · 심미적 활동을 많이 한다.

전환기 단계에서 외적 통제는 여전히 강하지만, 형식주의 단계보다는 낮다. 공식적인 교과요목은 그대로 유지되지만 교사들이 융통성 있게 가르친다. 학생들의 시험, 진급, 자격 부여, 졸업 등 학사행정에서 학교는 보다 큰 권한을 행사한다.

4단계: 의미 단계

4단계의 명칭이 의미 단계(stage of meaning)라 하여 다른 단계에서 의미학습이 전혀 이루어지지 않는다거나 현대 학교에서만 기호와 의미가 확고하게 결합되어 있다는 뜻은 아니다. 하지만 현대적 교육의 주된 특징은 모든 아동들에게 그들이 다루는 기호를 심도 있고 폭넓게 이해하게 하는 데 있다.

비비(Beeby, 1966)의 학교체제의 발전 모형은 학교체제가 거쳐가야 할 발전 단계로서 초등학교 교육의 질적 수준을 가늠하는 척도가 된다. 이 모형에 비추어 보면, 학교 간에 약간의 차이는 있겠지만 우리나라 초등학교는 전반적으로 3단계에서 4단계로 전환되는 과정에 있다고 하겠다. 학교체제의 발전 단계에서 가장 높은 수준인 4단계에 정착하기 위해서는 학생들이 스스로 사고하고, 탐구하고, 창의력을 발휘하는 교육이 이루어져야 한다. 그리고 학생들이 다루는 학습 내용이 개인적인 수준에서 폭넓고 심도 있는 의미를 갖는 교육이 이루어져야 한다.

비비(Beeby, 1966)는 학교체제를 한 단계에서 더 높은 다음 단계로 이동시키는 힘은 교사의 교육수준이라고 보았다. 교사의 일반교육과 교사교육의 수준은 학교교육의 질적 수준을 결정하는 핵심적인 요소다. 학교체제의 발전 단계 간 이동 속도에는 교사의 교육수준뿐만 아니라 다른 요소들도 작용하겠지만, 비비는 학교발전을 결정하고 촉진하는 가장 중요한 요소가 교사의 교육수준임을 강조하고 있다.

제10장

요약과 전망

- 제1장 학교의 발전과 변화
- 제2장 학교와 학교교육
- 제3장 학교변화
- 제4장 학교발전의 전략과 기법
- 제5장 학교변화의 과정
- 제6장 학교효과성
- 제7장 학교개선
- 제8장 교육철학과 이념
- 제9장 학교체제의 발전 단계

지금까지 학교발전과 변화의 본질과 과정, 그리고 실천적 수단에 관한 개념, 이론, 전략 및 기법을 폭넓게 살펴보았다. 이 장에서는 이제까지 다룬 내용을 각 장별로 요약·정리하면서 학교발전과 변화에 대한 전망을 정립해 보고자 한다.

제1장 학교의 발전과 변화

변화와 발전은 학교를 포함한 모든 조직의 규범이다. 변화하는 환경, 학교가 안고 있는 문제, 그리고 무엇보다도 학교를 개선시키고자 하는 열정 등은 학교발전과 변화의 동인이다. 그러나 그동안 개혁의 이름으로 추진된 학교교육의 변화 노력은 성공적이라기보다는 일시적인 현상으로 끝나는 경우가 많았다. 이는 그만큼 학교변화가 어려운 일이며, 근본적이고 지속적인 학교변화를 위해서는 변화와 발전에 대한 많은 연구가 필요하다는 것을 말해 주고 있다.

학교발전 논의의 출발점이라 할 수 있는 발전 개념은 매우 포괄적이므로 간단히 정의하기가 어렵다. 하지만 사회 현상에서 발전은 다음과 같은 일반적인 특성을 지니고 있다고 규정할 수 있다. 첫째, 발전은 잠재적 가능성을 실현하는 것이다. 둘째, 발전은 바람직한 상태를 지향한다. 셋째, 발전은 변화를 통해 도달하는 과정이며 결과다. 발전은 변화를 통해 일어나지만, 모든 변화가 발전에 이르는 것은 아니다. 발전의 이러한 일반적인 특성만으로는 충분히 설명되었다고 볼 수 없다. 발전이 되기 위해서는 '발전적 변화'가 일어나야 한다. 발전의 구체적 특성이라고 할 수 있는 '발전적 변화'의 특성은 생물학적 유추로 설명되는데, 그것은 시간성, 누적성, 방향성, 새로운 조직 형태의 발생, 증대된 자기통제능력의 다섯 가지다. 이를 사회 현상의 발전에 엄격하게 적용하기는 어렵겠으나, 가능한 한 이 다섯 가지 특성을 양적으로 그리고 질적으로 많이 포함한 발전 개념일수록 발전의 의미가 풍부하고 설명력이 강한 개념이라 할 수 있을 것이다. 이런 관점에서 학교발전은 학교의 교육 잠재력이 지속성 있는 바람직한 상태로 변화하는 것이라고 말할 수 있다.

발전 개념과 관련하여 발달 단계에 대한 이해가 중요하다. 발달 단계를 해석하는 데에는 두 가지의 견해가 있다. 하나는 발달을 직선적인 발달적 경로에 따라 눈에 보이지 않을 정도로 증가되는 연속적 과정으로 보고 발달 단계를 가정하지 않는다. 다른 하나는 발달을 질적으로 구분되는 하나의 발달 단계에서 다음의 발달 단계로 이행하는 과정으로 본다. 이 두 가지 발달 단계의 견해가 학교체제의 발전 단계를 설정하는 데 어떻게 적용되는지는 제9장에서 상론하였다.

학교발전 논의의 또 다른 핵심 개념은 변화다. 이는 학교발전을 위해서는 변화경영이 매우 중요하기 때문이다. 학교를 포함한 조직변화의 일차적 의미는 환경에의 적응과 생존이다. 변화, 학교변화, 변화경영 등 변화와 관련된 주제들은 이 책의 여러 곳에서 다루어진다. 이 장에서는 다만 변화의 기초적 이해를 위해서 변화의 방향성, 변화의 역동성, 계획적 변화와 비계획적 변화의 구분에 대하여 살펴보았다. 변화라는 용어는 두 가지 용법으로 사용된다. 하나는 가치중립적이고 기술적인 용법으로서 변화의 방향성은 고려하지 않고 단지 변화 현상만을 기술하는 것이고, 다른 하나는 가치 지향적이고 규범적인 용법으로서 변화의 방향성과 규범적 성격을 포함하는 것이다. 전자는 변화 현상의 기술과 관련되고, 후자는 변화의 계획과 관련된다.

변화의 역동성을 나타내는 변화과정은 레빈(K. Lewin, 1951)의 힘의 장이론이 잘 설명해 준다. 사회변화는 변화를 추진하는 추진력과 변화를 억제하는 억제력의 균형상태가 깨어질 때 발생한다.

따라서 학교변화를 이해하기 위해서는 변화를 추진하고자 하는 요소와 과정뿐 아니라, 변화를 억제하는 요소와 과정에 대한 이해 또한 있어야 한다. 즉, 변화의 추진력과 억제력 간 상호작용의 역동성에 대한 이해가 필요하다.

계획적 변화와 비계획적 변화의 구분은 학교변화를 이해하는 중요한 측면이다. 계획적 변화는 유목적적이고 의도적인 변화로서, 대부분의 조직은 계획적 변화에 관심을 갖는다. 반면, 비계획적 변화는 자발적이고 비의도적인 자연발생적 변화로서, 진화적 변화가 포함된다. 조직발전론과 변화경영론은 대부분 계획적 변화만을 다룬다. 그러나 풀란(Fullan, 1993)은 변화과정의 역동성과 전체성에 비추어 계획적 변화와 자연발생적 또는 자연적 변화로 구분할 필요가 없다고 주장한다. 풀란은 교육적 변화는 대부분 비계획적이고, 계획적 변화와 자연발생적 변화의 구분은 의미가 없으며, 교육변화의 전체성에서 변화에 관한 통찰력을 얻어야 한다고 주장한다. 실제로 학교교육의 변화는 장기간에 걸쳐서 진행되는 점진적이고 누적적인 성격을 지니고 있다. 변화가 자연발생적이든 또는 강요된 것이든 변화를 관리하는 일은 학교경영의 중요한 부분이다.

변화와 발전을 설명하는 이론에는 변화와 발전을 생물체의 생애주기(예: 탄생, 성장, 사망)에 비유하여 설명하는 생애주기이론, 변화와 발전은 목표상태를 향해 진행된다는 목적론, 현상 유지와 반대 세력 간의 정·반·합(正·反·合) 과정의 결과로 보는 변증법적 과정 이론, 적자생존(適者生存)의 원리가 지배하는 변종·선택·보존의 과정으로 보는 진화론 등이 있다.

제2장 학교와 학교교육

교육은 사람이 인간으로서 삶을 영위하는 데 필요한 지식, 기술, 태도, 가치, 감정을 학습하는 사회적 과정의 전부를 의미하며, 이러한 교육이 가장 의도적이고 계획적, 조직적으로 이루어지는 곳이 학교다. 즉 학교는 가치가 있다고 판단되는 교육의 목적, 내용, 방법을 선정하여 의도적이고 계획적으로 교육하며, 일정한 형식과 절차에 따라 조직적으로 교육활동을 수행한다. 고대사회에서도 학교 형태는 존재하였으나 오늘날과 같은 근대 학교는 19세기 후반 공교육제도의 성립을 계기로 발전하여 오늘날 사회 전체의 정치, 경제, 사회, 문화 발전의 원천이 되고 있다.

이러한 학교는 목적, 기능, 과업 면에서 다른 조직과 구별된다. 학교교육의 목적은 학생 개개인이 지적 목표, 직업적 목표, 사회적 목표, 개인적 목표를 달성하여 인간다운 삶을 영위할 수 있도록 돕는 데 있다. 학교교육은 교육목적과 관련된 자아실현의 기능을 수행할 뿐만 아니라 문화유산의 전달 기능, 사회화 기능, 사회적 선발 및 지위결정 기능, 사회통합 기능, 사회변화 및 발전 기능 등을 수행한다. 이러한 학교의 임무는 교육과정의 운영, 학생생활 지도, 교원 인사관리, 교내장학, 사무관리, 시설 및 기자재 관리, 재무관리, 대외 관계 등의 활동을 통해서 수행된다. 학교가 다른 조직과 구별되는 점으로는 인간중심적 조직이라는 것과 학교의 규범성, 공공성, 전문성을 들 수 있다.

학교를 이해하고 분석하는 데는 다양한 관점이 있지만 학교의 특성을 집단으로서의 학교, 조직으로서의 학교, 제도로서의 학교,

개방체제로서의 학교로 나누어 논구하는 것은 변화와 발전의 주체로서 그리고 대상으로서 학교를 이해하는 데 유익하다.

집단으로서의 학교의 특성에는 구성원 간의 상호작용, 구성원의 욕구 충족, 공동체의식이 포함된다. 이러한 학교의 집단적 특성은 변화과정에 영향을 미치며, 특히 구성원 간의 상호작용은 변화과정을 특징짓는 대표적 특성이다. 또한 많은 조직발전 전략에서와 같이 집단은 학교조직발전의 기본 단위가 된다.

조직으로서의 학교의 특성은 학교조직이 그 자체로서 목적을 추구하는 구조와 수단, 즉 변화와 발전의 자체 메커니즘을 지니고 있는 자기 결정적인 존재임을 시사하고 있다. 이는 학교조직이 스스로 결정하고 행동하는 주체적 존재임을 말해 주며, 집단으로서의 학교 개념에서 조직으로서의 학교 개념으로 전환될 때 학교의 자기 결정적 성격이 부각된다고 할 수 있다. 이러한 조직으로서의 학교의 특성은 학교가 변화와 개혁의 주체가 되고 발전능력을 가지고 있음을 말해 준다.

제도로서의 학교는 교육제도 망(網)의 일부분인 동시에 학교, 학교제도, 교육제도로 연결되는 중층적 구조 속에 존재함을 의미한다. 즉 학교제도는 단위학교들이 횡적·종적으로 연결되고 결합되어 구성되고, 학교제도는 다시 상위 제도인 교육제도의 일부분이 되고 있음을 뜻한다. 이러한 학교제도는 일반적으로 학교변화의 제약 요소가 된다.

마지막으로, 개방체제로서의 학교를 보는 관점에서는 학교를 환경에서 학생과 자원을 받아들이고(투입) 교육의 과정을 거쳐 교육받은 학생으로 전환시켜 환경, 즉 다른 체제로 내보내는(산출) '전형적인 개방체제'라고 보고, 학교가 자기 규제 절차와 메커니즘을 의도적으로 개발하고 장치화 · 제도화함으로써 환경의 변화에 자동적으로 대응할 수 있는 자율 규제능력을 가지고 있음을 강조한다. 개방체제로서의 학교는 생존을 위해서 환경과의 관계가 매우 중요시된다.

학교경영이 추구하는 가치로는 민주성, 공평성, 효과성, 능률성, 발전성, 적응성, 규율성, 자율성, 전문성, 책무성, 지역성 등이 있다. 학교의 궁극적인 목표는 이러한 다양한 가치 추구를 통하여 학생들의 교육적 성장과 발전을 도모하는 데 있다.

제3장 학교변화

학교에 편재하는 변화는 그 양상이 복잡하고 다양하기 때문에 어떤 분류체제가 없이는 의미 있게 식별하기가 어렵다. 따라서 학교변화를 좀 더 구체적으로 이해하고 관리하기 위해서는 기준에 따라 분류하는 작업이 필요하다. 학교변화는 여러 가지 종류, 형태, 유형으로 분류되며, 그 분류기준으로는 변화의 의도성, 변화의 대상, 변화의 복잡성, 변화의 크기, 변화의 동기, 변화의 기원 등을 들 수 있다.

변화는 변화의 의도성에 따라 자연적 변화와 계획적 변화로 구분된다. 제1장에서 언급한 바와 같이 학교경영은 계획적 변화에 주된 관심을 갖지만, 학교변화는 자연적 · 진화적 성격의 변화가 많이 발생하므로 자연적 · 진화적 변화에도 관심을 가져야 한다. 또한 학교변화는 변화의 대상에 따라 구조변화, 과정변화, 사람변화, 문화변화로 구분할 수 있다. 각각의 변화 대상은 학교의 하위 체제가 되어 서로 연계되어 있기 때문에 하나의 체제가 변화하면 다른 체제도 영향을 받는다. 많은 연구들은 구조변화와 사람변화 그리고 다른 체제의 변화가 함께 이루어질 때 근본적이고 지속성 있는 변화가 나타난다고 하였다.

학교변화는 그 복잡성의 정도에 따라 대치, 첨가, 재조정, 재구조화, 가치 지향 변화로 구분할 수 있다. 이 변화 분류는 간단하지만, 변화를 식별하고 관리하는 데 유용한 분류체제라고 볼 수 있다.

학교변화는 변화의 규모와 목표에 따라 점진적 변화와 급진적 변화로 구분할 수 있으며, 나아가서 변화의 크기라는 개념을 기준으로 대변혁, 항상적 변화, 점진적 변화, 혁신적 변화의 네 가지 유형으로 분류할 수 있다. 여기에서 변화의 크기란 변화의 가치 또는 중요성, 변화에 요구되는 자원, 변화의 파급 효과, 변화의 시급성, 변화의 현재상태에서의 이탈 정도 등 복합적인 요소들을 포함한 변화의 잠재적 힘의 크기를 말한다. 대변혁은 교육체제가 완전히 바뀌는 것이며, 항상적 변화는 교육체제에서 정상적인 균형을 유지하는 현상 유지적 변화이고, 점진적 변화는 계속적인 개선을 목적으로 하는 발전적 변화다. 혁신적 변화는 의미 있는 문제를 해결하는 '새로운 해결 방안'을 개발, 실험, 보급시키는 변화다. 이상주의자는 항상 대변혁을 꿈꾸지만 현실은 항상적, 점진적, 혁신적 변화의 세계다.

학교변화는 외부 동기와 내부 동기의 연속선상의 위치에 따라 강요된 변화, 임시방편적 변화, 근본적 변화로 구분할 수 있다. 변화의 기원에 따라 학교변화는 '위에서 아래로'의 변화와 '아래에서 위로'의 변화로 구분된다. 상부 기관에 의해서 유도되는 '위에서 아래로'의 변화보다는 조직 내부의 필요에 의해서 추진되는 '아래에서 위로'의 변화가 바람직한 변화 형태로 간주된다. 그러나 변화 추진에는 '위에서 아래로'의 변화 전략도 필요하다.

환경은 학교변화를 자극하는 원천이다. 학교변화에 영향을 미치는 환경에는 크게 인구학적 환경, 자연적·물리적 환경, 기술적 환경, 정치적 환경, 경제적 환경, 사회적 환경, 문화적 환경, 교육적 환경과 같은 외적 환경이 있고, 이러한 외적 환경을 반영하는 내적 환경이 있다. 각각의 환경은 수많은 환경 요소들을 포함하고 있다. 또한 변화에는 변화를 지지하는 세력이 있는가 하면 변화의 시도, 지속 또는 정착을 방해하는 저항의 요소가 있기 마련이다. 저항의 원인은 크게 상황적 원인과 심리적 원인으로 대별된다. 상황적 원인에는 환경의 혼란, 경제적 빈곤(자원 부족), 조직 자체의 무능력, 법적 제약, 조직문화 등과 같이 조직개혁의 촉발체제를 좌절시키거나 저항을 야기할 수 있는 일반적인 장애와 변화추진자의 지위나 불신에서 오는 문제, 개혁안 자체의 문제, 변화추진의 방법과 절차에 내포된 문제와 같은 상황적 장애가 있다. 심리적 원인에는 불신, 새로운 상황에 대한 불안감, 재정의 부담, 자존심의 손상, 변화가 개인적 이익을 침해한다고 생각한다거나 변화의 필요와 성과에 대한 의문과 같은 심리적 요인들이 있다(오석홍, 2003). 이러한 변화의 장애를 극복하는 일이 변화경영의 중요한 과제다.

조직변화를 추진하는 데는 변화추진자가 있어야 한다. 효과적인 변화추진자는 변화의 필요성을 인식하고, 성취할 수 있는 것이 무엇인지 구상하며, 목표 성취를 위하여 필요한 전략을 추구하고, 높은 지력, 강력한 추진력, 인간과 목적 성취 등 모두에 대한 강한 지향성과 조직변화에 대한 분명한 비전을 가지고 있다. 즉, 변화추진자는 변화의 촉매자, 자원 제공자, 해결 방안 제공자, 과정 조력자의 역할을 수행하면서 변화의 장애를 극복하고 변화를 추진해 나가야 한다. 이러한 변화추진자에게는 무엇보다도 전문적 지식과 윤리관이 필요하다.

학교변화에 대해 학교는 변화된 것이 없다는 의견과 그래도 학교는 변화하고 있다는 상반된 의견이 존재하여 왔다. 해방 후 국가교육체계 수립에서부터 오늘날까지 우리나라 교육에 지속적인 영향을 미쳐 왔던 미국의 교육개혁의 동향과 함께 우리나라의 주요한 학교교육개혁 사항들을 시대별로 개관하여 봄으로써 학교는 끊임없이 변화하는 과정에 있음을 확인할 수 있다.

제4장 학교발전의 전략과 기법

학교를 포함한 모든 조직발전에는 발전의 전략과 방법이 필요하다. 발전추진자는 다양한 발전 전략과 기법 그리고 관련 이론을 숙지하여 상황에 적합한 전략을 선택·사용할 수 있어야 한다.

흔히 전략을 수단으로만 생각하는 경향이 있으나, 그것은 수단과 목적 둘 다를 포함하는 일반적인 행동방침으로서 환경에 대응하여 조직의 발전을 구상하고 경영하는 활동이다. 조직발전 전략은 조직변화의 이론적 관점에 따라 다양하게 제시되고 있다. 조직변화 이론은 크게 환경결정론과 조직결정론으로 대별된다. 환경결정론은 환경에 의해서 조직의 변화와 행동이 결정된다는 견해이며, 조직결정론은 조직의 자율적 결정과 행동에 의해서 조직의 변화와 행동이 결정된다는 견해다. 이 두 가지 견해 사이에 여러 가지 관점이 있을 수 있다. 예컨대 적응, 진화, 선택, 상황, 전략적 선택과 같은 변화의 이론적 관점은 환경결정론과 조직결정론의 연속선상에 놓인 관점들이다. 이러한 이론적 관점에 따라 진화적 접근 전략, 상황적 접근 전략, 전략적 선택 전략 등이 강구된다. 그 외에 다른 조직 이론의 관점에서도 다양한 발전 전략이 제시되고 있다.

여러 학자들이 제시한 조직발전 전략 중에서 가장 잘 알려진 것이 친(R. Chin, 1969)이 분류한 세 가지 전략인데, 그것은 경험적-합리적 전략, 권력-강제적 전략, 규범적-재교육 전략이다. 경험적-합리적 전략은 변화가 합리적이고 정당하다는 것을 확인시켜서 변화를 유도하는 전략이고, 권력-강제적 전략은 권력과 제재를 변화의 수단으로 사용하는 전략이며, 규범적-재교육 전략은 개인의 태도, 가치, 대인관계, 집단기술 등 사회·문화적 규범을 변화시킴으로써 조직발전을 도모하는 전략이다. 조직발전 전략을 개발하고 사용할 때에는 변화에 필요한 시간, 변화의 정도, 변화수혜자의 특성, 변화추진자의 특성 등이 고려되어야 한다.

학교발전 연구는 역사적으로 다양한 연구 형태로 발전되어 왔으며, 이들은 학교발전 전략의 이론적·방법론적 기반을 구축하여 왔다. 이들 연구에는 현장 연구, 집단역동성, 지식생산활용모형, 조직건강, 조직쇄신, 조직개발(OD), 총체적 질 관리, 조직학습, 장이론 등 다양한 영역들이 포함되어 있다. 이들은 각기 독자적인 성격을 지니고 있으나, 조직발전에 공헌하는 접근 방법으로서 공통점을 지니고 있다.

레빈(Lewin, 1947)이 발전시킨 현장 연구와 집단역동성 이론은 사회 실제를 개선하는 기본적 요소다. 현장 연구는 기본적으로 실제 상황에 계획적으로 개입하여 개입 효과를 알아보려는 연구 방법이다. 학교 현장에서의 참여와 연구를 통해 학교교육의 실제를 개선시키는 것을 목적으로 하는 현장 연구는 오랜 역사를 지닌 학교발전의 접근 방법이다. 집단역동성은 개인과 그가 속한 집단 간의 상호작용을 의미한다. 집단역동성에 의해서 개인의 집단적 행동, 예컨대 집단적 기술, 집단적 태도, 집단적 지식을 향상시킴으로써 집단의 효율성을 증대시키고자 한다. 집단역동성 개념은 OD의 감수성 훈련과 팀 개발 기법에 활용되고 있다.

지식생산활용모형과 조직개발(OD)은 과학적 방법으로 개입 방법을 개발하여 조직발전에 활용하는 접근 방식이다. 연구개발보급모형으로 대표되는 지식생산활용 접근 방법은 과학적 방법으로 개발한 지식과 기술을 활용하여 학교발전을 도모하고자 하는 접근 방식이다. OD는 행동과학의 지식을 이용하여 계획적으로 조직과정에 개입하는 조직 경신 방식이다. OD의 기법으로는 감수성 훈련, 팀 개발, 조사환류기법, 직무재설계, 과정 상담 등 여러 가지 기법들이 있다.

조직건강과 조직쇄신이론은 조직의 조건을 개선시킴으로써 조직발전을 도모하는 접근 방식이다. 조직건강은 학교의 조직 조건과 교육의 질과의 관계를 설정하여 건강한 학교의 조직 조건은 질 높은 교육을 생산한다고 가정한다. 조직건강은 변화에 대처하고 미래에 적응하는 조직의 지속적인 능력을 나타내며, 과업 달성, 조직유지, 성장 발달의 세 가지 영역의 요소를 포함한다. 자기쇄신은 학교의 전통적이고 관료적인 문화를 구성원이 소유한 지식과 능력이 강조되는 문화로 바꿈으로써 학교발전을 도모하려는 전략이다. 따라서 조직쇄신은 발전을 위해 학교 내부 노력의 향상을 강조한다. 총체적 질 관리는 고객에 대한 서비스의 질 향상을 최우선으로 하는 전략으로서 고객 중심, 지속적인 개선, 팀워크를 조직발전의 원리로 삼고 있다. 총체적 질 관리의 특징은 조직발전에 관련된 제반 검증된 원리들을 포함하고 있다는 점이다.

조직학습 개념과 장이론은 조직의 변화와 발전을 설명하면서 변화와 발전의 전략을 제시해 주고 있다. 조직학습은 조직도 개인과 마찬가지로 학습한다는 사고를 바탕으로 한다. 이러한 사고는 조직은 학습함으로써 변화하고 발전할 수 있다는 전략을 시사한다. 조직학습의 유효성은 조직학습방법의 개발에 달려 있다고 할 수 있다. 레빈(1951)의 장이론은 변화과정을 설명하면서 동시에 변화 전략을 암시한다. 즉 변화는 기본적으로 추진력과 억제력의 상호관계에서 결정되고, 그 과정은 기존의 낡은 상태는 해빙하고 새로운 수준의 상태로 이동한 다음 새로운 상태로 재결빙하는 단계로 진행된다. 변화 발생에서의 추진력과 억제력의 역동성과 변화 단계는 조직발전의 구체적인 전략을 세우는 데 유용한 개념적·분석적 도구를 제공해 준다.

제5장 학교변화의 과정

학교변화를 성공적으로 경영하기 위해서는 변화과정의 역동성에 대한 분석적 이해가 필요하다. 즉, 학교변화과정에 작용하는 요인들과 성공적인 변화를 위한 요건들을 살펴볼 필요가 있다. 제3장에서도 서술한 바와 같이 변화과정을 설명하는 대표적 이론은 레빈(1951)의 힘의 장이론이다. 변화는 변화의 추진력과 억제력이 균형을 이루고 있는 힘의 장의 평행상태가 깨어짐으로써 발생하고, 변화과정은 기존 상태의 해빙, 새로운 상태로의 이동, 새로운 상태의 재결빙의 단계로 진행된다는 것이다. 이러한 레빈(1951)의 변화과정 이후 학자들이 여러 가지 변화과정 모형을 제시하였다. 이 장에서는 풀란(1991)의 변화과정 모형을 중심으로 변화과정에 작용하는 요인들과 성공적인 변화를 위한 요건들을 단계별로 살펴보았다.

퓰란(1991)은 변화의 과정을 착수, 실행, 제도화의 세 단계로 나누었다. 변화의 첫 번째 단계인 착수 단계는 변화 실행을 결정하기까지의 과정으로서 이 단계의 핵심적인 활동에는 개혁의 추진 결정, 변화 착수에 대한 구성원의 참여의지, 변화와 관련된 측면에서의 학교 실태 검토 등이 포함된다.

성공적인 개혁의 착수를 위해서 퓰란(1991)은 적합성, 준비성, 자원이라는 세 가지 요소가 결합되어야 한다고 보았다. 적합성에는 개혁의 필요성, 개혁의 명료성, 개혁의 효용성 또는 개혁이 교사나 학생들에게 실질적으로 제공하는 이익의 상호작용이 포함되며, 준비성에는 개혁을 착수하고 발전시키는, 또는 주어진 개혁을 적용하는 학교의 실제적이고 개념적인 능력이 포함된다. 자원은 변화과정의 한 부분으로서 자원을 모아 제공하는 것에 관심을 갖는다. 자원은 변화의 실행 단계에서도 중요하지만 특히 착수 단계에서 아주 중요하게 작용하는 요인이다.

교육변화의 착수 결정은 여러 가지 상이한 방식으로 이루어지는데, 실제로 학교개혁은 대부분 외부, 특히 상부 기관에 의해서 착수되는 경향이 있다. 즉 '위에서 아래로' 개혁의 접근 방식에 의해 착수된다. '위에서 아래로'의 방식에서 '아래에서 위로' 방식으로의 전환을 위하여 학교 자체가 주체가 되어 개혁을 추진해 나가려는 진정한 노력이 요구된다.

실행 단계는 변화과정에서 가장 주목받는 단계로서 변화의 아이디어, 프로그램, 개혁, 일련의 활동을 실천에 옮기는 단계다. 개혁의 성공 여부는 실제 일어난 변화의 정도와 질에 의해서 결정되기 때문에 실행 단계는 매우 중요하다. 실행 단계의 핵심 활동에는 행동 계획의 실천, 개혁의지의 강화와 유지, 진전 상황의 점검과 발생하는 문제의 극복과 재적응이 포함된다. 실행 단계는 다시 실행의 시작 단계와 적용 단계로 구분할 수 있다.

실행의 시작 단계에는 자금, 시간 그리고 행정적인 정당성이 필요하다. 또한 변화의 필요성과 명료성, 복잡성에 대한 정확한 인식과 더불어 변화의 복잡성, 기술적 전문성, 연수, 자료, 에너지, 노력 등이 관련된다.

실행의 적용 단계는 개혁 프로그램의 계획, 준비 그리고 필요한 훈련을 마치고 프로그램이 실행되는 단계와 거의 동시에 시작된다. 실행의 시작 단계와 적용 단계를 명확히 구분하기는 어렵지만, 적용 단계는 시작 단계의 모든 요소들을 동원하고 통합하여 프로그램을 정식으로 실행하는 단계다. 이 단계의 핵심 개념은 프로그램을 현장에 '맞추어' 운영하는 것이다. 적용 단계에 영향을 미치는 요인에는 프로젝트의 유연성, 교사의 변화, 적용을 위한 시간 등이 포함되며, 실행과업들이 의도된 효과를 거두기 위해서는 개혁 프로젝트와 학교의 특수한 특성 간에 조화를 이룰 수 있도록 상호 적응하는 노력이 필요하다. 즉 프로젝트는 학교의 고유한 특성에 맞출 수 있을 정도로 유연성이 있어야 하며, 학교는 전통적인 방식을 유보하고 개혁 프로그램이 의도한 대로 운영되도록 허용하여야 한다.

제도화 단계는 변화과정의 마지막 단계로, 그동안 실시해 왔던 개혁 프로그램의 지속 여부를 결정하는 단계로서 프로그램을 학교의 일상적인 과업으로 정착 또는 제도화시키는 것을 의미한다. 즉, 프로그램을 학교의 일상적인 과업으로 수용 · 통합하여 학교 자체의 예산으로 운영하는 것을 의미한다. 프로그램의 제도화 단계에서는 조직적 · 행정적 지지와 지원 그리고 압력이 중요하게 작용한다.

개혁 프로그램이 각종 위기를 극복하고 존속되기 위해서는 먼저 프로그램이 실시되었던 학교 자체에서 프로그램 효과의 검증과 지지를 받아야 하고, 또한 지역 행정기관에서의 지지와 지원, 그리고 학교 내·외의 프로그램 존속에 대한 적절한 압력이 필요하다. 변화를 추구하는 학교는 계속적인 개선을 위한 학교의 능력을 장기적인 관점에서 발전시키는 것을 궁극적인 목표로 삼아야 한다.

변화과정을 인식하는 데는 두 가지 관점이 있다. 하나는 변화과정을 계획적·직선적·기계론적으로 보는 관점이며, 다른 하나는 변화과정을 비계획적·비직선적·역동적으로 보는 관점이다. 학교 개혁에 대한 많은 연구 결과들은 변화과정을 직선적이고 계획된 단계에 따라 전개되는 활동과정으로 보는 기계론적 관점보다는 수많은 예견되는 변인과 예견할 수 없는 변인들이 역동적으로 복잡하게 작용하여 그 과정은 물론 결과까지도 예측할 수 없다고 보는 역동적 관점을 지지하고 있다. 이와 같은 맥락에서 조직변화는 이성과 감정, 지식과 경험 및 지혜, 의식과 무의식, 객관성과 주관성, 질서와 혼란 등 합리성과 비합리성이 복합적으로 혼합된 상태에서 일어난다고 여겨진다.

퓰란과 마일스(Fullan & Miles, 1992)는 복잡한 환경에서 일어나는 변화의 특징을 다음과 같이 정리하고 있다. 첫째, 변화는 불확실성으로 가득한 학습과정이다. 둘째, 변화과정을 위한 청사진은 없다. 셋째, 교육변화는 문제 해결과정이며, 변화에 따른 문제를 회피하기보다는 수용해야 한다. 넷째, 현상 유지에서 벗어나려는 노력은 에너지를 필요로 한다. 다섯째, 교육변화는 그것을 추진하는 통합된 힘의 원천을 필요로 한다. 여섯째, 성공적인 변화는 단편적이고 단절적 과정이라기보다는 체계적 과정이다. 일곱째, 변화는 멀리 떨어진 곳에서가 아니라 현장 가까이에서 실행되어야 한다.

학교변화의 연구를 통해서 얻을 수 있는 교훈은 학교변화를 위한 유일한 개혁 모형이나 정책은 없으며, 학교는 현장 중심의 점진적이고 적응적인 변화 전략을 가져야 한다는 것이다.

제6장 학교효과성

학교효과성은 학교경영의 핵심적인 주제로서 학교조직 이론가나 실무자들에게 최대의 관심사다. 특히 학교효과성에 관한 연구는 교육정책과 실제에 큰 영향을 미치므로 이에 대한 충분한 이해가 필요하다.

학교효과성은 조직효과성 모형에 따라 여러 가지로 정의될 수 있다. 조직효과성 모형에는 목표모형, 체제자원모형, 과정모형, 참여자 만족모형, 사회기능모형, 체제모형 등이 있는데, 이 중에서 주목되는 모형은 목표모형과 체제자원모형, 그리고 체제모형이다. 목표모형은 효과성을 조직의 목적을 달성하는 정도로 정의하고, 체제자원모형은 효과성을 조직이 자원을 성공적으로 획득하고 활용하는 능력으로 정의한다. 체제모형은 조직활동 전체를 투입, 과정, 산출로 개념화하여 포괄하고 있기 때문에 조직효과성 모형들을 통합하고 있다고 할 수 있다. 오늘날에는 학교를 포함한 조직의 효과성이 체제모형에 의해서 분석하고 평가하는 것이 일반적인 경향이다.

오늘날 교육 연구의 중요한 영역을 차지하고 있는 학교효과성 연구의 주된 관심은 학교효과성 측정과 학교효과성에 영향을 미치는 학교 요인을 밝히는 데 있다. 학교효과의 측정은 초기에는 학생의 학업성취에 거의 한정되었으나, 최근에는 학업성적뿐만 아니라 폭넓은 산출을 포함하고 있다. 학교 효과성에 영향을 미치는 학교 요인에는 학교의 자원, 과정, 조직 조건 등과 관련된 변인이 포함된다. 대표적인 학교효과성 연구는 다음과 같다.

콜먼(Coleman, 1966)과 젱크스(Jencks, 1972)의 연구를 비롯한 학교 효과에 관한 초기 연구들은 투입-산출 모형을 사용하여 학교보다는 학생들의 가정 배경이 학생의 학업성취에 더 큰 영향력을 미친다는 연구 결론을 도출하였다. 브루코버(Brookover, 1978)의 연구는 콜먼과 젱크스가 포함시키지 않은 학교풍토, 학생의 사회경제적 지위, 인종 구성 등과 같은 과정 변인을 학교효과성 연구에 포함시켰는데, 연구의 결과는 이러한 변인 중 학교풍토 요인이 다른 요인에 비해서 학생의 학업성취에 더 큰 영향력을 미친다고 밝혔다. 한편 에드먼즈(Edmonds, 1979)는 모든 학교는 학생들의 학업성취에 작지만 중요한 차이를 나타내는 영향을 미친다는 결론을 내렸다. 에드먼즈가 밝힌 효과적인 학교의 다섯 가지 특성, 즉 학교장의 강력한 지도성, 학업성취에 대한 교사의 높은 기대, 기초 기능의 강조, 질서 정연한 환경, 빈번하고 체계적인 학생 진도의 평가는 이후에 수행된 많은 학교효과성 연구에서도 일관되게 발견된 효과적인 학교의 특징이었다. 루터(Rutter, 1979)는 학교효과성에 대한 종단적 연구를 통하여 학교의 과정 변인은 학생의 시험 성적에 의미 있는 영향을 미친다는 결론을 내렸다. 또한 퍼키와 스미스(Purkey & Smith, 1983)는 학교효과성에 관한 그동안의 문헌을 종합적으로 분석하여 효과적인 학교의 특성을 조직-구조적 차원과 과정 차원의 두 가지 차원으로 나누고, 다시 13개의 변인으로 분류하여 학교조직의 측면이 학교효과성의 중요한 요인임을 밝혔다.

즉, 학교의 규범, 관습, 가치, 기술, 교육과정 등이 결합되어 형성된 학교문화 혹은 풍토가 학교효과성과 밀접히 관련된다는 것이다.

효과적인 학교의 특성을 종합한 최근 연구는 다음과 같은 아홉 가지 특성을 가진다고 하였다. 그것은 (1) 효과적인 지도성 과정, (2) 효과적인 교수과정, (3) 학습에의 초점, (4) 긍정적인 학교문화의 형성, (5) 성취와 행동에 대한 높은 기대, (6) 학생의 책임과 권리 강조, (7) 모든 수준에서 학생 진보의 점검, (8) 교내 교직원 개발, (9) 건설적인 학부모 참여 문화다. 이러한 효과적인 학교의 특성은 많은 연구를 통해서 얻어진 신뢰할 수 있고 타당성 있는 결과로서, 학교발전과 개선이 이루어야 할 내용을 말해 주고 있다.

학교가 학생들의 학업성취에 어느 정도 기여하는가 하는 학교효과의 크기는 효과적 학교 연구의 중요한 과제다. 학교효과의 크기는 몇 가지 주요한 상황 변인, 즉 학생의 사회 · 경제적 지위, 학교급별, 연구가 수행된 국가에 따라 차이가 난다.

학교효과성 연구가 거둔 몇 가지 성과는 다음과 같다. 학교효과성 연구는, 첫째, 학교가 학생의 교육적 그리고 사회적 성취에 차이를 만들어 낼 수 있다는 것을 증명했고, 둘째, 일관되게 효과적인 학교는 덜 효과적인 학교보다 구조적, 상징적 그리고 문화적으로 더 단단히 결합되어 있다는 사실을 보여 주고 있으며, 셋째, 학교효과성 연구의 가장 강력하고 지속력 있는 교훈은 교사가 학생의 교육적, 사회적 성취의 가장 중요한 결정 인자라는 것이다. 이러한 교훈은 교육정책과 학교발전의 방향을 제시해 주고 있다.

제7장 학교개선

학교개선 연구는 학교효과성 연구와 더불어 교육정책과 실제에 많은 영향을 끼쳐 온 중요한 연구 영역이다. 학교효과성 연구가 학교의 산출(효과)에 관심을 두었던 것과는 대조적으로, 학교개선 연구는 학교교육의 과정에 관심을 집중시켰다. 학교개선 연구자들은 연구의 초점을 학교변화의 과정과, 그러한 변화를 성취하는 데 필요한 개선 전략에 두었다. 즉 학교개선 연구자의 주된 관심은 어떻게 학교가 변화되고, 보다 효과적으로 되는가를 이해하는 데 있었다.

학교를 변화시키려는 학교개선 노력은 교육개혁의 이름으로 꾸준히 계속되어 왔다. 제3장에서도 언급한 바와 같이 교육과정, 학생 및 학교 평가, 학교의 지배 구조, 학부모 참여, 시장 요소, 교사의 지위, 학교의 재구조화 등은 학교개혁의 주제가 되어 왔다. 교육개혁을 통해서 얻은 교훈의 하나는 교수-학습과정과 학교의 조직·경영 조건은 성공적인 학교변화의 핵심적인 요소라는 것이다. 엘모어(Elmore, 1990)는 진정한 학교교육의 변화를 위해서는 학교에서의 교수-학습과정의 변화, 학교조직과 내부 특성의 변화, 학교와 관련 집단 간의 권력 배분의 변화의 세 가지 변화가 동시에 이루어져야 한다고 하였다. 최근 들어 학교개선은 변화경영에 초점을 두고 있는데, 변화과정과 효과적인 학교에 영향을 주는 요인에 대한 지식은 학교교육의 질 향상을 위해 필요하지만 충분조건은 아니다. 따라서 성공적인 학교개선을 위해서는 변화의 관리가 필요하며, 변화과정에 대한 경영은 오늘날 학교개선의 주된 관심사라고 볼 수 있다.

이런 맥락에서 학교개선을 "교육목표를 보다 효과적으로 성취하려는 궁극적인 목표를 가지고, 학교의 학습조건과 여타 관련되는 내적 조건들의 변화를 목적으로 하는 체계적이고 지속적인 노력" (van Velzen et al., 1985)이라고 정의할 수 있다. 따라서 학교개선에서 중요한 것은 교육적 변화를 위한 전략과 경영이다. 학교개선은 기본적으로 학교가 변화와 발전의 중심이 되는 자기 쇄신적 접근 방법이다. 자기 쇄신적 학교개선은 학교가 자신을 향상시킬 수 있는 능력을 가지고 있다는 신념, 학교개선은 문화적 변화가 수반되어야 한다는 신념, 학교의 문화적 변화는 개별 학교의 내적 조건을 변화시킴으로써 가장 잘 성취할 수 있다는 신념을 토대로 한다 (Harris, 2002).

학교개선 연구는 다양한 학교개선 프로그램들을 개발하여 사용하여 왔다. 학교개선 프로그램은 크게 유기체적 프로그램과 기계적 프로그램으로 구분할 수 있다. 유기체적 프로그램은 종합적이고 원리 실천적인 프로그램으로서 교수-학습과정과 조직·경영 조건의 개선을 함께 추구하는 종합적인 성격을 지니고 있고, 학교 스스로가 개선의 원리를 실천하며, 많은 학교들이 참여하여 네트워크를 구성하여 운영되는 특징을 지니고 있다. 반면, 기계적 프로그램은 학교가 특정한 분야(예: 읽기)의 구체적 과정 및 절차를 그대로 따르도록 구안된 처방적 프로그램이다. 이 장에 소개된 대표적 학교개선 프로그램들—본질적 학교연합(CES), 학교발전프로그램(SDP), OECD의 국제학교개선 프로젝트(ISIP), 모두를 위한 교육의 질 개선(IQEA) 프로젝트—은 대부분 유기체적 프로그램이다. 다만 읽기 프로그램인 '모두를 위한 성공(SFA) 프로그램'은 기계적 프로그램이라 할 수 있다.

성공적인 학교개선 프로그램의 공통적인 특징은 교수-학습과정의 개선과 학교의 제반 조직·경영 조건의 개선에 초점을 두어 함께 추진한다는 것이다. 구체적으로 홉킨스(Hopkins, 2001)는 성공적인 학교개선 노력의 특징으로 (1) 학업성취에 초점, (2) 변화과정 참여자들의 높은 수준의 포부와 기대, (3) 연구와 이론에 근거한 프로그램 및 전략 개발, (4) 학교 상황에 맞는 프로그램 적용, (5) 학교의 조직능력 구축, (6) 계속적인 검토, (7) 실행 지향, (8) 계획적인 변화, (9) 외부 자원 확보, (10) 체계적 접근 등을 들었다.

진정한 학교개선을 위해서는 교수-학습과정과 학교의 조직·경영 조건들이 변화되어야 하며, 또한 학교개선과 관련되는 요인들이 체계적으로 함께 변화되는 것이 중요하다. 특히 학교변화를 유도하고 지속시킬 수 있는 학교의 조직·경영 조건은 학교발전의 핵심적인 요소다. 실로 학교의 내부 조건들은 학교의 조직능력을 나타내는 동시에 학교변화를 관리할 수 있는 발전능력을 나타낸다.

홉킨스와 웨스트(Hopkins & West, 1994)는 학교개선을 위해 갖추어야 할 학교 내부 조건으로 (1) 교직원 개발, (2) 참여, (3) 지도성 실제, (4) 조정 전략, (5) 탐구와 성찰, (6) 협력적 기획의 여섯 가지 조건을 제시하였다. 각 조건의 발전 방안에 대해서는 이 장에서 자세하게 다루었다.

모든 상황의 학교에 적용되는 유일한 개선 전략은 없으므로 학교 특성 분석을 토대로 각 학교 상황에 적합한 개선 계획을 세워 학교개선을 추진하고 경영해 나가야 할 것이다. 학교 특성 분석을 할 때는 학부모의 사회경제적 배경, 교육과정 운영과 학습집단 편성, 학습집단 간 학습효과의 차이, 지역의 지리적 상황과 경제적 상태, 학교에 영향을 미치는 사회적·역사적 요인들을 분석하여 학교를 수준별로 분류하고, 분류된 학교수준에 적합한 프로그램을 개발하여 실시한다.

학교개선 연구는 학교에서 변화가 어떻게 이루어지는가를 이해하는 데 공헌하였다. 이 분야의 연구들은 성공적인 학교수준의 변화과정에 관한 다음과 같은 몇 가지 중요한 연구 결과를 제시하고 있다. 학교개선 연구는 첫째, 학교수준의 변화에서 교사개발이 지극히 중요하다는 점을 증명해 보이고 있다. 둘째, 학교수준의 변화를 확실히 하는 데는 지도성이 중요하다는 것을 강조하고 있다. 셋째, 변화를 경영할 수 있는 조직능력을 구축하는 것이 중요하다는 것을 강조하고 있다. 넷째, 진정한 학교변화는 학교문화가 변화되어야 한다는 것을 증명해 보인다. 다섯째, 모든 형태의 학교 변화나 개선을 위한 유일한 행동프로그램은 없다는 것을 보여 준다. 여섯째, 학교변화의 노력이 구체적인 학생 산출과 관련되어야 할 필요성을 강조한다. 마지막으로, 학교개선 운동은 학생수준에 초점을 두고 학급 내 교수와 학습조건을 향상시키는 학급경영의 중요성을 강조한다.

제8장 교육철학과 이념

교육 논의의 중심에는 교육철학적 · 이념적 사고가 위치해 있다. 교육 현상에 대한 의미 있는 검토를 위해서는 교육 이론이 반드시 필요하기 때문이다. 교육 이론은 교육을 설명하고 해석하는 방식으로서 교육을 이해하는 관점이며, 개념의 틀, 사고방식, 명제들이다. 구체적으로 교육 이론은 교육 현상을 정의하고 설명함으로써 의미를 부여하고, 교육 현상을 구분하고 식별하고 분석하는 틀을 제공하며, 교육정책 및 활동을 구안하고 실천하는 지침을 제공한다. 이러한 교육 이론을 통해 우리는 교육을 이해할 수 있다. 교육 이론은 철학과 이념, 심리학, 사회학 등 여러 학문에서 도출될 수 있다. 교육철학 이론으로는 본질주의, 항존주의, 진보주의, 재건주의 교육 이론이 있다.

본질주의 교육 이론은 문명화된 삶을 영위하는 데 필요한 본질적이고 기본적인 지식과 기능이 있고, 이를 학생들에게 가르쳐야 한다고 주장한다. 따라서 본질주의 교육 이론은 학교의 일차적인 기능을 인류 문화의 기본적 요소를 보존하고 전수하는 것으로 본다. 교육과정 이론과 관련하여 진보주의 교육자들이 주장하는 경험주의 교육과정을 반대하고, 교과 또는 학문중심 교육과정을 주장한다. 본질주의자들은 지적 도야와 학업적 수월성을 추구하고, 학습자에게는 엄격한 훈육과 노력—복종, 근면, 성실—을 요구하며, 학습자의 흥미를 무시하지는 않지만 장래의 목적을 위하여 흥미와 관심을 유보할 줄 알아야 한다고 여기고, 교사는 지식의 전달자로서의 역할을 잘 수행해야 하며, 학교와 사회의 정당한 권위가 학생들에 의해서 존중되어야 한다고 믿는다.

본질주의 교육 이론과 밀접히 관련된 항존주의 교육 이론은 인간은 이성적 동물이라는 아리스토텔레스학파의 명제를 믿고, 학교는 인간의 지적 잠재력을 개발하는 곳이라고 여긴다. 항존주의자들의 교육철학자로서의 첫 번째 과제는 인간 본성을 논구하고, 인간 본성의 보편성에 기초하여 교육프로그램을 구안하는 일이다. 항존주의자들은 인간 본성의 보편적 특성은 이성이라고 믿는다. 이성은 인간에게 자기 결정을 하게 하고, 자아실현을 성취할 수 있게 해주며, 또한 인간의 가치는 이성에서 도출된다고 본다. 따라서 무엇보다도 교육은 인간의 이성적 힘을 개발하는 것을 목적으로 하여야 한다고 주장한다. 기본적으로 항존주의자들의 교육의 보편적 목적은 진리에 있다.

1970년대 이후 본질주의와 항존주의는 '기초교육'의 강화 형태로 부활되고 있다. 기초교육을 강조하는 배경에는 학생들의 학력 저하에 대한 우려가 반영되었다. 진보주의 교육에 대한 기초주의자들의 주된 비판은 다음과 같다. (1) 허용적, 개방적, 진보적 교육 방법은 읽기, 쓰기, 산수 등의 기초적인 기능을 경시하여 문맹률을 높였다. (2) 학교는 근면성, 정확성, 노력, 도덕성, 애국심 등의 가치를 강조하지 않았다. (3) 학업적 능력보다는 사회적 진급정책을 사용함으로써 사회생활에 진출할 준비가 되어 있지 못하고, 교육도 제대로 받지 못한 졸업생을 사회와 산업체에 배출하고 있다. (4) 교사의 질을 저하시켰다. (5) 허용적 정책은 학교폭력과 파괴의 원인이 되었다. 이러한 진보주의 교육 이론에 바탕을 둔 미국의 공교육에 대한 비판은 기초교육을 강화하는 교육개혁을 추진하게 하였다(Gutek, 1988: 264-265).

진보주의 교육 이론은 전통적인 학교교육의 형식주의, 언어주의, 학생 억압에 대한 비판적 대응으로 출발하였다. 진보주의는 기본적으로 인간 조건의 개선과 개혁이 가능하고 바람직하다는 입장이다. 진보주의 교육의 대표적 이론은 듀이(Dewey)의 경험주의 또는 실험주의 교육 이론이다. 듀이의 경험주의에 의하면 교육은 인간과 환경과의 상호작용을 바탕으로 하는 경험의 재구성이며, 그것은 경험에 의한 학습을 의미한다. 따라서 진보주의 교육은 교과보다는 아동에 초점을 두고, 언어에 의한 지식에 의존하기보다는 직접적인 활동과 경험을 강조하며, 경쟁적인 개별화된 학습보다는 협동적인 집단학습을 권장한다. 진보주의는 사회적 개혁을 도모하는 데 민주적 절차의 사용을 권장하고, 전래의 전통, 태도, 가치를 비판적으로 평가하거나 거부하며, 문화적 혹은 윤리적 상대주의를 추구한다.

재건주의(reconstructionism)는 본질주의나 항존주의와는 대립되는 이론으로서 새로운 사회의 건설, 즉 사회개혁을 주장하는 이론이다. 재건주의는 개인적 경험과 사회적 경험의 재구성을 주장하는 듀이의 실험주의 또는 진보주의 사상과 맥을 같이하면서, 특히 사회적 경험의 재구성과 문화 개조를 강조한다. 재건주의는 교육을 통해 인간의 삶과 가치를 고양하는 사회변화와 사회개혁을 추구하는 이론이다.

중요한 교육정책에 대한 논의는 교육학적 논의에 국한되지 않고 이념적 검토를 필요로 한다. 이념은 사람들이 자신이 좋아하는 사회를 설명하고 정당화하는 신념체제다. 그것은 사회의 본질과 목적 그리고 이와 관련된 인간의 본성에 대한 가정들을 포함하며(Shils, 1968), 현재의 사회적 상황에 대한 분석, 이상적 사회에 대한 비전, 그리고 이상적 사회로 접근하는 계획을 제공한다(Iannaccone, 1988). 사도브니크 등(Sadovnik et al., 1994)은 이념을 세 가지 정치·사회적 관점, 즉 보수적 관점, 자유주의적 관점, 급진주의 관점으로 구분하였다.

보수주의는 사회를 적자생존의 사회적 진화과정으로 보고, 자유시장 또는 자본주의 시장경제를 신봉하며, 개인의 사회적 위치와 문제는 개인 수준에서 결정되어야 한다고 본다. 보수주의는 변화보다 계속성을 강조하고, 기존 제도와 문화의 보존과 유지를 강조한다. 보수주의자들은 교육의 일차적인 임무는 문화의 전승과 보존에 있다고 여기며, 교육 기회는 계층화된 기존의 사회 질서 속에서 경쟁으로 배분되어야 한다고 주장한다.

자유주의는 개인의 자유와 기본권을 주장한다. 자유주의는 보수주의와 마찬가지로 자유시장체제를 신봉하지만 정치적, 사회적 활동에서 모든 시민이 공정하게 처우받는 것을 보장하기 위해서 정부의 개입이 필요하다고 주장한다. 자유주의는 계속성보다는 변화와 진보를 강조하고, 인간의 자유와 권리 그리고 복지를 강조하며, 사회보다는 개인을 우선시한다. 자유주의자들은 교육을 개인과 사회 발전의 핵심 수단으로 여기고, 일반교육과 시민교육을 강조하며, 국가가 교육 기회의 불평등을 초래하는 정치적·경제적·사회적 장애를 제거함으로써 모든 계층에 교육 기회를 균등하게 보장하여야 한다고 주장한다.

급진주의는 보수주의와 자유주의와는 반대되는 이념으로서 계속성이나 진보보다는 사회적 변혁을 주장한다. 급진주의를 추종하는 사람들은 자본주의는 근본적인 모순을 낳고, 주된 모순은 부의 축적의 법칙과 대중의 일반적인 복지 간의 모순이라고 주장한다. 그래서 급진주의자들은 정부가 경제활동을 통제하는 사회주의 경제체제를 주장한다.

주요한 교육정책의 논의 속에는 철학적·이념적 갈등이 존재한다. 심각한 이념적 갈등은 교육개혁을 저해하기도 한다. 파울러(Fowler, 2004)는 이념적 갈등을 효과적으로 다루는 방법을 다음과 같이 제시하였다. 첫째, 변화추진자는 자신의 철학적·이념적 관점을 객관적으로 파악하고 인식한다. 둘째, 변화추진자는 이념적 갈등을 인지하고 있어야 한다. 즉, 다른 사람과의 이념적 불일치를 인식해야 한다. 셋째, 변화추진자는 이념적 갈등에 관한 정보를 수집한다. 정보의 수집은 갈등을 파악하고 효과적으로 다루는 데 필요하다. 넷째, 민주적 과정을 통해 갈등을 해소하고 최소화한다.

제9장 학교체제의 발전 단계

학교발전의 대상인 구조, 과정, 사람, 문화의 발전 방향과 전략의 수립, 실행, 점검에서는 이를 인도할 수 있는 발전 단계에 대한 이해가 요구된다. 학교체제들의 특성에 따라 유형화된 체제 유형들을 발달적 순서로 배열한 발전 단계는 각 체제의 발전 방향을 제시해 주고, 각 발전 단계에서 수행해야 할 활동을 시사해 준다는 점에서 학교발전을 위한 이론적인 토대를 마련해 준다.

학교구조의 발전 단계는 호이와 미스켈(Hoy & Miskel, 2001)에 따라 조직구조를 관료적 유형과 전문적 유형으로 구분하고, 그 정도에 따라 (1) 베버형 구조, (2) 권위주의형 구조, (3) 전문형 구조, (4) 혼돈형 구조로 분류하였다. 베버형 구조는 전문화와 관료화 양 차원이 모두 높고 상호 보완적인 관계에 있는 구조로서 베버가 기술한 이상적 형태와 비슷하다. 권위주의형 구조는 권력이 상부에 집중되어 있고 직위와 위계에 토대를 두는 관료제 중심의 구조다. 전문형 구조는 직원들이 전문인으로 간주되어 실질적인 의사결정을 하며, 혼돈형 구조는 전문화와 관료화 정도가 모두 낮아 발생되는 혼란과 갈등 때문에 다른 구조 유형으로 이동하려는 강력한 압력을 받는 구조다.

호이와 미스켈(2001)은 학교조직이 혼돈형 구조에서 권위주의형, 베버형, 그리고 전문형 구조를 향하여 단계적으로 발달한다고 가정한다. 혼돈형 구조는 질서를 가져오기 위해 엄격한 권위주의적 절차에 의지하게 됨으로써 점차 권위주의형 구조로 옮겨 가게 된다.

실제 대부분의 학교들이 권위주의형에 머물러 있으나, 현재의 교육 개혁이 교사들의 권한을 강조하기 때문에 다음 단계로서 베버형과 전문형 구조를 기대할 수 있다. 베버형 구조에서는 전문화와 관료화가 상호 보완적인 관계를 갖게 된다. 교직이 보다 전문화되어 감에 따라 학교구조는 베버형에서 전문성 구조로 변화될 것이다. 앞으로 교사 집단이 가장 강력한 권력의 근원이 되고, 여러 가지 학교활동을 수행하는 책임을 갖게 됨에 따라 전문형 구조에서 높은 학교효과성을 기대할 수 있을 것이다.

토머스(L. G. Thomas, 1971)는 학교교육의 유형을 교수 이론에 따라 (1) 암기형(Type M), (2) 훈련형(Type T), (3) 지력개발형(Type D-I), (4) 문제해결형(Type P-S)의 네 가지 교수-학습 유형으로 분류하였다. 암기형은 교사들의 규제 및 감독에 의해 학생들은 복종, 존경의 태도를 익히고, 외부에 주어져 있는 지식을 기억하고 암기하며, 훈련형은 특정 기술과 태도를 반복적으로 연습하여 습관화하고, 지력개발형은 교과목의 학습을 통하여 교과의 기본 원리에 도달하며, 문제해결형은 문제를 정의하는 것에서부터 문제 해결에 대한 궁극적 책임을 스스로 진다.

토머스는 이러한 유형의 발달 단계를 교수 이론의 논리와 사회발전과의 관계의 두 가지 측면에서 검토하여 학교교육은 암기형, 훈련형, 지력개발형, 문제해결형 순서로 발달해 간다고 보았다. 즉, 학습활동에서 엄밀하고 정확한 기억과 훈련된 복종을 강조하는 암기형은 가장 낮은 수준의 학교교육이고, 반복과 훈련을 통한 기술의 자동적인 습관과 태도를 형성하고자 하는 훈련형은 암기형보다 높은 수준의 학교교육이다. 지적인 탐구활동을 통하여 이해력과 통찰력을 기르고 교과의 기본 원리에 이를 것을 지향하는 지력개발형은 다음으로 높은 수준의 학교교육이고, 교수 이론과 사회발전에 따라 학생들의 개별성을 존중하여 변화하는 사회에 대한 문제의식을 가지고 계속적으로 탐구해 가는 학습을 강조하는 문제해결형은 가장 높은 수준의 학교교육이다. 학생들의 흥미와 적성을 존중하고, 행동을 통한 지식의 획득을 강조하며, 지식을 조직화하여 학문화하는 문제해결형의 학교교육은 오늘날 학교가 지향하는 교육의 방향이라고 할 수 있다.

돌턴과 톰프슨(Dalton & Thompson, 1986)은 전문적 경력 발전 단계를 적용하여 교사의 경력을 (1) 수습 단계, (2) 독립적 공헌자 단계, (3) 멘토 단계, (4) 후원자 단계의 순으로 발전한다고 상정하였다.

수습 단계는 개인 경력의 출발점으로서 멘토의 도움을 받으며 학교조직의 과업을 유능하게 수행하는 것을 배우는 시기로, 다소 의존적인 관계를 경험하게 된다. 다음으로 교직원은 독립성을 특징으로 하는 독립적 공헌자 단계로 이동한다. 이 시기의 교직원은 자신의 분야에서 능력을 증명해 보이고, 성과를 나타내기 위해 독립적으로 일할 수 있다. 즉, 성공을 위한 필요 조건을 이해하고 처음으로 진정한 행정 지위를 갖는다. 다음은 멘토 단계인데 경험이 적은 교사들을 멘토하는 데 자신들의 에너지를 쏟게 되며, 자신들의 관심을 넓히고, 조직 밖의 사람들과 일하는 것을 점차 확대하기도 한다. 독립적 공헌자 단계의 교직원들은 자신의 일에만 책임을 지지만, 이 단계에서는 다른 사람의 일에 대해 관심을 가져야 한다. 따라서 이러한 요구를 수용할 수 없는 교직원들은 독립적 공헌자 단계로 되돌아가야 한다. 마지막 후원자 단계는 모든 교직원들이 경험하는 것은 아니다. 이 단계에 진입하는 사람들은 학교조직 자체를 형성하는 데 관여한다. 이런 영향력은 학교조직 내외의 중요한 인사들과 교류하면서 학교조직의 목적 달성을 위한 새로운 방식을 모색하고, 학교조직의 목적 달성을 위해 인적, 물적, 재정적 자원을 사용함으로써 명백해진다.

하그리브스(Hargreaves, 1994)는 학교문화를 사회적 통제와 사회적 일체감의 두 가지 기준에 따라 (1) 생존주의 학교문화, (2) 형식적 학교문화, (3) 복지주의 학교문화, (4) 온실 학교문화의 네 가지 유형으로 분류하였다. 이 분류체제에 따라 학교문화는 생존주의 학교문화, 형식적 학교문화, 복지주의 학교문화, 온실 학교문화의 발달 단계 순으로 진행된다고 상정할 수 있다.

생존주의 학교문화는 가장 시급한 문화변화가 요구되는 비효과적인 상황이다. 교육적 아노미 또는 학교 붕괴 상황이라고 볼 수 있는 이러한 학교에서 가장 우선적으로 요구되는 것은 학교 질서를 회복하는 것이다. 이를 위해서는 질서유지 및 학습목표 중시와 같은 높은 사회적 통제를 기본 원리로 하는 형식적 학교문화에 의지하게 될 것이다. 형식적 학교문화는 강력한 사회적 통제를 통해 학교가 높은 학업 성과와 구성원들의 안정감 있는 직무수행을 유지하지만, 낮은 사회적 일체감과 높은 획일성 때문에 구성원들 간의 우호적 관계 형성에 어려움이 있어 개인주의 문화가 형성되고, 전제적이고 강압적인 문화에 대한 반발로 일탈 행동과 같은 적대적 학생문화도 생겨난다. 따라서 이러한 학교에서는 헌신과 돌봄, 참여와 같은 높은 사회적 단결을 기본 원리로 하는 복지주의 학교문화가 요구된다. 복지주의 학교문화는 학교행정가나 교사들이 아동중심의 교육철학을 바탕으로 헌신하고 돌보며 배려하는 공동체 문화를 가지고 있다. 그러나 학업에 대한 부담이 적기 때문에 학년이 올라갈수록 학생의 진로에 대해 관심이 큰 학부모에게서 우려의 목소리가 나오게 된다. 이러한 한계를 극복하기 위해서 학교 구성원들은 학업에 대한 책무성과 구성원 간 협동을 강조하는 온실 학교문화를 기대하게 된다. 온실 학교문화는 학업에 대한 높은 기대와 그에 대한 책무성, 구성원 간 협동을 중시하며, 높은 학업 수준을 달성하기 위해 학생들 스스로가 자발성을 발휘할 수 있는 협동학습을 강조한다. 교직원 사이에 단결력이 높으며, 학교 일을 자신의 일처럼 적극적으로 수행하는 참여문화가 형성되어 있다. 결과적으로 온실 학교문화는 높은 학업성취와 구성원들의 열정과 헌신, 협동 문화를 가짐으로써 학교문화의 발달 단계에서 지향해야 할 가장 이상적이고 최종적인 모습이다.

비비(Beeby, 1966)는 발전도상국의 초등학교 교육의 질적 발전을 나타내는 학교체제의 발전모형을 제시하였다. 그는 교사의 교육수준과 의미학습의 정도를 나타내는 학급교육 형태를 (1) 부인학교 단계, (2) 형식주의 단계, (3) 전환기 단계, (4) 의미 단계의 네 가지 수준으로 나누어 학교체제의 발달 단계를 구성하였다.

1단계인 부인학교 단계는 교육수준이 낮은 교사들이 의미 없는 기호의 암기와 반복 훈련만을 강조하는 형식주의로 특징지을 수 있다. 2단계인 형식주의 단계의 교사들은 그들의 한정된 지식 범위 내에서만 가르치고, 공식적인 교과요목에 철저하게 의존한다. 통제의 특징적 형태를 띠는 이러한 교육 형태는 의무교육제도가 실시된 이후 초등학교에서 흔히 볼 수 있는 교육 형태다. 3단계는 4단계로 진입하는 데 필요한 준비 기간으로 간주할 수 있으므로 전환기 단계라 한다. 이 단계의 교사들은 공식적인 교과요목은 그대로 유지하지만 융통성 있게 가르치며, 외적 통제가 강하지만 2단계보다는 낮다. 4단계인 의미 단계의 학교는 모든 아동들에게 그들이 다루는 기호를 심도 있고 폭넓게 이해하게 한다. 학교체제의 발전 단계에서 가장 높은 수준인 4단계에 정착하기 위해서는 학생들이 스스로 사고하고, 탐구하고, 창의력을 발휘하는 교육이 이루어져야 한다.

참고문헌

김병성(2001). 학교효과론. 서울: 학지사.

김영식 외(1996). 교육제도의 이념과 현상. 서울: 교육과학사.

김용일(2000). 위험한 실험: 교육개혁의 정치학. 서울: 문음사.

김종철(1982). 교육행정의 이론과 실제. 서울: 교육과학사.

김창걸(1985). 교육행정학. 서울: 박문각.

김형관 외 (역)(2003). 교육행정: 이론, 연구, 실제. 서울: 원미사.

박병량(2001). 학급경영(개정판). 서울: 학지사.

박병량, 주철안(2005). 학교 · 학급경영(개정판). 서울: 학지사.

박철홍(2002). 교육의 개념적 기초. 윤정일 외(공저). 신교육의 이해. 서울: 학지사.

사토 마나부. 손우정(역)(2001). 교육개혁을 디자인한다. 서울 : 공감.

신구범(2005). 조직행위론. 서울: 형설출판사.

신재철(2002). 한국의 학교경영개학의 목표와 방법. 교육행정학연구, 20(4), pp.191-206.

안기성 외(1998). 한국 교육개혁의 정치학. 서울: 학지사.

안병영(1998). 한국교육 50년. 서울: 한국교육개발원.

오만석 외(1995). 한국교육개혁의 종합적 평가. 한국정신문화연구원.

오석홍(2003). 행정개혁론. 서울: 박영사.

윤정일 외(1994). 교육행정학원론. 서울: 학지사.

이군현(1996). 교육행정 및 경영. 서울: 형설출판사.

이명재(2003). 조직발전론. 서울: 대영문화사.

이종각 외(1997). **교육개혁의 종합평가와 새 정부의 과제**. 한국교원단체총연합회.

정영홍 역(1985). **교육철학입문**. 서울: 문음사.

정진곤(2002). 초·중등 교육개혁의 추진실상과 보완방향: 교육개혁의 평가와 향후과제. **교육개혁포럼 심포지엄 자료집**, pp. 13-45.

조동섭(2003). 참여정부의 학교교육 개혁의 방향과 과제. **교육행정학연구, 21**(2). pp. 389-405.

주철안 역(2004). **학교공동체 만들기: 배움과 돌봄을 위한 도전**. 서울: 에듀케어.

탁진국 역(2002). **경력개발 및 관리**. 서울: 시그마프레스.

Ainscow, M., Hopkins, D., Southworth, G., & West, M. (1994). *Creating the conditions for school improvement*. London: David Fulton Publishers.

Alexander, R. (1992). *Policy and practice in primary education*. London: Routledge.

Anderson, J. R. (1995). *Cognitive psychology and its implications* (4th). New York: Freeman.

Argyris, C. (1964). *Organization development series*. Massachusetts: Harvard University.

Argyris, C., & Schon, D. A. (1978). *Organizational learning*. Massachusetts: Addison-Wesley Publishing Co.

Armor, D., Conry-Oseguera, P., Cox, M., King, N., McDonnell, L., Pascal, A., Pauly, E., & Zellman, G. (1976). *Analysis of the school preferred reading program in selected Los Angeles minority schools*. Santa Monica, CA: The Rand Corporation.

Astley, W. G., & Van de Ven, A. H. (1983). Central perspectives and debates in organization theory. *Administrative Science Quarterly, 28*(2) pp. 245-273.

Austin, G., & Holowenzak, S. P. (1985). An examination of 10 years of research on exemplary schools. In G. Austin., & H. Garber. (eds.). *Research on exemplary schools.* Orlando. FL: Academic Press.

Beckhard, R. (1967). The confrontation meeting. *Harvard Business Review, 45.* pp. 149-155.

Beckhard, R. (1969). *Organization development strategies and models.* Massachusetts: Addison-Wesley Publishing Co.

Beckhard, R., & Harris, R. T. (1977). *Organizational transitions: managing complex change.* Reading. MA: Addison-Wesley.

Beeby, L. E. (1966). *The quality of education in developing countries.* Cambridge. Massachusetts: Harvard University Press.

Beresford, J. (1998). *Collecting information for school improvement.* London: David Fulton Publishers.

Berman, P., & McLaughlin, M. W. (1976). *Federal programs supporting educational change.* Santa Monica. CA: The Rand Corporation.

Blake, R. R., & Mouton, J. S. (1985). *The managerial grid III.* Houston. TX: Fulf.

Bosker, R. J., & Witziers, B. (1996). *The magnitude of school effects, or: does it really matter which school a student attends?* Paper presented at the annual meeting of the American Educational Research Association. New York: NY.

Brameld, T. B. H. (1956). *Toward a reconstructed philosophy of education.* New York: Dryden Press.

Brookover, W. B., Beady, C., Flood, P., Schweitzer, J., & Wisenbaker, J. (1979). *Schools, social systems and student achievement: schools can make a difference.* New York: Praeger.

Brookover, W. B., Beamer, L., Efthim, H., Hathaway, D., Lezotte, L., Miller, S., Passalacqua, J., & Tornatzky, L. (1984). *Creating effective schools: an in-service program for enhancing school learning climate and environment*. Holmes Beach. FL: Learning Publications.

Caldwell, M. S. (1968). An approach to the assessment of educational planning. *Educational Technology, 8*(19), pp. 5-12.

Chandler, A. D. (1962). *Strategy and structure: chapters in the history of the industrial enterprise*. Cambridge, Mass: MIT Press.

Child, J. (1972). Organizational structure, environment, and performance: the role of strategic choice. *Sociology, 5,* pp. 1-22.

Chin, R., & Benne, K. D. (1969). General strategies for effecting changes in human systems. In W. G. Warren., K. D. Benne., & R. Chin. (2nd eds.). *The planning of change*. New York: Holt, Rinehart & Winston.

Clark, D. L., & Guba, E. G. (1967). An examination of potential change roles in education. In O. Sand. (ed.). *Rational planning in curriculum and instruction*. Washington, D.C: National Education Association.

Cohen, Y. A. (1970). Schools and civilizational states. In J. Fischer. (ed.). *The social sciences and the comparative study of educational systems*. Scranton: International Textbook Company.

Coleman, J. S., Campbell, E., Hobson, C., McPartland, J., Mood, A., Weinfeld, R., & York, R. (1966). *Equality of educational opportunity*. Washington, DC: Government Printing Office.

Comer, J. P., Haynes, N., Joyner, E., & Ben-Avie, M. (eds.)(1996). *Rallying the village: the Comer process for reforming education*. New York: Teachers College Press.

Connor, P. E., Lake, L. K., & Stackman, R. W. (2003). *Managing organizational change*. Westprot. Conn: Praeger.

Cook, S. D., & Yanon, D. (1996). Culture and organizational learning. In M. D. Cohen & L. S. Sproull. (eds.). *Organizational learning*. Thousand Oaks. CA: Sage.

Counts, G. S. (1832). *Dare the school build a new social order?* New York: John Day Co.

Creemers, B. P. M. (1994). *The effective classroom*. London: Cassell.

Creemers, B. P. M., Reynolds, D., Stringfield, S., & Teddie, C. (1996). *World class schools: some further findings*. Paper presented at the annual meeting of the American Educational Research Association. New York.

Cummings, T. G., & Worley, C. G. (2001). *Organization development & change*.(7th ed.). Ohio: South-Western College Publishing.

Dalton, G., & Thompson, P. F. (1986). *Novations: strategies for career management*. Glenview. IL: Scott, Foresman.

Deal, T. E., & Peterson, K. D. (1990). *The principal's role in shaping school cultures*. Washington, DC: US Department of Education.

Dean, J. W., & Bowen, D. E. (1994). Management theory and total quality. *Academy of Management Review, 19*(3), pp. 392-418.

Deming, W. E. (1986). *Out of crisis*. Cambridge: Massachusetts Institute of Technology. Center for Advanced Engineering.

Deming, W. E. (1993). *The new economics for economics, government, education*. Cambridge: Massachusetts Institute of Technology. Center for Advanced Engineering.

Dewey, J. (1916). *Democracy and education: an introduction to the philosophy of education*. New York: Macmillan.

DeYoung, C. A., & Wynn, R. (1964). *American education*(5th). New York: McGraw-Hill.

DiMaggio, P. J., & Powell, W. W. (1991). The iron cage revisited: institutional isomorphism and collective rationality in organizational fields. In W. W. Powell & P. J. DiMaggio (eds.). *The new institutionalism in organizational analysis*. Chicago: The University of Chicago Press.

Durkheim, E. (1977). *The evolution of educational thought*. London: Routledge & Kegan Paul.

Edmonds, R. R. (1979). Effective schools for the urban poor. *Educational Leadership, 37*(10), pp. 15-24.

Edmonds, R. R. (1981). Making public schools effective. *Social Policy, 12*, pp. 56-60.

Elmore, R. F. (1990). *Restructuring schools*. Oakland. CA: Jossey-Bass.

Elmore, R. F. (1995). Teaching, learning, and school organization: principles of practice and the regularities of schooling. *Educational Administration Quarterly, 31*(3), pp. 355-374.

Etzioni, A. (1964). *Modern organizations*. Englewood Cliffs. New Jersey: Prentice Hall.

Evans, R. (1996). *The human side of school change: reform, resistance, and the real-life problems of innovation*. San Francisco: Jossey-Bass.

Fadiman, C. (1959). The case for basic education. In J. D. Koerner. (ed.). *The case for basic education*. Boston: Little, Brown.

Fagerlind, I., & Saha, L. (1983). *Education and national development: a comparative perspective*. New York: Pergamon Press.

Fiol, C. M., & Lyles, M. A. (1985). Organizational learning.

Academy of Management Review, 10(4), p. 803.

Firestone, W. (1989). Using reform: conceptualizing district initiative. *Educational Evaluation and Policy Analysis, 11*(2), pp. 151-164.

Fletcher, R. (1974). Evolutionary and developmental sociology. In J. Rex. (ed.). *Approaches to sociology*. London: Routledge & Kegan Paul.

Foskett, N. (2003). Strategy, external relations and marketing. In. M. Preedy., R. Glatter., & C. Wise (eds.). *Strategic leadership and educational improvement*. London: The Open University.

Fowler, F. C. (2004). *Policy studies for educational leaders : an introduction*(2nd). New Jersey: Merrill-Prentice Hall.

French, W. I., Bell, C. H., & Zawacki, R. A. (1983). *Organization development: theory, practice, and research*. Texas: Business Publications.

French, W. L., & Bell, C. H. (1995). *Organization development: behavioral science interventions for organization improvement*(5th). Englewood Cliffs. New Jersey: Prentice-Hall.

Friedman, V. J., Lipshitz, R., & Overmeer, W. (2003). Creating conditions for organizational learning. In M. Dierkes, A. B. Antal, J. Child, & I. Nonaka. (eds.). *Handbook of organizational learning and knowledge*. Volume II. New York: Oxford University Press.

Fuhrman, S. H., Elmore, R. F., & Massell, D. (1993). School reform in the United States: putting it into context. In S. L. Jacobson, & R. Berne. (eds.). *Reforming education: the emerging systemic approach*. Thousand Oaks. CA: Corwin.

Fullan, M. G. (1991). *The new meaning of educational change*. London: Cassell.

Fullan, M. G. (1993). *Change forces: probing the depths of educational reform*. London: The Falmer Press.

Fullan, M. with Stiegelbauer, S. (1991). *The new meaning of educational change*(2nd). New York: Teachers College Press.

Fullan, M.(1982). *The meaning of educational change*. New York: Teachers College Press.

Fullan, M. (1999). *Change forces: the sequel*. London: Falmer Press.

Fullan, M., & Miles, M. (1992). Getting reform right: what works and what doesn't. *Phi Delta Kappan, 73*(10), pp. 744-752.

Gesell, A., & Ilg, F. L. (1949). *Child development*. New York: Harper & Row.

Getzels, J. W. (1973). Theory and research on leadership: some comments and some alternatives. In L. L. Cunningham & W. J. Gephart (eds.). *Leadership: the science and the art today*. Itasca. IL: F. E. Peacock.

Goodlad, J. I. (1975). *The dynamics of educational change: toward responsive schools*. New York: McGraw-Hill.

Goodlad, J. I. (1984). *A place called school*. New York: McGraw-Hill.

Green, M. (1989). *Theories of human development: a comparative approach*. New Jersey: Prentice Hall.

Greenhaus, J. H., Callanan, G. A., & Godshalk, V. M. (2002). *Career management*(3rd). Thomson.

Greiner, L. E. (1972). Patterns of organization change. In G. W. Dalton, P. R., Lawrence, & L. E. Greiner. (eds.). *Organizational change and development*. Illinois: Richard D. Irwin & The Dorsey Press.

Gronn, P. (1999). *Systems of distributed leadership in organizations*. Paper presented at the annual meeting of American education research association's conference.

Montreal. Canada. 22(April).

Gutek, G. L. (1988). *Philosophical and ideological perspectives on education*. New Jersey: Prentice Hall.

Hage, J. (1980). *Theories of organizations*. New York: John Wiley and Sons. Inc.

Hall, G., Loucks, S. F., Rutherford, W., & Newlove, B. (1975). Levels of use of the innovation: a frame for analyzing innovation adoption. *Journal of Teacher Education, 26*(1), pp. 52-56.

Hallinger, P., & Murphy, J. (1985). Assessing the instructional leadership behavior of principals. *The Elementary School Journal, 86*(2), pp. 217-248.

Hampel, R. (1995). The micropolitics of RE: learning. *Journal of School Leadership, 5*(6), pp. 597-616.

Hanson, E. M. (2003). *Educational administration and organizational behavior*(5th). Boston: Allyn and Bacon.

Hargreaves, A. (1994). *Changing teachers, changing times: teachers' work and culture in the postmodern age*. London: Cassell.

Hargreaves, D. H., & Hopkins, D. (1991). *The empowered school: the management and practice of developing planning*. London: Cassell.

Hargreaves, D. (1972). *Interpersonal relations and education*. London: Routledge.

Hargreaves, D. (1995). School culture, school effectiveness and school improvement. *School Effectiveness and School Improvement, 6*(1), pp. 23-46.

Hargreaves, D. (2003). Helping practitioners explore their school' s culture. In M. Preedy, R. Glatter, & C. Wise. (eds.). *Strategic leadership and educational improvement*.

London: The Open University.

Harris, A. (1999). *Teaching and learning in the effective school.* London: Arena Press.

Harris, A. (2001). Contemporary perspectives on school effectiveness and school improvement. In A. Harris, & N. Bennett. (eds.). *School effectiveness and school improvement: alternative perspectives.* New York: Continnum.

Harris, A. (2002). *School improvement: what's in it for schools.* London: Routledge Falmer.

Harris, D. B. (1957). Problems in formulating a scientific concept of development. In D. B. Harris (ed.). *The concept of development.* Minneapolis: University of Minnesota Press.

Havelock, R. G. (1973). *The change agent's guide to innovation in education.* Upper Saddle River. New Jersey: Educational Technology.

Herzberg, F. (1966). *Work and the nature of man.* Cleveland: World.

Herzberg, F. (1982). *The managerial choice: to be efficient and to be human.* (rev ed.). Salt Lake City. UT: Olympus.

Hopkins, D. et al., (1997). A case of the 'improving the quality of education for all' school improvement project. In A. Harris. (eds.). *Organizational effectiveness and improvement in education.* Buckingham: Open University Press.

Hopkins, D. (1987). *Improving the quality of schooling.* Lewes: Falmer Press.

Hopkins, D. (1990). The international school improvement project(ISIP) and effective schooling: towards a synthesis. *School Organization, 10*(3), pp. 129-194.

Hopkins, D. (1994). Institutional self-evaluation and renewal. In T. Husen, & N. Postlethwaite. (eds.). *The international encyclopaedia of education.* New York: Pergamon Press.

Hopkins, D. (1996). Towards a theory for school improvement. In J. Gray, D. Reynolds, & C. Fitz-Gibbon. (eds.). *Merging traditions: the future of research on school effectiveness and school improvement.* London: Cassell.

Hopkins, D. (2001). *Improving the quality of education for all: the theory and practice of school improvement.* London: David Fulton.

Hopkins, D., & Harris, A., with Singleton, C. & Watts, R. (2000). *Creating the conditions for teaching and learning.* London: David fulton Publishers.

Hopkins, D., Ainscow, M., & West, M. (1994). *School improvement in an era of change.* London: Cassell.

Hoy, W. K., & Feldman, J. (1987). Organizational health: the concept and its measure. *Journal of Research and development in Education.* 20. pp.30-38.

Hoy, W. K., & Miskel, C. G. (2001). *Educational administration: theory, research, and practice.* (6th ed.). New York: McGraw-Hill.

Hoy, W. K., & Miskel, C. G. (2003). *Educational administration: theory, research, and practice.* (7th ed.). New York: McGraw-Hill.

Hoy, W. K., & Miskel, C. G. (2005). *Educational administration: theory, research, and practice.* (8th ed.). New York: McGraw-Hill.

Hoy, W. K., Tarter, C. J., & Kottkamp, R. B. (1991). *Open schools, healthy schools.* Newbury Park. CA: Sage.

Huber, G. P. (1991). Organizational learning: the contributing processes and the literatures. *Organization Science, 2*(1), pp. 88-115.

Huberman, A. M., & Miles, N. B. (1984). *Innovation up close.* New York: Plenum Press.

Iannaccone, L. (1988). From equity to excellence: political context and dynamics. In W. L. Boyd & C. T. Kerchner. (eds.). *The politics of excellence and choice in education.* London: Falmer Press.

Immergart, G. L., & Pilecki, F. J. (1973). *An introduction to systems for the educational administrator.* Addison-Wesley Publishing Company.

Irwin, P. H., & Langham, F. W. (1966). Change seekers. *Harvard Business Review.* Jan. Feb. pp. 82-91.

Jenks, C. S., Smith, M., Ackland, H., Bane, M. J., Cohen, D., Ginter, H., Heyns, B., & Michelson, S. (1972). *Inequality: a reassessment of the effect of the family and schooling in America.* New York: Basic Books.

Jepperson, R. L. (1991). Institutions, institutional effects, and institutionalism. In W. W. Powell & P. J. DiMaggio. (eds.). *The new institutionalism in organizational analysis.* Chicago: University of Chicago Press.

Johnson, D. W., & Johnson, R. T. (1994). *Joining together: group theory and group skills.* Allyn and Bacon.

Joyce, B. (1992). Cooperative learning and staff development research: teaching the method with the method. *Cooperative Learning, 12*(21), pp. 10-13.

Joyce, B., & Showers, B. (1995). *Student achievement through staff development* (2nd ed.). White Plains. New York: Longman.

Joyner, E. T. (1998). Large-scale change: the Comer perspective. In A. Hargreaves, A. Lieberman, M. Fullan, & D. Hopkins. (eds.). *International handbook of educational change.*

Dordrecht: Kluwer Academic Publishers.

Kemmis, S. (1983). Action research. In T. Husen., & T. Postlethwaite. (eds.). *International encyclopaedia of education: research and studies*. Oxford: Pergamon.

Kinsler, K., & Gamble, M. (2001). *Reforming schools*. New York: Continuum.

Kneller, G. F. (1965). *Educational anthropology*. New York: John Wiley & Sons.

Kolb, D. (1984). *Experiential learning: experience as the source of learning and development*. Englewood Cliffs. New Jersey: Prentice Hal.

Leithwood, K. (1993). *Contributions of transformational leadership to school restructuring*. Paper read at annual meeting of the University Council for Educational Administration. TX: Houston.

Levine, D. U., & Lezotte, L. W. (1990). *Unusually effective schools: a review and analysis of research and practice*. Madison. WI: National Center for Effective Schools Research and Development.

Levitt, B. L., & March, J. G. (1996). In M. D. Cohen & L S. Sproull. (eds.). *Organizational Learning*. Thousand Oaks. CA: Sage.

Lewin, K. (1943). Forces behind food habits and methods of change. *Bulletin of the national Research Council*. 108. pp.35-65.

Lewin, K. (1947). Group decisions and social change. In T. M. Newcomb., & E. L. Hartley. (eds.). *Readings in social psychology*. New York: Nenry Holt.

Lewin, K. (1951). *Field theory in social science*. New York: Harper & Row.

Likert, R. (1961). *New patterns of management*. New York: McGraw-Hill.

Lipham, J. M., Rankin, R., & Hoeh, J. (1985). *The principalship: concepts, competencies, and cases*. New York: Longman.

Lippitt, G. L. (1969). *Organizational renewal: achieving viability in a changing world*. New York: Appleton-Century-Crofts.

Lippitt, J. W., & Westley, B. (1958). *The dynamics of planned change*. Harcourt Brace and Jovanovich.

Lunenberg, F. C., & Ornstein, A. C. (1991). *Educational administration*. Belmont: Wadsworth.

Massell, D., Kirst, M., & Hoppe, M.(1997). *Persistence and change*. Philadelphia: University of Pennsylvania.

McNeil, J. D. (1990). *Curriculum: a comprehensive introduction*(4th). Glenview. IL: Scott, Foresman.

Miles, M. B. (1965). Education and innovation: the organization in context. In M. Abbott & J. Lovell. (eds.). *Changing perspectives in educational administration*. AL: Auburn University Press.

Miles, M. B. (1969). Planned change and organizational health: figure and ground. In F. D. Carver & T. J. Sergiovanni. (eds.). *Organizations and human behavior*. New York: McGraw-Hill.

Miles, M. B., & Lake, D. G. (1967). Self-renewal in school systems: a strategy for planned change. In G. Watson. (ed.). *Concepts for social change*. Washington, DC: National Training Laboratories.

Miles, M. B., Ekholm, M., & Vandenberghe. (1987). *Lasting school improvement: exploring the process of institutionalization*. Leuven. Belgium: ACCO.

Miles, M. (1987). *Practical guidelines for school administrators:*

how to get there. Paper presented at American Educational Research Association annual meeting.

Miller, E. (1996). Idealists and cynics: the micropolitics of systemic school reform. *Harvard Educational Letter, ?*(4), pp. 1-3.

Moore, T. W. (1982). *Philosophy of education*. London: Routledge & Kegan Paul.

Morin, A. (1975). An innovator's odyssey: how to become a thoughtful change agent. *Educational Technology, 75*.

Mortimore, P. (ed.)(1999). *Understanding pedagogy and its impact on learning*. London: Paul Chapman Publishers.

Mortimore, P., Samons, P., Stoll, L., Lewis, D., & Ecob, R. (1988). *School matters: the junioryears*. Somerest. Open Books. (reprinted in 1995 by Paul Chapman: London).

Murphy, J. (1990). Review of the school effect: a study of multi-racial comprehensives. *School Effectiveness and School Improvement, 1*(1), pp. 81-86.

Murphy, J. (1991). *Restructuring schools: capturing and assessing the phenomena*. New York: Teachers College Press.

Nelson, M., & Sieber, S. (1976). Innovations in urban secondary schools. *School Review*, 84, pp. 213-231.

Newmann, F. M. et al. (1996). *Authentic achievement: restructuring schools for intellectual quality*. San Francisco: Jossey-Bass.

Newmann, F., & Wehlage, G. (1995). *Successful school restructuring*. Madison. WI: Center of Organization and Restructuring of Schools.

Newstrom, J. W., & Davis, K. (2002). *Organizational behavior: human behavior at work*. McGraw-Hill.

Odden, A. R., & Odden, E. (1995). *Educational leadership for America's schools*. New York: McGraw-Hill.

Owens, R. G. (2001). *Organizational behavior in education: instructional leadership and school reform*(7th). Needham Heights, MA: Allyn and Bacon.

Pawlowsky, P. (2001). The treatment of organizational learning in management science. In M. Dierkes., A. B. Antal., J. Child., & I. Nonaka. (eds.). *Handbook of organizational learning and knowledge*. New York: Oxford University Press.

Pfeffer, J. (1982). *Organizations and organization theory*. Boston: Pittman.

Pincus, J. (1974). Incentives for innovation in public schools. *Review of Educational Research, 44*. pp. 113-144.

Plowden Committee. (1967). *Children and their primary schools*. London: HMSO.

Preedy, M., Glatter, R., & Wise, C. (2003). Strategic leadership challenge. In M Preedy., R. Glatter., & C. Wise (eds.). *Strategic leadership and educational improvement*. London: The Open University.

Purkey, S. C., & Smith, M. S. (1983). Effective schools: a review. *Elementary School Journal*, 83, pp. 427-452.

Razik, T. A., & Swanson, A. D. (2002). *Fundamental concepts of educational leadership* (2nd). New Jersey: Merrill-Prentice Hall.

Redl, F., & Wattenberg, W. (1959). *Mental hygiene in teaching* (rev. ed.). New York: Harcourt, Brace & World. (Original work published 1951)

Reynolds, D. (1992). School effectiveness and school improvement. In J. Bashi & Z. Sass. (eds.). *School effectiveness and improvement: selected proceedings of the third international congress*. Israel: Magnes Press.

Reynolds, D., & Teddlie, C. (2000). The process of school effectiveness. In C. Teddlie & D. Reynolds. (eds.). *The international handbook of school effectiveness research*. New York: Falmer Press.

Reynolds, D., & Teddlie, C.(with Hopkins, D. & Stringfield, S). (2000). Linking school effectiveness and school improvement. In C. Teddlie & D. Reynolds. (eds.). *The international handbook of school effectiveness research*. New York: Falmer Press.

Robbins, S. P. (1987). *Organization theory: structure, design, and applications* (2nd). New Jersey: Prentice-Hall.

Rowan, B. (1995). Learning, teaching, and educational administration: toward a research agenda. *Educational Administration Quarterly, 31*(3).

Rudduck, J., Chaplain, R., & Wallace, G. (eds.)(1996). *School improvement: what can pupil tell us*. London: David Fulton Publishers.

Rutter, M., Maughan, B., Mortimore, P., & Ouston, J. with Smith, A. (1979). *Fifteen thousand hours: secondary schools and their effects on children*. London: Open Books.

Sadovnik, A. R., Cookson, P. W., & Semel, S. F. (1994). *Exploring education: an introduction to the foundations of education*. Boston: Allyn and Bacon.

Sammons, P., Hillman, J., & Mortimore, P. (1995). *Key characteristics of effective schools: a review of school effectiveness research*. London: Office for Standards in Education and Institute of Education.

Scheerens, J. (1992). *Effective schooling: research, theory and practice*. London: Cassell.

Scheerens, J., & Creemers, B. P. M. (1995). School effectiveness in the Netherlands: research, policy and practice. In B. P. M. Creemers, & N. Osinga. (eds.). *ICSEI country reports.* Netherlands: ICSEI Secretariat.

Schein, E. (1980). *Organizational psychology.*(3rd). New Jersey: Prentice-Hall.

Schein, E. (1991). What is culture? In P. J. Frost, L. F. Moore, M. R. Louis, C. C. Lundberg, & J. Martin. (eds.). *Reframing organizational culture.* Newbury Park. Calif: Sage.

Schmuck, R. R., & Miles, M. (eds.)(1971). *Organization development in schools.* CA: National Press Books.

Scott, W. R. (1981). *Organizations: rational, natural, and open system.* Englewood Cliffs. New Jersey: Prentice Hall.

Scott, W. R. (1992). *Organizations: rational, natural, and open systems.* Englewood Cliffs, New Jersey: Prentice Hall.

Scott, W. R. (1995). *Institutions and organizations.* Thousand Oaks. CA: Sage.

Senge, P. M. (1990). *The fifth discipline.* New York: Doubleday.

Senge, P. M. (1999). *The dance of change: the challenges to sustaining momentum in learning organizations: a fifth discipline resource.* New York: Doubleday.

Sergiovanni, T. J. et al. (1980). *Educational governance and administration.* Englewood Cliffs. New Jersey: Prentice-Hall.

Sergiovanni, T. J. (1994). *Building community in schools.* John Wiley & Son, Inc.

Shaw, M. E. (1976). *Group dynamics: the psychology of small group behavior.* New Delhi: McGraw-Hill.

Shaw, R. B., & Perkins, D. (1991). Teaching organizations to learn. *Organization Development Journal, 9*(4), p. 1.

Shils, E. (1968). The concept of ideology. In D. Sills. (ed.). *The international encyclopedia of the social sciences.* New York:

Macmillan and Free Press.

Sizer, T. (1992). *Horace's school: redesigning the American high school.* New York: Houghton Mifflin.

Slavin, R. E. (1996). *Education for all.* Lisse: Swets and Zeitlinger.

Slavin, R., Madden, N., Dolan, L., Wasik, B., Ross, S., Smith, L., & Dianda, M. (1996). Success for all: a summary of research. *Journal for the Education of Children Placed at Risk, 1*(1), pp. 44-76.

Smith, F. (1975). *Comprehension and learning: a conceptual framework for teachers.* New York: Holt, Rinehart, & Winston.

Snowden, P. E., & Gorton, R. A. (2002). *School leadership and administration: important concepts, case studies, & simulations.*(6th). New York: McGraw-Hill.

Stoll, L. (1991). School effectiveness in action: supporting growth in schools and classrooms. In M. Ainscow. (ed.). *Effective schools for all.* London: Fulton.

Stufflebeam, D. L. (1971). The relevance of the CIPP evaluation model for educational accountability. *Journal of Research and Development in Education, 5,* pp. 19-25.

Teddlie, C., & Stringfield, S. (1993). *Schools do make a difference: lessons learned from a 10-year study of school effects.* New York: Teachers College Press.

Teddlie, C., & Stringfield, S. (1993). *Schools do make a difference: lessons learned from a 10-year study of school effects.* New York: Teachers College Press.

Teddlie, C., Reynolds, D., & Sammons, P. (2000). The methodology and scientific properties of school effectiveness research. In C. Teddlie & D. Reynolds. (eds.). *The international handbook of school effectiveness research.* New

York: Falmer Press.

Teddlie, C., Stringfield, S., Wimpelberg, R., & Kirby, P. (1989). Contextual differences in models for effective schooling in the USA. In B. P. M. Creemers, T. Peters, & D. Reynolds. (eds.). *School effectiveness and school improvement: proceedings of the second international congress*. Amsterdam: Swets and Zeitlinger.

Thomas, L. G. (1971). Types of schooling for developing nations. In D. Adams.(ed.). *Education in national development*. New York: David Mckay Company.

Tye, B. B. (1987). The deep structure of schooling. *Phi Delta Kappan*. December. pp. 281-284.

van Velzen, W., Miles, M., Ekholm, M., Hameyer, U., & Robin, D. (1985). *Making school improvement work: a conceptual guide to practice*. Leuven: Belgium. ACCO.

Weick, K. E. (1976). Educational organizations as loosely coupled systems. *Administrative Science Quarterly, 21*, pp. 1-19.

Wilson, B. L., & Corcoran, T. B. (1988). *Successful secondary schools: visions of excellence in American public education*. Lewes: Falmer Press.

Yeung, A. K., Ulrich, D. O., Nason, S. W., & Glinow, M. A. V. (1999). *Organizational learning capability*. Oxford: Oxford University Press.

Yukl, G. (1998). *Leadership in organizations*(4th). New Jersey: Prentice-Hall.

Zaltman, G., Florio, D., Sikorski, L. (1977). *Dynamic educational change: models, strategies, tactics, and management*. New York: The Free Press.

찾아보기

인 명

내 용

저자소개

❖ 박병량

서울대학교 사범대학 교육학과 문학사

서울대학교 교육대학원 교육학 석사

미국 피츠버그대학교 대학원 철학 박사

한국교육개발원 책임연구원

미국 피츠버그대학교 교환 연구교수 역임

현: 부산대학교 교수

〈저서〉

교육행정 및 경영(공저, 1985)

산업화와 청소년진로(공저, 1994)

학교 · 학급경영론(공저, 1995)

한국의 고등학교 교육(공저, 1996)

훈육(2001)

학급경영(개정판, 2003)

학교 · 학급경영(개정판, 공저, 2005) 등

저자와의
협약으로
인지생략

학교발전과 변화

2006년 8월 17일 1판 1쇄 인쇄
2006년 8월 25일 1판 1쇄 발행

지은이 • 박병량
펴낸이 • 김진환
펴낸곳 • 학지사
121-837 서울시 마포구 서교동 352-29 마인드월드빌딩 5층
대표전화 • 02)326-1500 팩스 (02)324-2345
등록 • 1992년 2월 19일 제2-1329호
홈페이지 www.hakjisa.co.kr

ISBN 89-5891-334-7 93370
가격 13,000원